职业素养
入门与提升

管小青◎编著

电子工业出版社
Publishing House of Electronics Industry
北京·BEIJING

内 容 简 介

本书主要介绍大学生必备的职业素养。在基于我国多所高校的具体做法和经验的基础上，本书系统地构建了大学生职业素养入门及提升的内容体系，包括涵养家国情怀、激发使命担当，树立职业目标、合理规划生涯，提升学习能力、砥砺创新精神，培育职业道德、增强法律素养，学会自我管理、优化健康素养，提高表达能力、达成有效沟通，注重统筹兼顾、强化应变素养，涵育信息素养、提升就业能力，学习职场礼仪、塑造良好形象，开阔国际视野、提升综合素养。

本书涉及内容广泛，实用性、针对性强，可作为高等院校职业素养类课程的配套教材，也可供企事业单位的员工培训以及社会培训使用。

本书配有教学课件，读者可登录华信教育资源网（www.hxedu.com.cn）免费注册后下载。

图书在版编目（CIP）数据

职业素养入门与提升 / 管小青编著. —北京：电子工业出版社，2021.9
（新工科人才培养系列丛书）
ISBN 978-7-121-41969-0

Ⅰ. ①职⋯ Ⅱ. ①管⋯ Ⅲ. ①工科院校－大学生－素质教育－中国 Ⅳ. ①G640

中国版本图书馆 CIP 数据核字（2021）第 181106 号

责任编辑：田宏峰
印　　刷：大厂聚鑫印刷有限责任公司
装　　订：大厂聚鑫印刷有限责任公司
出版发行：电子工业出版社
　　　　　北京市海淀区万寿路 173 信箱　邮编 100036
开　　本：787×980　1/16　印张：12.75　字数：286 千字
版　　次：2021 年 9 月第 1 版
印　　次：2021 年 9 月第 1 次印刷
定　　价：68.00 元

凡所购买电子工业出版社图书有缺损问题，请向购买书店调换。若书店售缺，请与本社发行部联系，联系及邮购电话：（010）88254888，88258888。

质量投诉请发邮件至 zlts@phei.com.cn，盗版侵权举报请发邮件至 dbqq@phei.com.cn。

本书咨询联系方式：tianhf@phei.com.cn。

前　言

人类社会的发展在经历蒸汽时代、电气时代、信息时代后，进入了工业与信息通信技术深度融合的"工业4.0"时代。我国部署了全面推进实施制造强国的战略，坚持"创新驱动、质量为先、绿色发展、结构优化、人才为本"的基本方针，通过"三步走"实现制造强国的战略目标。在世界大势和国家背景下，创新型、技能型、复合型人才的需求量不断增大，大学生要不断提升智能制造环境所需的职业素养。

职业素养的鼻祖San Francisco将职业素养定义为：人类在社会活动中需要遵守的行为规范，是职业内在的要求，是一个人在职业过程中表现出来的综合品质。职业素养包括外在的显性素养和内在的隐性素养，两者综合反映和衡量了一个人能否胜任所从事的工作和职业。显性素养包括职业技能和专业知识，是职业素养中表层的含义；隐性素养包含职业道德、职业态度、职业意识、职业行为习惯、团队合作能力、沟通协调能力、学习和创新能力等，可以描述为职业精神。目前，在大学生的职业素养培养中，存在职业技能与职业意识培养不平衡、就业目标与整体素质培养不平衡、理论教育与社会实践培养不平衡等问题。同时，由于实践实习机会有限、接受就业指导有限，大学生对于职场人士角色的定位不够清晰，对于获得职场成功应该具备的除专业能力以外的知识、技能和职业素养有所欠缺，如表达能力、职场自我保护能力、合法维权、抗压能力、抗挫折能力等。

本书在基于我国多所高校的具体做法和经验的基础上，系统地构建了大学生职业素养入门及提升的内容体系，包括涵养家国情怀、激发使命担当，树立职业目标、合理规划生涯，提升学习能力、砥砺创新精神，培育职业道德、增强法律素养，学会自我管理、优化健康素养，提高表达能力、达成有效沟通，注重统筹兼顾、强化应变素养，涵育信息素养、提升就业能力，学习职场礼仪、塑造良好形象，开阔国际视野、提升综合素养。本书结合经典诗词，每章选取一个大学生案例、一个职场人士案例和一个综合案例进行讨论与分析。本书自成体例，融思想性、知识性、综合性和实践性于一体，既可引导大学生进行职业素养教育，也可为他们提供思考及对应的训练。本书涉及内容广泛，实用性、针对性强，对大学生职业素养的入门及提升、企事业单位的员工培训、社会相关讲座均有使用、参考和借鉴意义。

本书的出版得到了广东省高职教育教学改革研究与实践项目（JGGZKZ2020076）、广州市哲学社会科学发展"十四五"规划2021年度课题（2021GZGJ123）、广东省外语艺术职业学院校级重点课题（2021G03）的资助，并采用了这些项目和课题的研究成果。感谢广东省外语艺术职业学院和原工作单位（广州番禺职业技术学院）的领导与同事在本书编写过程中提供的帮助；特别感谢电子工业出版社在本书出版过程中给予的大力支持！

在编写过程中，本书参考了近年来出版的相关教材、专著和论文，汲取了其中的研究成果和有益经验，已尽可能按学术规范予以说明，在此谨向相关作者表示敬意和谢意。如有疏漏，请及时通过出版社与我们联系。

限于时间和水平，本书难免会有不足和纰漏之处，恳请广大专家、同仁和读者不吝赐教。希望本书能抛砖引玉，提供一个相互借鉴的平台，促进大学生职业素养的提升，共同推进我国高等教育事业的发展，培养更多有理想、有本领、有担当的新时代大学生，助推中国梦的实现。

作　者

2021 年 5 月于广州五山

目　　录

第 8 章　涵育信息素养　提升就业能力

第 9 章　学习职场礼仪　塑造良好形象

第 **1** 章
涵养家国情怀　激发使命担当

【经典古文】

　　故今日之责任，不在他人，而全在我少年。少年智则国智，少年富则国富，少年强则国强，少年独立则国独立，少年自由则国自由，少年进步则国进步，少年胜于欧洲，则国胜于欧洲，少年雄于地球，则国雄于地球。红日初升，其道大光；河出伏流，一泻汪洋。潜龙腾渊，鳞爪飞扬；乳虎啸谷，百兽震惶；鹰隼试翼，风尘吸张。奇花初胎，矞矞皇皇；干将发硎，有作其芒。天戴其苍，地履其黄，纵有千古，横有八荒，前途似海，来日方长。美哉我少年中国，与天不老；壮哉我中国少年，与国无疆。

——梁启超《少年中国说》

　　无论身处什么时代，家和国都是紧密相连、融为一体的。家是国的细胞，国是家的汇集。家国情怀是一种宏大而细腻的民族情感，是对自己的国家和人民所表现出来的深情大爱，是对国家富强、人民幸福所展现出来的理想追求，是每个人对国家的高度认同感和归属感、责任感和使命感，是新时代大学生首要的职业素养。

1.1　家国情怀与责任担当概述

　　家国情怀是中国优秀传统文化的基本内涵之一。所谓家国情怀，是主体对共同体的一种认同，并促使主体发展的思想和理念。家国情怀的基本内涵包括家国同构、共同体意识和仁爱之情，强调个人修身、重视亲情、心怀天下；既与行孝尽忠、民族精神、爱国主义、乡土观念、天下为公等传统文化有重要联系，又是这些传统文化的超越。家国情怀在增强民族凝聚力、建设幸福家庭、促进职业发展等方面都有重要的时代价值。

　　家国情怀是一种民族大义、一种精神坐标、一种文化基因、一种时代责任、一种青春记忆。家国情怀，从字面上来理解，家就是家庭，国就是国家，情就是情感，怀就是心里存有，简单地说，就是心里存有一种把家和国融为一体的情感。家国情怀是一种民族大义，就是在民族危机深重、国家生死存亡的关键时刻，能挺身而出、临危不惧，乃至献出宝贵生命。家国情怀是一种精神坐标，人无精神不立、国无精神不强，民族因精神挺立而兴旺，社会因正气浩荡而温暖，蕴含着爱国、奉献、担当、作为等精神内涵。家国情怀是一种文化基因，自古以来，历代有识之士都有着强烈的忧患意识，积极的入世精神，匡扶天下的济世情怀，把家国情怀作为求索奋斗的精神追求。家国情怀是一种时代责任，一个时代有一个时代的主题，一代人有一代人的使命。大学生正处在求学时期，当前最大的责任就是抓好学习，为未来发展积蓄好力量。家国情怀是一种青春记忆，青春如朝日，是一个人最宝贵的年华，也是建功立业最好的时期。现在，青春是用来奋斗的；将来，青春是用来回忆的。大学生应当珍惜当下时光，把家国情怀融入实践，才能在以后自信地道一句：青春无悔，无愧芳华。

1.1.1 家国情怀素养的内涵

关于"家"，《说文解字》曰："居也。"关于"国"，则曰："邦也。"因凝"家"成国，家国一体，因此称之为"国家"。"家"和"国"都是民族的根基，是民族精神的发源和成长的发祥地。而"情怀"是一份情感、一种心境、一种认同感和归属感。在传统文化中，"家国情怀"以一种独特的精神信念，超越宗族和地域、阶级和阶层，是凝聚华夏儿女的精神纽带。中国人在传统的家、国一体的社会形式、情感认知下形成了中国式的"家国情怀"。作为中国传统文化的重要精神内涵，家国情怀通过精神信念、情感态度、生活习惯等形式潜移默化地影响着中国人，融入了中华民族的血脉，对当下甚至未来都有不可磨灭的影响。

在不同的时代，家国情怀也体现着不同的内涵。在我国古代的传统民族文化中，修身、齐家、治国、平天下，是家国情怀；在近代，大批仁人义士为拯救国家于危难之际而舍生取义，是家国情怀；在现代，中国共产党带领人民为民族解放以及国家富强所做出的不懈努力，是家国情怀。由此可见，所谓家国情怀，是个人对国家的一种认可，其基本内涵包括家国认同、文化认同、社会责任和全局观念。

新时代大学生的家国情怀是指对自己的家庭、家乡、党和国家，以及人民所表现出的情感，是一种高度的民族认同感、归属感、责任感、使命感和荣誉感。少年强则国强，新时代大学生的家国情怀素养，既关乎未来职业的发展与家庭幸福，也关乎我国各行各业的发展与"三步走"发展战略的实现。

1.1.2 责任担当的内涵

家国情怀是在中华民族优秀传统文化中积淀形成的，责任担当是其精髓所在。从古至今，人们对担当的诠释包含以下几层含义：第一，承担并负责任；第二，敢于承担责任，有魄力；第三，所承担的责任；第四，承受；第五，担当就是专门做事的人。简而言之，担当就是接受并主动担负责任。人处于一定的社会关系中，必然会产生对自身责任的认知和对社会责任的认知，在认知的基础上形成强烈的使命感和责任感，并在力所能及的情况下付诸实践并承担结果，这就是担当。

千百年来，无数英烈为家国天下之存亡和黎民社稷之安危，劳心焦思、上下求索。这种古已有之的精神气质和价值追求在中国近代内忧外患的历史背景下，在五四青年学生的身上得以重构和传承。国难当头，那一代青年学生没有做感时伤世的清谈客，也未曾汲汲营营为稻粱谋，而是率先发出呐喊，将满腔的愤恨、思虑、激情转化为与国家前途休戚与共的决心，表现为与民族命运同频共振的行动。五四青年学生的一把火不仅烧掉了赵家楼，也唤醒了沉沦已久的民族意识；五四青年学生的家国情怀、责任担当不仅深深感染了时人，也一直为后世所敬仰。

新时代赋予担当新含义，在新时代之下，大学生的担当精神主要包括国家、社会、职业、家庭及个人五个层面，各个层面的内涵如下：

（1）在国家层面，以投身至实现中华民族伟大复兴为主。我国社会正面临着由数量型经济向质量型经济的转变，大学生理应成为国家经济建设的重要力量。2018 年 5 月 2 日，习近平总书记在北京大学师生座谈会上表示，大学生应当以实际行动表现爱国心理，投身至新时代祖国建设中来。在新时代，我国经济发展依赖于科技文化，需要高等人才的鼎力相助。在国家层面，大学生担当精神以参与新时代祖国建设，投身至实现中华民族伟大复兴为主要内容。

（2）在社会层面，以传播社会正能量为主。在社会转型期间，我国社会总体形势虽然良好，但在某些方面存在一定的灰暗色彩。例如，由于社会贫富差距较大，出现了不少负面现象，人与人之间缺乏信任和关爱。究其本源，文化和道德素质不高是一大关键原因。为了传播社会正能量，知识分子有必要挺身而出。而作为社会骄子，大学生理应加入社会正能量的传播队伍中，以促进社会进步。

（3）在职业层面，以唤醒职业意识、强化职业担当为主。中国人民大学统计学院于2017 年年底发布的《大学生使命担当调查研究报告》显示，58%的大学生希望成为职场精英，15%的大学生希望成为专业领域内的一流专家。职场精英能在未来职业选择和事业发展中自觉承担社会责任、履行社会义务。在新时代，大学生身处世界经济飞速发展和国家竞争日渐加剧的时代，必须了解当前社会发展现状，了解自我，找准定位，明确人生目标，清楚自己肩负的社会责任。同时，大学生还应在社会实践过程中将社会责任内化为一种自觉行动。

（4）在家庭层面，以孝敬父母、承担家庭责任为主。在我国，孝道是非常核心的价值观。大学生在成长过程中，其父母可谓呕心沥血，因此，在其步入社会、获得人生第一笔收入时需要回报父母的恩惠；大学生日后也会成家立业，建立家庭，家和才能万事兴，国家才有未来。承担家庭责任不仅是对个人负责，也是为了稳定社会做贡献。

（5）在个人层面，以提高个人综合素质为主。当前，我国各行各业的市场竞争不断加剧,各大企业对高等人才的需求越来越大,很多招聘方都乐意向大学生抛出橄榄枝。为了生存和发展,也更为了担当家庭责任、社会责任及国家责任,大学生都需要提高个人综合素质,以培养优秀道德品质为核心,提高体能素质、文化素质和其他素质,使自己融入社会,奉献国家,为实现担当打好基础。

1.1.3 涵养家国情怀、激发使命担当的途径

作为新时代大学生,培育家国情怀要从涵养忠诚、立志报国,涵养信念、坚定理想,涵养才华、苦练本领,涵养格局、开阔胸襟,涵养修为、砥砺品德,涵养担当、展示作为,涵养健康、陶冶情操七个方面努力。

(1)涵养忠诚、立志报国。这是践行家国情怀最首要的要求。国家代表我们的底气,代表我们的底蕴,代表我们的实力,没有一个强大的国家,哪有强大的中华民族?哪有强大的中国人?因此,我们的情感要特别真诚、立场要特别鲜明、行动要特别坚定。

(2)涵养信念、坚定理想。有理想信念的人在奔跑,没理想信念的人在流浪。践行家国情怀,必须把坚定的理想信念融入其中,养成明辨是非的正确观念,对于是非曲直有自己的独立思考和判断能力,从而认清时代大势,敢于担当作为。

(3)涵养才华、苦练本领。国势之强由于人,人材之成出于学。大学生正值青春年少,一定要珍惜学习的黄金时期,以时不我待的精神,珍惜美好时光,注重涵养才华,苦练担当本领,要苦读书、多思考、勤实践,在任何时候都要以学习为重、发奋努力,承担起中华民族伟大复兴的时代大任。

(4)涵养格局、开阔胸襟。家国情怀本身就是一种大格局。一个人只有心里的格局够大,大到心里装的是国家、民族和人民,才有可能自觉践行家国情怀。新时代大学生要把握大势,着眼大事,懂大局,识大体,还要胸怀大量,有容长的雅量、容短的肚量、容异的气量。

(5)涵养修为、砥砺品德。个人的修养与家国情怀是紧紧相连的,新时代大学生应当不断提升道德素养,培养担当意识,接过历史的交接棒,担负起自身的职责和使命,在自己的青春成长过程中留下光辉的一笔。

(6)涵养担当、展示作为。担当和作为是家国情怀的精髓所在,新时代大学生要善作善成、求新求变,要勇敢地担负起历史重任,养成言必行、行必果的习惯,不仅要做一个思想者,更要做一个行动派,时刻以一个优秀的新时代大学生的标准来严格要求自己,在提升自我家国情怀的同时,促进社会和谐发展。

(7)涵养健康、陶冶情操。现代人的健康包括躯体健康、心理健康、心灵健康、社会健康、智力健康、道德健康和环境健康等。新时代大学生尤其要有健康的体魄、健康的心理、健康的审美,不仅要积极参加体育锻炼,增强身体素质,养成健康生活好习惯,陶冶情操,还要学会沟通、学会调节,加强品德修养,以阳光的心态面对学习和生活。

鲁迅先生曾经说过:中华民族自古以来就有埋头苦干的人,就有拼命硬干的人,就有

舍身求法的人，就有为民请命的人……他们是中国的脊梁。新时代大学生要勤学、修德、明辨、笃实，做有情怀、有本领和有担当的时代青年。

1.2 家国情怀与责任担当案例

从历史到现实，无数崇尚家国大义的中华儿女，谱写了中华民族源远流长的历史，"小家"同"大国"同声相应、紧密相连。在中国人的精神谱系里，国家与家庭、社会与个人，都是密不可分的整体。家国，可以说是华夏儿女的精神原乡。而今，亿万人民振奋精神、接续奋斗，将个人价值的实现与国家民族的命运联结在一起，投身于民族复兴的历史洪流，在各自的岗位中为家国情怀写下最生动的"注脚"。

1.2.1 案例1：青年申怡飞以家国情怀、责任担当开启5G探索之路

2019年，在中国青年报社、湖南广播电视台联合主办的"新青年 耀青春"纪念五四运动100周年文艺晚会上，来自邯郸的优秀青年申怡飞，分享了他的青春故事，尤其是那句"用中国芯打造中国速度，青春的我们，就是改变的力量"赢得了现场观众雷鸣般的掌声。

申怡飞，1997年出生于邯郸市，5岁上小学，从小聪明好学，动手实践能力强，8岁学习二胡，4个月后能熟练演奏七级曲目。2008年，11岁的他以优异的成绩考入邯郸市第一中学少年部。

初中的两年生活，不仅有忙碌的学习，还有丰富多彩的活动。其中，学校组织的朗诵《少年中国说》活动，在他幼小的心灵中种下一颗种子，使他早早树立了"少年强则国强"的强烈使命感和责任感，为日后的学习和科研提供了拼搏的动力。因为成绩始终名列前茅，2010年，申怡飞免试进入了邯郸市第一中学高中理科实验班。2012年，读高二的他提前一年参加高考，并以优异的成绩被东南大学吴健雄学院录取。

大学时期，申怡飞的名字依然闪耀，他成为东南大学吴健雄学院建院十几年来第一个取得年级第一名的少年生。大学毕业时，申怡飞又获得了东南大学2016年"最具影响力毕业生"荣誉。此时的他又以吴健雄学院电子信息类强化班信息工程专业推免生综合成绩第一的身份，被保送至移动通信国家重点实验室读研。

申怡飞是从17岁开始研究5G技术的。申怡飞说，他的老师尤肖虎教授称，在通信领域，中国用了近二十年的时间，才从2G的全面落后，发展到4G的齐头并进，而未来将是5G的时代。于是，申怡飞毛遂自荐，加入了移动通信国家重点实验室，研究方向是极化码技术。申怡飞最初的科研任务是搭建基于通用处理器的高效极化码平台，在初期的平台搭建阶段，由于数据量很大，运行一个程序往往需要好几天。后来申怡飞有了自己的办公场所，他每天早出晚归，把实验室当成家，全身心地投入平台的优化中。就这样，该

平台从版本 1 迅速升到版本 16，一开始一组数据运行需要 2 s，但现在 1 s 就可以运行 20 万组数据。目前，申怡飞已发表 1 篇 SCI 论文、2 篇国际会议论文，并获得了 2016 年数字信号处理国际会议的唯一最佳学生论文奖。

目前，申怡飞所在团队正致力于让极化码更快、更广地服务于通信网络。5G 时代将是万物互联的时代，会将每一个智能设备连接起来，构建智能社会。

（案例来源：邯郸新闻网，2019-05-21）

【案例点评】作为移动通信国家重点实验室的学生，申怡飞心怀国家，扛起责任，学好专业，增强本领，把振兴移动通信产业的科技强国理想融入个人志向中，在青春时代不懈奋斗。知责任者，大丈夫之始也；行责任者，大丈夫之终也。相信有着家国情怀的申怡飞将和千万大学生一道共同前行，成为一名有责任、有担当、有作为的践行者和引领者。

1.2.2 案例 2：84 岁的钟南山，勇于担当的国之将士

2003 年，非典肆虐，67 岁的钟南山院士说："把病情最重的病人送到我们这里来！" 2020 年，新型冠状病毒肺炎疫情爆发，84 岁的他告诉公众"尽量不要去武汉"，自己却登上去武汉的高铁，挂帅出征。

2020 年 1 月 28 日，钟南山院士接受媒体采访，就新型冠状病毒肺炎疫情发表了自己的看法，在提及武汉时，钟南山院士几度哽咽，眼含泪光，画面让人动容。

2020 年 1 月 29 日下午，在广东省卫生健康委员会的组织下，由钟南山院士担任组长的广东省新型冠状病毒感染的肺炎重症病例会诊专家组对广东省 5 例重症和危重症患者进行了第一次远程会诊。这次会诊，一直持续了 4 个多小时。

2020 年 1 月 30 日，由于临时接到通知要到北京参加中国疾病预防控制中心的座谈会，因此钟南山院士要一大早赶到机场，不得不将原本与"病毒猎手"、美国的维尔特·伊恩·利普金教授的约见提前到凌晨六点，地点则改为路上、机场，他们就新型冠状病毒肺炎疫情进行了探讨。

84 岁的钟南山，有院士的专业，有战士的勇猛，更有国士的担当。一路奔波不知疲倦，满腔责任为国为民，的确令人肃然起敬！

（案例来源：中国新闻网，2020-02-01）

【案例点评】所谓医者，妙手仁心。钟南山院士二者兼具，举国敬仰。这就是钟南山院士，极具家国情怀，忠于祖国、热爱人民，关键时刻挺身而出，勇于担当！

1.2.3 案例 3：职场人士的担当

一位朋友获得了一次升迁的机会，经过几次筛选之后，最终还是被淘汰了。朋友有点莫名其妙，论资历和实力，他都是最佳人选，更何况其中一位与他关系不错的上司还承诺全力举荐他。

不想被莫名其妙地淘汰，朋友私下找到了那位关系不错的上司请教被淘汰的原因。那位上司有点无奈地答复："有一半的人认为你没有担当精神，我也爱莫能助啊！"可朋友始终认为，他不是没有担当，而是为了求稳，按他的逻辑就是：平安是福！

（案例来源：搜狐网）

【案例点评】清代李渔在《比目鱼·伪隐》中说"不用谙谋，方见才能，好担当，好担当，怪不得人人敬。"识人察人看担当、选人用人重作为。一个不能担当责任的人，自然也无法担当重任。桥的价值在于能承载，人的价值在于能担当。担当得越多，价值就越大。人生在担当中成长，在担当中前行，在担当中辉煌。

1.3　家国情怀涵养训练

【训练目的】爱三砖五瓦家，筑万里长城国。

【训练内容】在"家"与"国"之间搭起桥梁，涵养家国情怀。

1.3.1　项目1：诵读经典诗篇

诵读岳飞的《满江红》、文天祥的《过零丁洋》、辛弃疾《永遇乐·京口北固亭怀古》、杜甫的《蜀相》和陆游的《金错刀行》等千古名篇并了解其背后的故事，感受作者的家国情怀，体会并思考自己的职业目标和责任担当。

1.3.2　项目2："00后"的爱国方式上热搜榜

观看视频"'00后'的爱国方式"，思考如何把家国情怀付诸行动？理解鲁迅在《新青年》中所述的"愿中国青年都摆脱冷气，只是向上走，不必听自暴自弃者流的话。能做事的做事，能发声的发声。有一分热，发一分光，就令萤火一般，也可以在黑暗里发一点光，不必等候炬火。"

在视频"'00后'的爱国方式"中，孩子们三五成群地从校门外往教室跑去，有的已经跑进教学楼。这时熟悉的国歌声响起，令人惊呆的一幕发生了：校园里的孩子们全部停下了匆忙的脚步，向国旗行注目礼！无论校园里的学生和老师，还是校门口送孩子的家长，没有一个人再继续走路，也没有人再交谈，而是全部停下来望着国旗。直到国歌播放结束、国旗高高升起为止，孩子们才迈开脚步，校园里才恢复热闹。这是保定市莲池区联盟西路小学的升旗场景，每天如此，已经坚持了多年。这种直击人心的爱国方式，让众多观看视频的人情不自禁地掉下眼泪，这群小学生带给我们的感动，不仅证明了"00后"的爱国，而且让大家想起了自己的初心——在年幼之时，我们就坚定地信仰：要爱自己的祖国！

1.3.3　项目3：鉴赏家国车票

通过家国车票（见图1-1），理解国与家是根与叶、源与流的关系。家是我们温暖的港湾，国是我们最大的靠山，正是三砖五瓦家的坚守才有了万里长城国的辉煌，也正是祖国的强大才有了人民的安居乐业。家和国是紧密相连的共生关系，国家为我，我为国家。请同学们思考自己能为国家做什么，并写在车票背面，作为自己的奋斗目标。

图1-1　家国车票

1.4　责任担当激发训练

【训练目的】唤醒责任意识，激发担当精神。

【训练内容】在责任与担当之间搭起桥梁，激发责任担当。培养新时代大学生对责任感的正确认知，理解所应肩负的责任，促成主动担当。

1.4.1　项目1：体会责任于人的意义

学习《人生十字架》哲学漫画。在人生的道路上，每个人都在背负着各种各样的"十字架"艰难前行，这些"十字架"也许是我们学习、工作的压力，也许是我们必须承担的责任和义务。但，也正是这些责任和义务，构成了我们在这个世界上存在的理由和价值。如果我们一直追求无压一身轻的顺畅，那么当人生出现沟坎时，将很难跨越。生命中很多东西看似承受会很痛苦，但如果你面对了、抗过去了，也许就云开日出了。请勇敢背负起属于自己的"十字架"，它将帮助我们跨过沟坎、穿过黑暗，走向成功的彼岸。

1.4.2　项目2：责任小测试

以下各题，选"是"得1分，选"否"得0分，做完后计算自己的总分。

序号	题　　目	选　项		计分
		是	否	
1	参加聚会，你通常会准时赴约吗	1	0	
2	你认为自己可靠吗	1	0	
3	你会因未雨绸缪而有计划地学习吗	1	0	
4	发现朋友违法，你会通知警察吗	1	0	
5	当外出旅行时找不到垃圾桶，你会暂时把垃圾收好吗	1	0	
6	你会经常运动以保持健康吗	1	0	
7	你忌吃垃圾食物、高脂防食物或其他有害健康的食物吗	1	0	
8	你永远将正事列为优先吗	1	0	
9	你从来没有放弃过任何在课堂上发言的机会吗	1	0	
10	对于没弄懂的学习内容，你是否想尽一切方法去弄懂吗	1	0	
11	决定做一件事情后，你会坚持把它做好吗	1	0	
12	答应别人的事，你从来不会耽误，即使自己生病时也不例外吗	1	0	
13	你从没有违反过校纪校规吗	1	0	
14	你从不拖延作业吗	1	0	
15	在家时，你经常帮忙做家务吗	1	0	
总计分数				
评析	你是个非常有责任感的人，行事谨慎、懂礼貌、为人可靠，并且相当诚实	10～15 分		
	大多数情况下，你都很有责任感，只是偶尔有些率性而为，有时考虑不是很周到	3～9 分		
	你是个完全不负责任的人，一次又一次地逃避责任，造成每份工作都干不长，人际关系不好，学习成绩也不理想	2 分及以下		

1.4.3　项目3：体验勇于承担责任的小游戏

（1）组织班级同学相隔一臂站成几排（具体几排视班级人数而定）。

（2）老师喊一时，向右转；喊二时，向左转；喊三时，向后转；喊四时，向前跨一步；喊五时，不动。

（3）当某个同学做错时，他要走出自己的队列，站到大家面前先鞠一躬，举起右手高声说："对不起，我错了！"

（4）做几个回合后，老师提问："这个游戏说明了什么问题？"

（5）同学们分小组讨论在这个活动中你最大的收获是什么，如何在现实生活中做一个有担当的人。

【职场实例】在深圳的一家香港公司办事处，有一位主管和一位职员。在办事处刚成立时需要申报税项，由于当时类似的办事处都没申报税项，再加上这家办事处没有营业收入，所以这家办事处也没申报税项。在税务检查中，税务机关发现这家办事处没有申报过税项，于是做出了罚款的决定。这家香港公司的老板知道这件事后，就单独问办事处的主管："你当时怎么想的，怎么发生这种事情？"这位主管说："当时我想到了申报税项，但办事处的职员说很多办事处都不申报税项，因此我们也没有申报。考虑到可以给公司省些钱，我也就没再过问，并且这些事情都是由职员一手操办的。"老板又找到这位职员，问了同样的问题。这位职员说："从为公司省钱的角度考虑，再加上我们没有营业收入，其他办事处也没申报过税项，我把这种情况向主管说了，最终申不申报税项还应由主管做决定，他没跟我说，我也就没申报税项。"

【老师总结】在面对错误时，大多数人都不愿意承认自己的错误；少数人愿意承认自己的错误但没有勇气承担责任；极少数人会站出来承认自己的错误并承担责任。我们要做一个在其位、谋其政、担其责的人。

拓展阅读

（1）杨建义．家国情怀与大学生面对面[M]．福州：福建人民出版社，2018．

（2）那罗．诗说中国　家国卷：家国情怀[M]．西安：陕西师范大学出版社，2018．

（3）邵小波，张照．敢于担当[M]．北京：企业管理出版社，2014．

（4）周永亮，李建立．工作就是责任[M]．北京：机械工业出版社，2011．

（5）高玉卓．工作一定要负责——91个误区诊断[M]．北京：电子工业出版社，2013．

（6）李学章，吴高亮，张建林．我的岗位我负责　我的工作请放心[M]．北京：中国商业出版社，2013．

参考文献

[1] 习近平总书记系列重要讲话读本[M]．北京：学习出版社，2016．

[2] 习近平．决胜全面建成小康社会夺取新时代中国特色社会主义伟大胜利——在中国共产党第十九次全国代表大会上的报告[M]．北京：人民出版社，2017．

[3] 从家出发：习近平总书记的"家国情怀"[N]．人民日报，2016-12-15(03)．

[4] 李明．大学生家国情怀的培育路径[N]．中国社会科学报，2018-03-08(01)．

[5] 王伟杰．做一名有家国情怀的新时代大学生[N]．常德日报，2018-09-20(07)．

[6] 李芳芳．新时代大学生担当精神的培养研究[D]．重庆：重庆工商大学，2019．

第2章

树立职业目标　合理规划生涯

【经典诗词】

> 独立寒秋，湘江北去，橘子洲头。
>
> 看万山红遍，层林尽染；漫江碧透，百舸争流。
>
> 鹰击长空，鱼翔浅底，万类霜天竞自由。
>
> 怅寥廓，问苍茫大地，谁主沉浮？
>
> 携来百侣曾游，忆往昔，峥嵘岁月稠。
>
> 恰同学少年，风华正茂；书生意气，挥斥方遒。
>
> 指点江山，激扬文字，粪土当年万户侯。
>
> 曾记否，到中流击水，浪遏飞舟？
>
> ——毛泽东《沁园春·长沙》

　　职业是人们专门从事的工作，是个人谋生、实现人生价值的基本手段，也是实现社会价值的主要途径。从学校步入社会，大学生将要面对一个全新的世界，完成学生到职场人士的转换。然而，在现实生活中，相当多的大学生抱着"计划赶不上变化"的心态，对自己的职业生涯并没有一个非常明确的定位，甚至存在职业生涯规划的误区：有的人规划了却没有成功，有的人没有规划却成功了，因此职业生涯规划是可有可无的。事实上，《礼记·中庸》云："凡事预则立，不预则废。"职业发展乃至人生皆应如此。面对瞬息万变的社会，要获得人生成功，必须进行详细而周密的规划。大学生要根据职业生涯规划理论与原则，掌握正确的职业生涯规划方法，准确地进行自我定位，合理规划职业生涯，树立职业目标，列出具体的措施和日程，通过具有前瞻性的职业生涯规划，减少在人生路上的徘徊犹豫，避免浪费时光，为主动迎接未来职业发展的挑战做好充分的准备。

2.1 职业目标与职业生涯规划概述

对于大学生来说，树立适合自己的职业目标，并且根据职业目标合理地规划职业生涯，事关大学学习及未来的职业发展，甚至会影响人生的幸福。

职业目标的树立与职业生涯的规划是密切相关的，二者相互影响、相互促进、辩证统一。职业目标是职业生涯规划中必不可少的一个环节。职业目标的树立是职业生涯规划的前提和核心，它决定着职业生涯规划的方向和内容。职业生涯的规划是对职业目标的细化，它是职业目标得以实现的保证。通过实践，使大学生对职业目标有更深入的思考，调整不合适的职业目标，树立更加符合实际的职业目标，并按新的职业生涯规划进行实践，不断循环，直到实现职业目标为止。

2.1.1 树立职业目标的意义

职业目标是指个人在选定的职业领域内要达到的具体目标，包括短期目标、中期目标和长期目标。只有尽早树立合适的职业目标，未来的职业发展方向才能定下来，才能进行具有可行性的职业生涯规划，并以更加积极的态度去面对在职业目标实现过程中遇到的各种挑战与困难，最终引导大学生走向职业的成功。

（1）职业目标可引导大学生有意义地学习生活。暨南大学舆情研究中心曾就"当代广州大学生生活与思想现状"做过详细的问卷调查，其中，接受调查的广州高校在读本科生共返回 191 份有效样本，结果显示，在未来规划方面，73.3%的同学表示只有粗略的想法，并无非常明确的职业目标。职业目标是指路牌，大学生要及时有效地树立职业目标，并以积极的心态引导自己下苦功夫、求真学问，把学习作为一种精神追求、一种生活方式，以韦编三绝、悬梁刺股的毅力，以凿壁借光、囊萤映雪的劲头，努力扩大知识半径，既读有字之书，也读无字之书，掌握真才实学，练就过硬本领，按照职业目标的方向做好大学规划，对自己的未来和前途负责。

（2）职业目标可促进大学生顺利就业。职业目标是大学生学习生活的导向，使大学生能自觉按职业目标的要求开发潜能、全面发展、提高综合素质。树立自主、全面、创新与终身学习的理念，培养勤学、严谨、求实、创新的学习习惯，塑造理想远大、热爱祖国、追求真理、善于创新、德才兼备、全面发展、视野开阔、胸怀宽广、知行统一、脚踏实地的形象，促进大学生德智体美全面发展，以及思想道德素质、科学文化素质和健康素质的全面提高，从而提升综合素质，增强就业能力，促进大学生成功就业和创业。例如，有些大学生在大一时就树立了要进某家公司的目标，在大学期间为之奋斗，大多实现了当初的目标；再如，参加招聘会，职业目标明确的大学生将直奔主题，向目标单位投出简历，并寻找机会与用人单位沟通，而目标不明确的大学生只会走马观花地海投简历。显然，职业目标明确的大学生，其就业成功率比较高。

（3）职业目标可激发工作热情。首先，职业目标会引导人们明确要解决的重要事项，从而避免那些不重要事项造成的干扰，为了实现目标而坚持不懈地努力；其次，职业目标会引导人们高效地管理目标任务，将大任务分解成多个小任务，发挥团队力量协作完成，从而增强工作的获得感与愉悦感；最后，职业目标会引导人们享受适当的空闲时间，始终保持积极的心态，提高工作效率，从而不断地朝着职业目标努力。

（4）职业目标有利于实现人生价值。大学时期是大学生形成正确人生观的关键时期。人生的意义，需要从人生价值的角度进行审视和评价。只有找到了人生意义的正确答案，才会自觉地朝着树立的职业目标努力。劳动以及通过劳动对社会和他人做出的贡献，是评价人生价值的普遍标准。一个人对社会和他人所做的贡献越大，他在社会中获得的人生价值就越高。职业目标的实现是人生价值实现的重要体现。每个人通过诚实劳动实现职业目标，以自己的劳动和聪明才智为社会做贡献，全心全意为人民服务，是大学生领悟人生真谛、创造人生价值的重要途径。

2.1.2　有效目标的特征

只有有效的目标，才能发挥巨大的激励和导向作用。在树立有效的目标时，必须符合 SMART 的原则，该原则由管理学大师彼得·德鲁克在《管理的实践》（*The Practice of Management*）一书中提出。根据彼得·德鲁克的观点，管理人员一定要避免"活动陷阱"（Activity Trap），不能只顾低头拉车，而不抬头看路，最终忘了自己的主要目标。这一原则对大学生树立有效的职业目标同样具有借鉴意义。SMART 原则如图 2-1 所示。

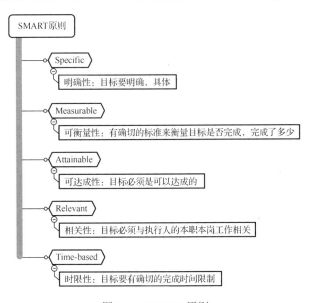

图 2-1　SMART 原则

（1）S（Specific）原则：明确性，即用具体的语言清楚地说明要达成的目标。不明确的目标经常是模棱两可的，也无法有效地传递给相关人员。因此，目标的设置要有衡量标准、达成措施、完成期限和资源要求，使考核人员能够很清晰地看到计划要做哪些事情，计划完成到什么程度。符合 S 原则的目标实例如表 2-1 所示。

表 2-1　符合 S 原则的目标实例

序　　号	无　效　目　标	符合 S 原则的目标
实例 1	我要提高代码质量	我要降低 Bug 率（千行代码缺陷率）
实例 2	我要增强客户意识	我要减少客户投诉率

（2）M（Measurable）原则：可衡量性，即指目标应该是明确的，而不是模糊的。如果树立的目标没有方法衡量，就无法判断这个目标是否已实现。目标的衡量标准应遵循"能量化的量化，不能量化的质化"原则，使目标的树立和考核有一个统一的、标准的、清晰的、可度量的标尺，杜绝在职业目标的设置中使用概念模糊、无法衡量的描述。目标应该从数量、质量、成本、时间、上级或客户满意程度五个方面来衡量。如果不能衡量，则考虑将目标细化，细化成分目标后再从以上五个方面衡量；如果仍不能衡量，则可以将完成目标的工作流程化，通过流程化使目标变得可衡量。例如，对表 2-1 所示的实例进一步细化，使目标变得可衡量。符合 M 原则的目标实例如表 2-2 所示。

表 2-2　符合 M 原则的目标实例

序　　号	无　效　目　标	符合 M 原则的目标
实例 1	我要提高代码质量	我要将 Bug 率控制在 2.39‰以下（CMMI3 的标准）
实例 2	我要增强客户意识	我要减少客户投诉率，将客户投诉率由 5%降低到 3%等

（3）A（Attainment）原则：可达成性，既要制定出跳起来"摘桃"的目标，又不能制定出跳起来"摘星星"的目标，即目标是可以通过努力实现、达到的，但应该是高于现状，跳一下能够得着的。达成目标的程度对个人的激励性是一个倒"U"形曲线，过低的难度和过高的难度都不具有激励性。例如，一个没有做过软件开发的人，定下"我要在一个月内成为 C 语言的专家"的目标，这个目标就是不切实际的。符合 A 原则的目标是"我要在 3 个月内掌握 C 语言的基本语法，如继承、多态、虚函数、STL 常见容器类等"。

（4）R（Relevant）原则：相关性，制定的目标与其他目标通常是相关的。如果某个目标的实现不利于其他目标的实现，那么这个目标即使实现了，其意义也不大。目标是和岗位职责相关的，例如一个财务人员，学好 Excel 这一目标与提高报表、数据分析的职责直接相关，若制定的目标是设计 Excel 软件，就与岗位职责不相关了。

（5）T（Time-bound）原则：时限性，目标的实现是有时间限制的。在制定目标时，要拟定出完成目标的时间限制，并定期检查目标的完成进度，以便根据目标及时调整计划。

在现代职场中，做好时间管理不仅意味着丰厚的经济利益，更能令自己的事业突飞猛进。时间管理有很多种方法，其中最重要的就是"抓住今天"，如毛主席说的"一万年太久，只争朝夕"。

2.1.3 职业生涯规划的内涵

职业生涯规划的概念最先是由美国著名管理学家诺斯维尔提出的。他认为：个人在对自身有清晰认识的基础上，为实现未来职业目标而制定的行动方向和行动方案就是职业生涯规划。简言之，职业生涯规划就是个人为自己未来职业发展所做的各种准备。职业生涯规划具有社会属性和一定的不确定性，是一个动态发展的过程。对于大学生而言，职业生涯规划非常重要。大学生职业生涯规划是指通过接受学校的各种职业教育和指导，树立良好的就业观，从而客观、清晰地认识自己，有计划、有组织地培养自己的职业道德、职业心理和职业能力等的过程。

职业生涯规划具有个人差异性、可规划性、终身不可逆行、阶段性和发展性等特点。大学生职业生涯规划既是一个相对独立的系统，也是一个复杂而又动态的过程。职业目标是职业生涯规划的关键部分，结合有效目标的特征，在进行职业生涯规划时需要重点考虑可行性、时限性和适应性。首先是可行性。从长远发展来看，职业目标一定要从个人的实际出发，坚持"跳一跳，够得到"的原则，如果选择的目标过高，很容易让人产生挫败感，不利于个人积极性的提升。因此，职业生涯规划必须建立在可行性的基础上，以免影响个人的发展。其次是时限性。所谓时限性，是指一定要制定切实可行的实施步骤和实施时间，确保职业目标的实现。最后是适应性。任何事物都是在不断发展变化的，对职业生涯规划而言，一定要根据个人情况制订职业发展计划，要随时根据情况的变化对职业发展计划进行分析，及时发现问题、解决问题，从而增强职业生涯规划的适应性。

大学生职业生涯规划是根据社会需求、所学专业、个人兴趣与能力特长而设计的职业生涯与人生发展轨迹。首先，大学生要根据社会需求来规划职业生涯。职业作为一种社会活动，必定会受到社会的制约，任何人选择职业的自由都是相对的、有条件的。如果脱离社会需求，将很难被社会接纳。大学生应积极把握社会对人才需求的变化，把社会需求作为出发点和归宿，以社会对个人的需求为准则，既要看到当前利益，也要考虑到长远发展；既要考虑个人因素，也要自觉服从社会需求，坚持社会需求与个人利益相统一，实现社会需求与个人愿望的有机结合。其次，大学生要根据所学专业规划职业生涯。用人单位在招聘，个人在某专业方面的特长、训练、知识与技能是首先考虑的因素。因此，所学的专业是职业生涯规划的基本依据。如果职业生涯规划脱离了所学的专业，就会在无形中增加了许多"补课"的负担，实现个人价值的难度就会加大。值得指出的是，大学生除了要掌握基础知识和专业知识，还要拓宽专业的知识面，掌握和本专业相关、相近专业的知识与技能。最后，大学生还要根据个人兴趣与能力特长来规划职业生涯。职业生涯规划要与个人的性格、气质、兴趣、能力特长等相结合，充分发挥自己的优势，扬长避短。兴趣是一个人积极探究事物的认识倾向，这种倾向具有稳定、主动、持久等特征。如果一个人对某项工作产生了兴趣，就会在工作中产生高度的自觉性。大学生在进行规划职业生涯时，要对个人兴趣有一个客观的分析，力争个人兴趣与所学专业相一致，形成优势。能力特长是求职择业和事业成功的重要保证之一。需要提醒的是，知识多、学历高并非意味着能力强，切不可将学习成绩作为评价能力高低的唯一尺度。大学生应在对自己的能力特长有一个正确的自我认知和自我评价的基础上，根据自己的真才实学和能力特长来规划职业生涯。大学生职业生涯规划的原则如表 2-3 所示。

表 2-3　大学生职业生涯规划的原则

原　　则	作　　用
择己所爱	选其所爱，爱其所选。从事一项自己喜欢的工作，本身就是一种满足感
择己所长	选择能发挥自己能力特长的职业，在职场上将如鱼得水
择世所需	眼界要高，满足社会需求，方能在实现社会价值的同时实现职业发展和人生价值
择己所利	职业是个人谋生的手段，要力求幸福指数和收益最大化

2.1.4　合理规划职业生涯的步骤

职业生涯规划流程如图 2-2 所示，包括自我认知、职业定位、目标路径、实施策略和反馈调整。

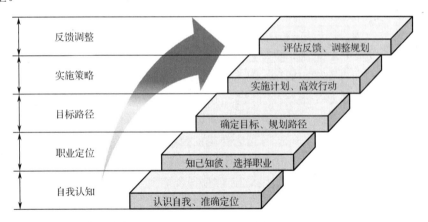

图 2-2　职业生涯规划流程

（1）自我认知。"认识你自己"是镌刻在古希腊德尔菲神庙上的箴言，这也是苏格拉底的哲学原则，开启了哲学研究领域从自然转向人、从神转向人的伟大转向。这句话也是职业生涯规划流程中最基础、最核心的步骤。有效的职业生涯规划必定是在自我分析、自我定位、自身条件与相关环境的基础上进行的。要学会审视自己、认识自己、了解自己，做好自我评估，包括自己的兴趣、特长、性格、学识、技能、智商、情商、思维方式等，也就是说，要弄清楚想干什么、能干什么、该干什么、在众多的职业面前如何选择等问题。

（2）职业定位。职业定位就是要在职业目标、自身潜能，以及主客观条件中寻求最佳匹配。一般采用 SWOT 分析法（又称为态势分析法），4 个英文字母分别代表优势（Strength）、劣势（Weakness）、机会（Opportunity）和威胁（Threat）。SWOT 分析法考虑性格、兴趣、特长、专业与职业的匹配，以自己的最佳才能、最优性格、最大兴趣、最有利的环境评估职业机会，从而有效降低机会成本和选择的风险。大学生应当依据客观现实，考虑个人与社会、单位的关系，比较职业的条件、要求、性质与自身条件的匹配情况，选择适合自己特长、自己感兴趣、经过努力能很快胜任、有发展前途的职业。此外，多了解不同行业和职业（尤其是一些热门行业、热门职位）对人的素质与能力要求，深入了解这些行业与职位的需求状况，结合自身特点评估就业机会，才能选择好自己可以终生从事的理想职业。

（3）目标路径。职业目标是职业生涯规划的关键，通常分为短期目标、中期目标、长期目标，这也是实现职业目标的路径。长期目标需要个人经过长期艰苦努力、不懈奋斗才有可能实现。在树立长期目标时，要立足现实、慎重选择、全面考虑，使其既有现实性又有前瞻性。短期目标相对比较具体，对个人的影响也更直接，是长期目标的组成部分之一。

（4）实施策略。实施策略是指制定实现职业目标的行动方案。职业目标的实现要由具体的行动方案来保障，没有行动方案，职业目标就会沦为空想。

（5）反馈调整。影响职业生涯规划的因素很多，有的因素是可以预测的，有的因素则难以预测。要使职业生涯规划行之有效，就必须在实施过程中不断检验效果，及时查找各个环节出现的问题，找出相应的对策，并对职业生涯规划进行调整与完善。

大学生应当培养职业生涯规划的自主意识，树立积极正确的人生观、价值观和就业观，把个人发展和社会需要结合起来，树立职业目标，并理性地规划自身未来的发展，在学习过程中自觉地提高就业能力和职业生涯管理能力，以《荀子·劝学》中的"锲而舍之，朽木不折；锲而不舍，金石可镂"为警示，为个人的职业生涯发展而努力。

2.2　职业目标和职业生涯规划案例

细节决定成败，战略决定命运。职业生涯将伴随一个人的大半生，拥有成功的职业生涯才能实现完美人生。大学生要尽早树立职业目标和规划职业生涯，进校就想出门事，从进入大学生活的第一天就开始规划职业生涯。一年级了解自我，二年级锁定感兴趣的职业，三、四年级有目的地提升职业素养，初步完成大学生到职业者的角色转换，以便清楚地知道自己的优势和劣势，毕业时才不会"临时抱佛脚"，出现就业恐慌。获得成功的职业生涯，必须明确行动比规划更重要、识比知更重要、技能比学历更重要、社会认可比获取金钱更重要。

2.2.1 案例1："史上最牛女专科生"曹晓洁

"史上最牛女专科生"的网帖在网民中广泛流传，网友评论、媒体报道沸沸扬扬，支持声多，质疑声也不少。22 岁的曹晓洁来自四川泸州农村一个普通家庭，曾两次高考失利。在母亲眼里，女儿一直是个普通而又平凡的孩子。2006 年 9 月，曹晓洁被江西先锋软件职业技术学院（现为江西软件职业技术大学）录取，成为该校两年制专科生。

"她优势并不明显，家庭条件并不优越，长得也很普通。"江西先锋软件职业技术学院的老师说，是平时异常的刻苦努力成就了曹晓洁。

"我最大的特点就是经得起考验，并对自己有信心。"曹晓洁说，她是一个心中有目标的人，进入 IBM 等国际一流 IT 企业，一直是她的梦想。

曹晓洁一直在朝着这个梦想前进，始终把学习作为首要任务，并抓住一切机会锻炼自己。她竞选学习部副部长，组织英语角，并经常活跃在各种晚会、典礼等活动中，大大小小的奖励、荣誉是对她成绩的最好证明。

2007 年 12 月，曹晓洁以优异的成绩通过 IBM 先锋实训基地第二期学员的招生考核。IBM 先锋实训基地模拟 IBM 公司的办公环境、真实项目研发的教学理念都让曹晓洁如鱼得水。她喜欢这份工作，享受着充实与快乐。

IBM 先锋实训基地有个传统，为了更好地学习日语，有效提升学员专业技能、团队合作精神，成立了日语学习小组、技术小组和项目小组等。曹晓洁先应征了一个日语学习小组组长的职位，组建了自己的团队——"七匹狼"，曹晓洁是团队中唯一的女生，且资历最浅。在实训期间，IBM 实训经理人 Oma 先生一直坚持让曹晓洁帮他做翻译。在为期 10 个月的实训中，曹晓洁多次得到 Oma 先生的肯定与赞赏。

2008 年 10 月，两年制专科毕业后，曹晓洁报名了自考本科。随后，她参加了福富软件（FFCS）公司的面试，并成为被录取的 12 名人员之一。等待 FFCS 公司录取通知期间，她又应聘了印度 INFOSYS 公司，并获得面试机会。当得知 IBM 公司招聘信息时，曹晓洁再次决定勇敢一搏。11 月 10 日，IBM 公司通知：曹晓洁等 16 位同学顺利通过面试。在 11 月上旬，FFCS 公司提出，为不影响其本科学业，曹晓洁可以在职实习。12 月下旬，IBM 公司电话通知她，可以在 2009 年 1 月正式进入 IBM 公司。

曹晓洁的故事被江西一家网站报道后，随即众多网友评为"史上最牛女专科生"，顶着这个头衔，面对众多网友的评论，曹晓洁坦然地说："我想我知道我是谁，自己不会找不到北。"

曹晓洁说，她只是一个很普通的年轻人，未来也只想普通地生活，做好自己，照顾好家人，与周围的朋友和同事友好相处。

【案例点评】曹晓洁将专科生"烂牌"打出了本科生、研究生都羡慕的"好牌"，我们来分析一下她的逆袭之道。

一是不断进取。"我最大的特点就是经得起考验，并对自己有信心。"这是曹晓洁对自己的评价。她的确也对得起这个评价。

二是笨鸟先飞，勤能补拙。论天分，曹晓洁未必出众。同学刘海涛曾这样评价她："她其实挺'笨'的！每当学习一门新的课程时，总是听不明白，下课后就到处问别人。""记得一次双休日，大家都出去玩，我因为忘了拿东西返回教室，看见她一个人抱着书在'啃'。在我们晚上回来时，她还在看书，当时我一下子就被感动了。后来她的专业成绩提升得很快。"

三是不断锤炼优势。曹晓洁最大的优势就是英语很棒，为了保持这个优势，也为了顺利进入跨国公司，她竞选学习部副部长，组织英语角，并经常活跃在各种晚会、典礼等活动中。2006 年 9 月，江西先锋软件职业技术学院开办了印度特色班，曹晓洁顺利成为该班唯一的女生。印度特色班的主要老师是来自印度的外教，和这些外教交流最多、配合最默契的，是曹晓洁。

四是紧紧抓住机会，让自己不断前进。2007 年 6 月，江西先锋软件职业技术学院与 IBM 公司合作创办了 IBM 先锋实训基地。曹晓洁凭着一口流利的英语，以优异的成绩脱颖而出。2008 年 10 月，曹晓洁报名了自考本科。随后，她参加福富软件（FFCS）公司的面试，并成为被录取的 12 名人员之一。在等待 FFCS（公司）录取通知期间，她又勇敢搏一搏印度 INFOSYS 公司、IBM 公司，均收获录取通知。

2.2.2　案例 2：诸葛亮的"职业生涯规划"

三国时期，群雄逐鹿，人杰辈出！与绝大多数怀才不遇者的思维定式相反：长期隐居在南阳的诸葛亮一出山就投靠了当时势单力薄的刘备，并终生为其奔走效力。

在为刘备做出杰出贡献的基础上，诸葛亮实现了个人事业的成功。这取决于诸葛亮近乎完美的"职业生涯规划"！

首先，诸葛亮的"个人职业发展"定位非常清晰。诸葛亮自幼胸怀大志，始终以管仲、乐毅为个人楷模，立誓要成为他所处时代杰出的"谋略大师"，为光复汉室贡献力量；同时，诸葛亮也非常清楚：他自己长期积累的才干已具备了实现"职业目标"的可能！

其次，从"应聘对象"的选择来看，诸葛亮也独具慧眼。势力最单薄的刘备却具备快速成长，与曹操、孙权三足鼎立乃至在此基础上一统天下的可能性。原因在于：第一，刘备始终坚持光复汉室的目标，这与诸葛亮的个人价值观吻合；第二，刘备品性坚忍顽强，敢于与任何强大的敌人对抗；第三，刘备待人宽厚谦和，团队凝聚力超强；第四，刘备是汉朝皇族后裔，具备名正言顺继承大统的资格。以上条件恰恰是刘备最大的潜在资源，而且其他诸侯很难模仿、替代。此外，还有一个非常重要的原因是：曹操和孙权那里都已人才济济、颇具规模，诸葛亮若去投奔，最多也只能成为一名"中层管理人员"；而刘备只有一些武将，"高级参谋"人才奇缺，诸葛亮完全有可能被破格提拔进入"最高领导层"！

最后，在"应聘准备"和"应聘实施"方面，诸葛亮更是做得登峰造极！在个人推销方面，诸葛亮通过躬耕陇亩给外界留下踏实肯干的印象；同时，他还自作了一篇《梁父吟》，含蓄地表明心志。此外，诸葛亮在与外人言谈中每每自比管仲、乐毅，一方面宣传了个人的卓越才华，另一方面也表明了他对"和谐双赢"的君臣关系的向往。诸葛亮的个人才能和"求职意向"等重要信息最终通过各种渠道传递到了刘备那里。在"应聘"临场发挥方面，诸葛亮在隆中对时，通过逻辑严谨的精彩表述充分展现了个人对国内军事、政治形势，以及刘备未来发展战略的全面深入思考，令刘备对其大为叹服！此后，刘备始终待诸葛亮为上宾，重大决策都与其共同协商探讨，甚至在临终之时还有托孤让位之举。诸葛亮也始终对刘备忠诚一心，鞠躬尽瘁！深厚的君臣情谊被传为千古佳话！

【案例点评】诸葛亮是昔日乱世中的一个孤儿，若非正确的"职业目标""职业生涯规划"助力，很可能就淹没在历史的尘埃之中。但积极进取且善于谋略的诸葛亮通过在"职业选择"上的完美谋划，彻底改变了自己的命运。职业生涯规划是新时代的潮流，现代人的课题，职业生涯规划得越早越好，而且越到老越受用。新时代大学生应该针对自己做好职业生涯规划。

2.2.3　案例3：哈佛大学关于目标与人生25年的跟踪调查

1970年，美国哈佛大学对当年的毕业生进行了一次关于人生目标的调查：27%的毕业生没有人生目标，60%的毕业生有模糊的人生目标，10%的毕业生有清晰但比较短期的人生目标，3%的毕业生有清晰而长远的人生目标。

1995年，哈佛大学再次对这批毕业生进行了跟踪调查，结果是，有清晰而长远人生目标的毕业生，他们在25年间朝着一个既定的方向不懈努力，几乎都成为社会各界的成功人士，其中不乏行业领袖、社会精英；有清晰但比较短期人生目标的毕业生，他们的短期目标不断实现，成为各行业、各领域中的专业人士，大都生活在社会的中上层；有模糊人生目标的毕业生，他们安稳地生活与工作，但大多数都没什么特别突出的成绩；没有人生目标的毕业生，他们的生活没有目标，过得很不如意，并且常常抱怨他人、抱怨社会、抱怨这个"不肯给他们机会"的世界。

【案例点评】每个人的内心深处都有对成功的渴望，如果你能发掘它，便能找到成功的方向，找到一种支持你不懈努力的持久力量。正如西方的那句谚语所说，"如果你不知道你要到哪儿去，那通常你哪儿也去不了"。树立职业目标、合理规划职业生涯、提高就业能力、制订自我发展的行动计划，对于个人的发展来说是必不可少的。从离开校园到职场，当同窗好友在多年后相聚时，昔日朝夕相处的同学通常会有明显的差距。造成这种差距的原因，当然有机遇、关系，以及与之相对应的环境，但更为重要的原因是个人的职业生涯规划。

2.3　树立职业目标训练

【训练目的】树立职业目标，成就精彩人生。

【训练内容】在自我认知的基础上，确定较为适合的职业，树立有效的职业目标。

2.3.1　项目 1：职业生涯规划的起点——认识自己

按照表 2-4 进行自我评价，全面认识自己。

表 2-4　自我评价表

评　价　人	优　点	缺　点
自己		
家人		
同学或朋友		
老师		
社会人士		
总结		

2.3.2　项目 2：确定我的霍兰德代码，列举出相应的职业

在执业职业咨询师的指导下，进行霍兰德 SDS 职业兴趣测试（网址为 http://www.apesk.com/holland2/），并填写表 2-5。

表 2-5　霍兰德代码情况表

我的霍兰德代码：		
序　号	我感兴趣的职业	喜欢该职业的原因
1		
2		
3		
4		
5		

2.3.3 项目3：根据有效目标的特征，按步骤树立职业目标

第 1 步：将目标明确地写下来。

第 2 步：为目标设定一个期限。

第 3 步：简要地列出树立目标的充分理由。

第 4 步：将大目标分成若干个小目标。

第 5 步：分析自己所处的现状，盘点自己拥有的资源，包括自己的个性、朋友、教育背景、时间、能力等，写出达成目标所具备的条件。

第 6 步：找出自己过去的成功经验。

第 7 步：确认自己要克服的障碍。

第 8 步：确认自己所需的知识。

第 9 步：列出对自己有帮助的人。

第 10 步：将自己的目标视觉化，让目标成为自己心中景象，即不断想象自己的目标已经被实现后的样子，让它成为自己的潜意识。

第 11 步：为自己找一些效仿的榜样，找出自己的目标领域中三五个具有杰出成就的人，简单写出他们成功的特质和方法。

第 12 步：核对自己所列的目标，并检查五个方面：是否用肯定的语气来描述预期结果；结果是否具体，是否确定了目标的期限；当实现目标后，自己是否知道实现了目标；在实现目标的过程中自己是否有主动权；结果是否对社会有利。

需要注意的是，要使目标多样化且具有整体意义，还要对目标的实施进行定期总结、检查和更新。

2.4 合理规划职业生涯训练

【训练目的】合理规划职业生涯，你的未来可期。

【训练内容】学会管理时间，通过对职业生涯人物的访谈，从而规划合理的职业生涯，只争朝夕，不负韶华。

2.4.1 项目1：我的时间我做主——时间管理

撕纸条游戏

（1）人员与场地：分组活动，10 人左右一组，在室内进行游戏。

（2）游戏道具：为每个人准备一条长约 100 cm、宽约 2 cm 的纸条，所有的纸条都采用统一的规格。

（3）规则与程序。

① 老师向学生讲明纸条的含义，即纸条代表一天的时间（24 小时）；游戏规则是在老师播放背景音乐时，学生按照老师所说的内容从自己的纸条上撕掉相应的时间段，如"吃饭""睡觉""玩游戏""聊天""发呆""运动""追剧""逛街"……内容视学生情况而定，直到纸条上只剩下学习的时间为止。

② 请学生们看一下自己手中的纸条还剩下多少，究竟每天有多少时间用在了学习上。

③ 大家可以拿着手中的纸条和原来的纸张对比，可以更加直观地看到手中纸条和原来纸条的差距。

④ 请学生们在组内交流。

（4）总结点评。

① 时间如细沙一样，总是在琐碎中悄悄溜走，平日里看似不经意的小事情竟然占去了如此多的时间。

② 掌握节省时间的技巧。有的学生在手中的纸条只剩小小的一段时，提醒自己要腾出更多的时间用于学习；有的学生去捡回撕去的部分，将其对应的时间弥补在学习上。大学生要制订时间管理计划、克服拖延、善用节省时间的工具、善用零散的时间、学会拒绝、设置时限等。

③ 做时间的主人。大学生要将每一个时间段要做的事情，用时间管理四象限方法论（见图 2-3）进行分类处理，掌握时间管理法则（时间管理的十大法则见表 2-6）；通过时间管理软件，管理好课堂时间、读书时间、研讨时间与生活时间，从而珍惜大学时光。正如鲁迅所言："时间就像海绵里的水，只要愿挤，总还是有的"。

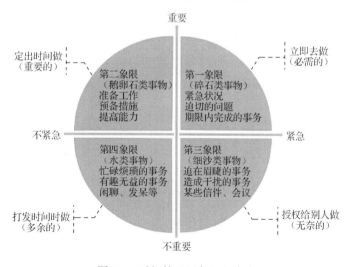

图 2-3　时间管理四象限方法论

表 2-6　时间管理的十大法则

法　　则	内　　涵
保持焦点	学会抓住重点,远离琐碎事务
现在就做	最好的时机就是现在
不得不做	学会限制时间
避开高峰	避免在高峰期乘车、购物、进餐,可以节省许多时间
巧用手机	充分通过手机进行交流和沟通
成本概念	要考虑时间成本
避免争论	无谓的争论不仅会影响情绪与人际关系,还会浪费大量的时间
积极休闲	积极休闲不仅有利于放松身心、陶冶精神和改善人际关系,还有利于提高工作效率
集腋成裘	充分利用碎片化的时间做一些事情
搁置哲学	将解决不了的问题暂时搁置,让潜意识和时间去寻找解决问题的方案

2.4.2　项目 2:职业生涯人物访谈

参考表 2-7 所示的职业生涯人物访谈提纲,请选择本专业或行业内的两三位职业生涯人物进行访谈,并简要记录访谈要点,为大学生的学习生活及职业发展提供参考。注意事项:以下问题仅供参考,每个人可根据自己的具体情况设计访谈内容,应当尽量采用封闭式的问题,这样既可以节省时间,也可以得到自己需要的答案;问题设计要尽量口语化、易懂。通过职业生涯人物访谈,可以从访谈对象那里获得对自己有用的信息。

表 2-7　职业生涯人物访谈提纲

访谈对象:＿＿＿＿＿＿＿＿＿＿　　　岗位:＿＿＿＿＿＿＿＿＿＿　　　所在行业:＿＿＿＿＿＿＿＿＿＿

题　　号	访 谈 内 容	访谈要点记录
1	您是如何找到这份工作的	
2	就目前的工作而言,您最喜欢什么?最不喜欢什么	
3	您的职位是什么?您的主要职责是什么	
4	从事该行业的人主要做什么	
5	工作地点一般在哪里	
6	在该行业内,从什么样的工作岗位做起,能学到最多的知识,最有益于发展	
7	工作场所有哪些特征	
8	在工作方面,您每天都主要做些什么	
9	您在做这份工作时,日常面临的问题是什么?最有挑战性的任务是什么	

题　号	访 谈 内 容	访谈要点记录
10	个人的主要成就是什么？最成功的是什么	
11	在这个职位上，如果想获得成功必须拥有并保持什么样的能力	
12	您目前还缺乏的或必须改进的能力有哪些？怎么改进	
13	在您所在的企业中，对于同一个岗位，区分成功和不成功的标准是什么	
14	您认为做好这份工作应该具备哪些知识、技能和经验	
15	目前，该行业的从业人员应该具备什么样的教育背景和培训背景	
16	您认为什么样的个人品质、性格和能力对做好这份工作是重要的	
17	这项工作要求的个人品质、性格、能力与其他工作的要求有什么不同吗	
18	学校的哪些课程对该行业比较有帮助	
19	在该行业内，单位通常会对新员工提供哪些培训	
20	在您的工作领域中，初级职位和略高级别职位的薪水一般是什么水平	
21	男女获得这份工作的机会均等吗	
22	该行业的从业人员，对于他们所从事的工作有什么满意之处与不满意之处吗	
23	从事这份工作实现了您的人生价值吗？您的家庭对您现在的工作满意吗	
24	这个行业的人才供求关系怎样？据您所知，从事这份工作的人在单位或者行业内的发展前景怎么样	
25	该行业因为科技进步、经济的全球化发生了什么变化	
26	您如何看待所在企业的组织文化？该行业的工作方式将来会有什么变化趋势	
27	该行业是否有季节性或地理位置的限制	
28	该行业存在的困难及前景是什么	

题　号	访 谈 内 容	访谈要点记录
29	据您所知，有什么职业杂志、行业网站或其他渠道能帮助我深入了解该行业	
30	您的朋友或同事中有谁能够成为我下次采访的对象吗？您可以帮忙介绍吗	

2.4.3　项目3：按照模板规划自己的职业生涯

职业生涯规划书

学院：＿＿＿＿＿＿＿＿＿＿＿＿＿

专业：＿＿＿＿＿＿＿＿＿＿＿＿＿

年级：＿＿＿＿＿＿＿＿＿＿＿＿＿

姓名：＿＿＿＿＿＿＿＿＿＿＿＿＿

学号：＿＿＿＿＿＿＿＿＿＿＿＿＿

年　　　月

一、自我分析

自我分析是对自己进行的全方位、多角度分析。

职业兴趣（喜欢干什么）		
职业能力（能够干什么）		
个人特质（适合干什么）		
职业价值观（最看重什么）		
胜任能力（优劣势是什么）		
个人经历	教育经历	
	工作经历	
	培训经历	
自我分析小结：		

二、职业分析

职业分析是对影响职业选择的相关外部环境进行较为客观、系统的分析。

家庭环境分析（如经济状况、家人期望、家族文化及其对本人的影响）：
学校环境分析（如学校特色、专业学习、实践经验等）：
社会环境分析（如就业形势、就业政策、竞争对手等）：
职业环境分析： （1）行业分析（如行业的现状及发展趋势、从业人员和行业的匹配等）： （2）职业分析（如工作内容、工作要求、发展前景、从业人员和职业的匹配等）： （3）企业分析（如企业类型、企业文化、发展前景、发展阶段、产品服务、员工素质、工作氛围、从业人员和企业的匹配等） （4）地域分析（如工作城市的发展前景、文化特点、气候水土、人际关系、从业人员和工作城市的匹配分析等）
职业分析小结：

三、职业定位

职业定位是指综合自我分析与职业分析的主要内容，得出本人职业定位的 SWOT 分析。

内部环境因素	优势因素（S）：	弱势因素（W）：
外部环境因素	机会因素（O）：	威胁因素（T）：

结论：

职业目标	例如，将来从事的行业和职业
职业发展策略	例如，企业的类型或工作城市
职业发展路径	例如，走专家路线或管理路线等
具体路径	例如，个人职业目标

四、计划实施

计划实施一览表。

名　称	短　期　计　划
时间跨度	如本科生或研究生阶段
本期目标	如本科生毕业时要达到……
细分目标	如在大一时要达到……，在大二时要达到……，或在某方面要达到……
计划内容（参考）	如专业学习、职业技能培养、职业素质提升、职业实践计划等
策略和措施（参考）	如在大一时以适应大学生活为主，在大二时以专业学习和掌握职业技能为主等
备注	大学生职业生涯规划的重点
名　称	中　期　计　划
时间跨度	如毕业后五年
本期目标	如毕业后第五年时要达到……
细分目标	如毕业后第一年要达到……，第二年要达到……，或在某方面要达到……
计划内容（参考）	如职场适应、"三脉"（知脉、人脉、钱脉）积累、岗位转换及升迁等
策略和措施（参考）	如实现目标的措施
备注	大学生职业生涯规划的重点
名　称	长　期　计　划
时间跨度	如毕业后十年或以上计划
本期目标	如退休时要达到……
细分目标	如毕业后第1个十年要达到……，第2个十年要达到……
计划内容（参考）	如事业发展、工作与生活关系、健康、心灵成长、子女教育、慈善等
策略和措施（参考）	如实现目标的措施
备注	方向性规划

五、评估调整

职业生涯规划是一个动态的过程，必须根据实施的结果，以及因应变化进行及时的评估与修正。

（1）评估的内容。

职业目标评估（是否需要重新选择职业）。

职业路径评估（是否需要调整发展方向）。

实施策略评估（是否需要改变行动策略）。

其他因素评估（身体、家庭、经济状况、机遇以及意外情况的评估）。

（2）评估的时间。

在一般情况下，应定期（半年或一年）进行评估。当出现特殊情况时，应随时进行评估并调整。

六、结束语

对职业生涯规划进行总结。

_____

_____

_____

拓展阅读

（1）纪元. 哪有没时间这回事[M]. 北京：北京联合出版公司，2017.

（2）陆丹，何萍，段春锦. 大学生体验式生涯管理[M]. 北京：机械工业出版社，2013.

（3）杨莹，屈振辉. 从毛泽东诗词看大学生职业规划和职业成功要素[J]. 当代教育理论与实践，2015(5):145-147.

参考文献

[1] 王正斌，李春雷. 职业生涯规划：促进大学生就业的新视角[N]. 光明日报，2008-12-24(10).

[2] 孙文博. 大学生职业生涯规划[M]. 北京：北京交通大学出版社，2010.

[3] 宋贤钧，周立民. 大学生职业素养训练[M]. 4版. 北京：高等教育出版社，2018.

[4] 庄明科，谢伟. 职业素养入门与提升[M]. 北京：北京理工大学出版社，2009.

[5] 吴昊. 大学生职业生涯规划中的思想政治教育研究[D]. 长春：吉林农业大学，2017.

[6] 王丽. 大学生职业目标和职业生涯设计关系的研究[D]. 西安：西安工业大学，2014.

第3章
提升学习能力 砥砺创新精神

【经典古文】

　　欲言国之老少，请先言人之老少。老年人常思既往，少年人常思将来。惟思既往也，故生留恋心；惟思将来也，故生希望心。惟留恋也，故保守；惟希望也，故进取。惟保守也，故永旧；惟进取也，故日新。惟思既往也，事事皆其所已经者，故惟知照例；惟思将来也，事事皆其所未经者，故常敢破格。老年人常多忧虑，少年人常好行乐。惟多忧也，故灰心；惟行乐也，故盛气。惟灰心也，故怯懦；惟盛气也，故豪壮。

　　　　　　　　　　　　　　　　　　　　——梁启超《少年中国说》

　　创新是一个民族进步的灵魂，是一个国家兴旺发达的不竭动力。发展是第一要务，人才是第一资源，创新是第一动力。在创新强国的新征程中，《国家中长期教育改革和发展规划纲要（2010—2020年）》强调，要"优化知识结构，丰富社会实践，强化能力培养。着力提高学生的学习能力、实践能力、创新能力，教育学生学会知识技能，学会动手动脑，学会生存生活，学会做人做事，促进学生主动适应社会，开创美好未来"。大学生是未来建设创新型国家、构建创新型社会、实施科技创新的主力军，在国际竞争日益加剧和科学技术迅猛发展的背景下，树立终身学习和自主学习的理念，摆脱传统的学习窠臼，适应未来社会对创新型人才的需求，提升学习能力和砥砺创新精神是大学生的发展方向与现实的必然选择。

3.1 学习能力与创新精神概述

　　美国杰出的未来学家阿尔温·托夫勒（Alvin Toffler）说过，未来的文盲不再是目不识丁的人，而是那些没有学会怎样学习的人。当前是一个快速发展的时代，是一个需要人们终身学习的时代，居安思危、保持学习的态度，持续投资自己并取得职业上的进步是所有人的应对策略。

2018 年河北省唐山市取消部分收费站时，一位收费员振振有词地说："我今年 36 岁了，我的青春都交给收费站了，我现在啥也不会，也没人喜欢我们，我也学不了什么东西了。"这句话在网络上引起了热议。其实不只是这位收费员，很多人都在岁月的长河中，面对琐碎的工作渐渐失去了学习的习惯，每天只是疲于应付眼前，在安逸中始终待在自己的舒适区里过着不痛不痒的生活，不再有憧憬，更不会有梦想。实际上，学习能力与创新精神是所有人应对未来变化的最好方式。学习能力与创新精神是密不可分的，学习能力是基础和前提，创新精神是核心和关键。对于大学生而言，持续学习可为创新精神打下坚实的基础，砥砺创新精神可提升学习能力、实现自我改变与重塑、解决问题与提升人生境界。

3.1.1　提升大学生学习能力的意义

唐代颜真卿的《劝学》云："三更灯火五更鸡，正是男儿读书时。黑发不知勤学早，白首方悔读书迟。"学习能力是获得和运用知识的能力，它是感知、认知、自控、理解、记忆、操作等诸多能力的综合体现。基本学习能力包括 6 大指标，即学习注意力、学习成就感、学习自信心、思维灵活度、学习独立性和学习反思力，如图 3-1 所示。在学校中，衡量学习能力的方式很简单，就是考试。进入职场后，衡量学习能力就没有固定标准了，但是在学生时期养成的学习习惯能够增强一个人的学习能力。大学生的学习能力是大学生通过不断获取和掌握新知识、技能、经验，解决实际问题、改善行为、提升素质、求取创新，以便在复杂变化的环境条件中使自己保持良好发展的能力。大学生不仅要有广博的知识，还要掌握自我学习的方法，树立终身学习的理念。

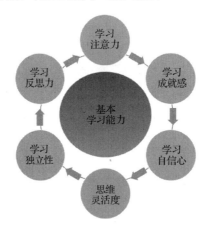

图 3-1　基本学习能力的 6 大指标

（1）学习能力是大学生形成其他能力的基础。能力通常包括学习能力、执行能力与专业知识等，学习能力是其他能力的基础。学习能力是指学习的方法与技巧，有了学习能力，就可以获得专业知识，就可以通过学习执行的方法与技巧来形成执行能力。相关研究表明，学习能力可以分为 6 种多元能力和 12 种核心能力。多元能力包括知识整合能力、社交能力、心理素质、团队合作、理财能力、策划与决策能力；核心能力包括注意力、观察力、记忆力、思维力、想象力、创造力、理解力、语言表达、操作能力、运算能力、听知觉能力和视知觉能力。古人云："授之以鱼，只供一饭只需；授之以渔，则终身受用无穷。"管理大师彼得·德鲁克（Peter F. Drucker）说："真正持久的优势就是怎样去学习，就是怎样使得自己的企业能够学习得比对手更快。"大学生提升学习能力，将为其他职业能力和职业素养的形成，尤其是砥砺创新精神奠定坚实的基础，让自己终身受益并可持续发展，实现从平凡到优秀再到卓越的人生跨越。

（2）学习能力是大学生提升综合素质和竞争力的重要途径。学习能力的提升会对大学生的综合素质和竞争力产生一种整体性、综合性的影响，它不仅可以带来知识结构的更新，同时也会产生一种边际效用。学习能力的提升会有效地促进大学生的知识积累和技能提升，知识积累和技能提升反过来又会促进学习能力的增强，使学习能力始终处于持续提升的状态。学习能力的提升也能使大学生得到个性化的发展，通过学习来明确自身的发展方向，从而摆脱自身个性发展的各种束缚，利用所有可以利用的时间去丰富和提高自己的个人素质。同时学习能力的提升为个人的发展提供了更广阔的生存空间，也为未来的就业提供了更多的选择机会。此外，学习能力的核心是自我改变和重塑。从创新的角度来看，学习能力是为了解决问题，既能有所坚持，又能有所改变。

（3）学习能力是大学生有效应对知识经济时代挑战的必然选择。21 世纪是知识经济占主导地位的时代，面对知识经济时代的挑战，如果一个民族不具备持续学习的能力，就必然会在社会发展中受到制约。大学生是国家与民族发展的希望和未来，是实现中华民族伟大复兴的中坚力量。大学生只有具备自主学习的意识和能力，不断地对自身的思维模式和知识结构进行调整，加强综合素质的培养，使综合素质与社会竞争力相互融合与补充，才能成为为国家和社会创造精神财富与物质财富的人才。

3.1.2　大学生提升学习能力的途径

虽然科技的发展日新月异，但还有很多人一旦工作稳定后便丧失了好奇心和继续学习求知的动力，还常用"知足常乐"来掩饰自己的懒惰，已经没有持续学习的理念了。未来的职业发展通常以 3～5 年为一个阶段，每个阶段都需要系统地学习新知识。只有不断提升学习能力，才能形成社会核心竞争力。

（1）强化学习意识，树立持续学习的理念。要强化学习意识，切实做到想学、真学、能学。随着知识更新速度的加快，"知识的保鲜期"相应地在缩短。学习也应该与时俱进，既要强化学习的意识，树立持续学习的理念，树立终身学习的意识，自觉增长知识，又要不断更新知识，创新学习。学习，是一个接收—思考—质疑—接受的过程。很多学生和员工，之所以学习成绩好和工作业绩好，是因为他们在强烈的学习意识下主动学习，拒绝好高骛远、拖延症和眼高手低，坚持带着问题学；他们很喜欢思考为什么要这样、为什么要那样，总能在思考中了解事情的本质、掌握学习或工作的规律，从而训练思维能力，获取长远发展的潜能与后劲。

（2）既读有字之书，也读无字之书。有字之书是用文字记载的知识。书是人类进步的阶梯，认真学习书本知识，可以使大学生少走弯路。要在阅读有字之书的过程中，准确理解所阅读材料的内容，了解其内涵，把握其真谛、精髓、实质，这是提高学习能力的前提。无字之书主要指实践。实践是学习的重要内容，也是学习的重要途径。大学生不仅要读有字之书，善于学习前人的经验；更要读无字之书，善于学习他人的经验。既要向实践学习，自觉了解实践、尊重实践、总结实践，从实践中获得真知；也要学习他人的经验，善于运用他山之石来攻玉。

（3）学以致用，不断创新。学习的主要目的是运用，在运用所学知识指导实践的同时，善于做"结合"的文章。运用所学知识不是照抄照搬，必须具体问题具体分析、具体把握、灵活运用，并从中不断总结新经验，进行理论创新，形成新理论，完善知识体系，从而使自身的工作不断得到提高和升华。提高学习能力的关键是理论联系实际，学以致用和用中学习。在职场上，最重要的是以用人单位生产经营中所需的内容为中心，按照"需什么、学什么，缺什么、补什么"的原则，着眼于新的实践和发展，切实解决本单位、本部门存在的实际问题，这样才能学得生动、学得深入、学得有效。

（4）训练创新思维和能力。大学生在校期间，通过训练不断培养创新思维和创新能力已经变得非常重要和紧迫了，已成为提高学习能力的核心。大学生要培养应对多元、不断变化的环境的能力，运用各种网络工具（如搜索引擎）与图书馆资源努力学习，创建多重学习途径，掌握学习方法，打造自己的学习网络。学习是所有人完成自我蜕变的方式之一，持续学习形成的创造力是一个人最高级的能力。

3.1.3　大学生砥砺创新精神的内涵

"创新"一词可追溯到《南史·后妃传上·宋世祖殷淑仪》中的"据《春秋》，仲子非鲁惠公元嫡，尚得考别宫。今贵妃盖天秩之崇班，理应创新"。朱熹在《礼记·大学》中说："汤之《盘铭》曰：'苟日新，日日新，又日新。'《康诰》曰：'作新民。'《诗》曰：'周虽旧邦，其命维新。'是故君子无所不用其极。"

在当前的国际环境中，创新已经成为各国寻求发展的关键，与国家的经济、政治、文化等各方面息息相关，具有举足轻重的地位。创新精神是一个国家发展的关键动力，准确把握创新精神的内涵对大学生砥砺创新精神而言变得尤为重要。创新精神是指在实践的基础上，形成新知识、创造新方法、构建新理论，是人类所特有的认识世界和改造世界的能力。创新精神包括创新意识、创新兴趣、创新胆量、创新决心，以及相关的创新思维活动。具体指能够综合运用已有的知识、信息、技能和方法，提出新方法、新观点的思维能力，以及进行发明创造、改革、革新的意志、信心、勇气和智慧等。作为指导创新实践的内在动力，创新精神具有相对独立性、前瞻性、创造性和价值性等特征；作为对国家、社会、民族都有重要作用的精神财富，创新精神具有鲜明的历史性、创造性、物质性、差异性等特征。

培养自身的创新精神，无论对国家、单位还是大学生来说都具有非凡的意义。砥砺创新精神是指大学生在现实工作和学习过程中有计划、有目的、主动地培养创新的兴趣、信心、智慧、勇气、决心等思维活动，并在实践的基础上积极地改造客观事物，培养敢于挑战、敢于质疑、敢于发现问题的能力，遇到困难坚持不懈，不仅有发现问题的眼光，还能在尊重客观规律的条件下解决问题。

创新精神主要包括激发创新意识、训练创新思维、塑造创新品质和提升创新能力，如图 3-2 所示。首先，大学生的意识观念仍处于形成阶段，并没有完全固有的模式，容易受到外界的影响，从而产生一些具有夸张色彩、天马行空的想法。这一特点对激发创新意识有很大的影响。其次，大学生自身成长阶段所独有的思维特点（即思维更加灵活，思维活动倾向于把假设和理论相结合等），使其在训练创新思维时具有得天独厚的优势。再次，从心理发展阶段来看，大学生处在从青春期后期向成年期早期转变的过渡阶段，非常容易受到外界的影响。大学生的价值观、人格特征、人生态度都处于不稳定的过程中，大学时期是塑造创新品质的最好时期。最后，从能力发展的角度来看，大学生历经中小学阶段的学习，有提出问题、分析问题和解决问题的能力，具备较强的学习能力、实践能力与探索能力，为提升创新能力提供了基础。

图 3-2　创新精神

3.1.4　大学生砥砺创新精神的方式

大学生创新素养的现状是：具有创新意识，但不善于利用和创造条件；思维相当敏捷，但缺乏创新性思维的方式；有创新的灵感，但缺少必备的创新技能；有创新的兴趣与热情，但缺乏毅力。这一现状为大学生砥砺创新精神指出了努力方向与引导方式。

（1）激发创新意识，形成创造习惯。创新意识是人们对创新及其价值、重要性的一种认识水平和认识程度，以及由此形成的对待创新的态度，并以这种态度来规范、调整自己活动方向的一种稳定的精神态势。创新意识是引起创造性思维的前提和条件，能促成人才素质结构的变化，提升人的本质力量。创新意识包括创造动机、创造兴趣、创造情感和创造意志。想要在某一个领域创新，必须激发创新意识，首先要脚踏实地地掌握该领域内最基础的知识和技能；其次要在一个相对开放和宽松的环境里充分锻炼和成长；再次要打破单一学科的思维定式，尝试利用跨学科、跨界的知识和能力分析解决问题；最后要形成创造习惯。只有将灵感或创造变成一种习惯，才能持续地获得创新的来源。

（2）训练创新思维，跳出思维定式。在长期的思维实践中，每个人都形成了自己所惯用的、格式化的思维定式，在面临外界事物或现实问题时，人们会潜意识地把其纳入特定的思维框架，并沿着特定的思维定式对这些外界事物或现实问题进行思考和处理。老子在《道德经》中说："将欲歙之，必固张之；将欲弱之，必固强之；将欲废之，必固兴之；将欲取之，必固与之。"大学生要不断地训练质疑、发散、右脑、灵感、逆向等创新思维，才能跳出思维定式，突破从众型、权威型、经验型、书本型、自我中心型等思维定式。首先要跳出从众型思维定式。从众型思维定式使得个人有归属感和安全感，以众人之是非为是非，人云亦云随大流，即使错了，也无须独自承担责任。人们的大部分行为其实都是从众型思维定式的结果。然而，如果这种从众型思维定式长期发展下去，就必然会造成思维僵化，养成刻板的思维定式。其次要跳出权威型思维定式。很多人认为权威是牢不可破的，也是不可推翻的，这些人很难走出权威型思维定式的圈子，更谈不上创新了。最后还要跳出经验型思维定式。积累经验固然重要，但如果一味以经验丰富自居，并一直用以往的经验来指导现在甚至未来的行为，那一定是行不通的！只有根据实际情况调整应对方法，进行适时、适当的思维创新，才能让思维活跃起来。训练并培养出良好的创新思维，并非一朝一夕的事，需要持续不断的坚持和努力，只有不断开发大脑，不断进行创新思维，才能真正创造出有价值、有意义的事物。

（3）塑造创新品质，挖掘创新潜能。创新潜能的挖掘，离不开学、练、干、恒。学就是学习创新的基本知识，提高自我表象、强化责任感、强化创新动机；练就是在学习的过程中，勤学勤练、学以致用、学练结合；干就是应用和实践，通过创新活动，创造性地解决生活和社会中存在的各类问题；恒就是将创新活动和提升创新能力作为一项长期战略。创新品质是指大学生的思维方法、行为习惯和心理趋向，以创新意识为驱动力，形成比较稳定的创新型思维定式，能在知识学习和职场实际中以创新思维来分析问题、解决问题。创新品质并非天生具有的，而是内心信念、价值体系、个性品质、能力特征和社会文化等的沉淀物。大学生要塑造创新品质，首先要涵养创新人格要素，包括确立科学、积极、坚定不移的创新信念，砥砺顽强的创新意志，激发积极的创新动机，保持热情的创新情感；其次要培养创新行为要素，包括整合创新知识、更新创新方式和优化智能结构；最后要实践创新品质的实体要素，包括对知识的主动学习、对环境的主动调适和对构想的主动实践。此外，还需要具有挑战现有规则的精神和独立思考的品质，尤其是当创新实践误入歧途，需要调整方向时，创新品质能够引导自己"转向"或"紧急刹车"。

（4）提升创新能力，有效解决问题。创新方法是人们通过研究有关创造发明的心理过程，在创造发明、科学研究或创造性解决问题的实践活动中总结、提炼出的有效方法和程序的总称，是人类对创新规律基本认识的成果总结，是提高再创新能力与创新成功率的有效工具。常用的创新方法有创意解难法、七何检讨法、思维导图法、和田十二法、头脑风暴法、奥斯本检核表法、六项思考帽法、列举分析法等。

大学生最常用的是创意解难法、七何检讨法、思维导图法等。

创意解难法是按照"发现困惑—寻找资料—发现问题—分析问题—寻求解答—寻求同意"的步骤来寻找问题解决方案的，如图 3-3 所示。

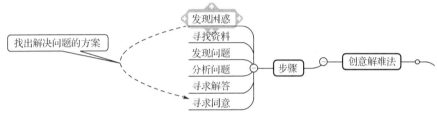

图 3-3　创意解难法

七何检讨法如图 3-4 所示，也称为 5W2H 分析法，其优点是可以帮助讨论者从不同的层面来思考问题。

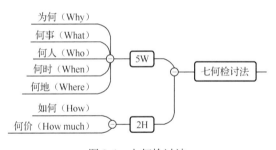

图 3-4　七何检讨法

思维导图法如图 3-5 所示，是一种刺激思维及帮助整合思想与信息的思考方法，主要采用图志式的概念，以线条、图形、符号、颜色、文字、数字等方式，将想法快速地以上述方式摘要下来，形成一幅思维导图。在结构上，思维导图法具备开放性及系统性的特点，既可以让人们自由地激发扩散性思维，发挥联想力，又能有层次地将各类想法组织起来，以刺激大脑做出各方面的反应，从而发挥全脑思考的多元化功能。

大学生需根据不同的情况，灵活运用创新方法来有效解决问题，并通过持续学习提升创新能力。

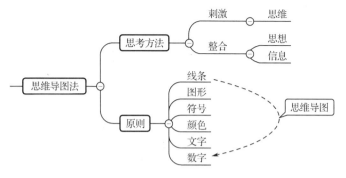

图 3-5　思维导图法

21 世纪是人才竞争的世纪，衡量人才素质的基本标准是看其是否会学习。国外曾针对老人发起一项调查，问他们最后悔的是什么？大多数老人的答案都是年轻时没有好好读书。少年易老学难成，一寸光阴不可轻。大学生要珍惜美好的青春时光，通过自主、深入、全面、合作、创新的学习，不断提升学习能力，努力打好创新的思维基础和知识基础；积极投身于社会实践，敢于冲破落后、陈腐的观念，带头树立创新意识，保持创新锐气，发扬创新精神，坚持求真务实的科学精神和团结协作、艰苦奋斗、脚踏实地的作风，用智慧的头脑和勤劳的双手创造幸福的生活，坚持从推动国家发展和造福人民大众的需要出发，不断在为祖国和人民的奉献中实现自己的理想与价值。

3.2　大学生学习能力与创新精神案例

书籍是人类进步的阶梯，古往今来许多有成就的人都热爱读书，培养了很强的学习能力。好读书，又不唯书，注重将读书与实践结合起来的人，保持着思想活力，得到智慧启发，将拥有更突出的创造力，涵养创新精神，从而成就一番作为。不断变革创新，就会充满青春活力；否则就可能变得僵化。大学生要重读书、好读书、善读书，既要注重学习和借鉴，又要敢于超越和创新。

3.2.1　案例 1：青年科研者应有雄心壮志去做创新性的研究

"要说科研苦不苦？苦。可是科研酷不酷？那也是真的酷！"站在"'新青年　耀青春'纪念五四运动 100 周年文艺晚会"的舞台上，万蕊雪这样说。

万蕊雪是"2018 年度青年科学家奖"全球四位获奖人之一，获得该奖项时，她是年仅 28 岁的清华大学医学院的博士后，是我国自己培养的博士首次获此殊荣。万蕊雪从事的是基础生物学研究，每天要和生物分子打交道。虽然顶着 90 后青年科学家的标签，但刚进入导师施一公教授的实验室时，她也曾觉得自己"笨到家了"，好不容易才适应了实验室的节奏。在实验室，万蕊雪和团队 24 小时轮流值班，每半分钟记录一次数据，每隔

3 小时只有 5 分钟时间可以喝口水或者上厕所。在读博士研究生二年级时，24 岁的万蕊雪接触了结构生物学领域最难的课题之一——剪接体（Spliceosome）。在此之前，没人能看到近原子分辨率剪接体的精细结构，这是世界上公认的不可能完成的难题，万蕊雪要与全球顶级的实验室比拼。也许是因为年纪小，那时候的她不知道怕：自己没有太多经验，实验室也面临转型，碰壁的次数数都数不过来。因为探索的是未知领域，身边没人可以指导，具体到细节没人知道该怎么做。单单某个实验，她就失败过 6 次。直到 2015 年 8 月，万蕊雪和团队发表了世界上第一个近原子分辨率的剪接体结构。虽然其他实验室一直紧跟，但万蕊雪可以骄傲地说，在这个领域，中国是当之无愧的世界第一。万蕊雪获得了"2018年度青年科学家奖"，在瑞典做完学术报告后，万蕊雪听到有人说，"原来这是你的工作，我曾读过这篇文章，但不知道原来你是来自中国的研究组。"那一刻，万蕊雪觉得自己距离国家如此之近。

作为青年代表，万蕊雪这次登台讲述自己的经历，她想要告诉所有的青年，喜欢科研就不要放弃和害怕。当今，不少同龄人把做科研和枯燥、清贫挂钩。万蕊雪却一直在探索未知领域，在一点点向科学的真相接近。万蕊雪说："这个过程的确要经历无数次的失败，而且多数的失败是心理上的。"万蕊雪希望更多的青年能投身于基础研究，这是科技强国的基础。"尽管跑道上的选手众多，但我知道，在科研这场超长的'马拉松'竞赛里，真正的对手其实是自己。"在晚会的"青年说"环节中万蕊雪说，"青春的我们没有别的选择，只有死磕到底！"

（案例来源：中国青年报·中青在线，2019-05-02）

【案例点评】在快节奏、严要求下，万蕊雪为了能够留在施一公教授的团队，从开始就是冲刺，几乎将所有的精力都放在自身科研水平的提升上。如果"天赋"不够，那么就用"勤奋"来凑。万蕊雪始终坚持早 8 点到实验室，次日凌晨才离开，每天在实验室至少工作 14 个小时，而这样的高强度努力，足足坚持了数月之久，直到获得了肯定。2018 年，万蕊雪加入清华大学结构生物学高精尖创新中心"卓越学者"项目。不仅如此，在那以后，这个 90 后的女孩为了获得成果，曾经带着研究小组在紧张的科研中度过了春节。"科研这场'马拉松'竞赛，我会一直跑下去"，万蕊雪持续地在努力中不断提升自己学习能力、砥砺创新精神，让曾经并非最优秀的自己，未来定是最耀眼的。

3.2.2 案例 2：毛泽东的读书生涯——成习惯、长知识、生智慧、会创新

"饭可以一日不吃，觉可以一日不睡，书不可以一日不读。"这是毛泽东最有名的关于读书的言论。毛泽东酷爱读书、读有所得、得而能用、用而生巧的"读书链"值得我们学习和借鉴。

酷爱读书成习惯。毛泽东说，"我一生最大的爱好是读书"。他把读书作为一种生活习惯，不仅读书多，而且涉猎范围广，既有古今文史典籍，也有一些冷门书籍，如威尔斯的小说《月球上的第一批人》、达尔文的《物种起源》、苏联科学家威廉斯的《土壤学》等。

毛泽东对知识、对真理的渴望是发自内心的，因而是真读真学，而不是做样子。他读书的技巧是，经典图书反复读、相同图书对照读，除了批注，还注重讨论式阅读。就是在这种读书习惯的支配下，毛泽东一生饱读诗书。在长征途中，毛泽东因病被担架抬着仍坚持看《列宁与革命》；在生命的最后时刻，他还让工作人员读书给他听。

读有所得长知识。在延安时期，毛泽东拾起了20年前写日记的习惯，他在日记的开头写："20年没有写过日记了，今天起再来开始，为了督促自己研究一点学问。"他的日记实际上是其读书随笔和感悟，想通过书写使所读的图书得以消化，变成知识。毛泽东就是这样，通过读文史典籍，了解历史知识；通过读近代以来的西方著作和有关研究西方的著作，放眼看世界；通过读《共产党宣言》，找到人生的理想和目标。毛泽东在写《新民主主义论》时，就读了十几遍《共产党宣言》。为了让更多的人能够学到知识，在延安时期，他还办了20多所学校，从艺术学院、妇女学院，到青年干部学院，再到民族干部学院，一应俱全。毛泽东还经常亲自到各个学院讲课。这都体现出毛泽东希望让知识根植大众的良苦用心。

得而能用生智慧。有了知识不等于有智慧，只有把知识转化为智慧才是活用书。毛泽东曾讲《史记》中记载的刘邦善于纳谏而取得胜利，项羽一意孤行而导致霸王别姬，是要在党内倡导民主作风；讲《战国策》中的《触龙说赵太后》一文，则是提醒领导干部在如何教育和锻炼下一代的问题上，不能让子女"位尊而无功，俸厚而无劳"，表现出一位无产阶级革命家的深谋远虑。智慧的获得要有对知识的理解和升华，并上升为游刃有余的综合能力，使自己有一种气场。这种气场就是出色的口才、文才、干才和良好的素养，让人敬佩、敬重、敬仰。

用而生巧会创新。毛泽东说："读书是学习，使用也是学习，而且是更重要的学习。"这种使用就是一种创新和创造。没有创新的学问是机械的、教条的。毛泽东在延安时期的阅读和理论创造，确立了他日后看待实践、分析问题的两个最根本的方法和一个根本主张。两个根本方法是指实事求是和对立统一，一个根本主张是指马克思主义中国化。他在丰富的实践基础上，通过真读真学，在哲学上写出了《矛盾论》《实践论》等，在军事上写出了《论持久战》等，在政治上写出了《新民主主义论》，在文化上写出了《在延安文艺座谈会上的讲话》等。这些都是理论的创造，为中国革命找到了前进的方向。

毛泽东还主张读书要求甚解。对于知识的获得要全面，这样才能把握得准、看得清，从而更好地创造性工作，进一步找到创新点。

（案例来源：解放日报，2013-06-04）

【案例点评】酷爱读书、读有所得、得而能用、用而生巧，是对毛泽东读书生涯的深刻总结；成习惯、长知识、生智慧、会创新这一"读书链"为大学生指明了学习方向和前进目标。读书是一种职业习惯，是学习能力与创新精神的不竭源泉。大学生只有不断增强紧迫感，多读书、读好书，努力学习，使自己具备广博的知识、缜密的逻辑思维、前瞻的敏锐视角，才能学有所获、学有所用、业务精深、应对自如。

3.2.3 案例 3：不"充电"的跳槽只是重复工作

钟先生是泉州某网络公司的副总经理，他表示，因为现在是技术方面的副总，所以会经常接触一些非常前沿的 IT 技术。他从几年前一直保持到现在的一个习惯就是上网浏览最新的 IT 新闻和技术，从而不断丰富自己的知识储备。尽管钟先生已经很长时间不再写程序，但是任何一个程序员向他请教，他都能轻松地解答。

在谈到他在公司招聘软件人员中遇到的最大问题时，钟先生说，软件人才比较心高气傲，很多时候，很多技术人员半年下来就开始出现职业倦怠，既不知道怎么提高自己的能力，又不满足每天跟程序打交道。很多人这个时候会选择跳槽到另一个公司，其实这是重复同样的工作，不重视学习，水平还是保留在原来的层次上。

（案例来源：泉州晚报，2008-08-11）

【案例点评】韩愈在《进学解》中云："业精于勤，荒于嬉；行成于思，毁于随。"学习不仅是指在校期间的学习，进修、培训、反思、实践等都是学习。善于学习的人，喝茶聊天也能学到东西。现实中有很多人正在过着一种"跳蚤人生"：长期生活在僵化的氛围中，脑子里填满了各种各样的"成规""条条框框"，限制了自身的发展，一次又一次地错过了超越自己的机会。

3.3 提升学习能力训练

【训练目的】提升学习能力，筑牢创新基础。

【训练内容】通过学习基因综合评价、创造个性的测验，以及创新思维的训练，不断提升自我学习能力，学会学习与创造，为创新筑牢基础。

3.3.1 项目 1：学习能力评测，优化学习方式

通过"学习基因综合评价问卷评测"（网址为 http://jyjlxl.wjx.cn/jq/11733114.aspx）进行评测，根据评测结果填写表 3-1，提出提升自己学习能力的改进方案。

表 3-1 学习基因综合评测结果

评测指标	得 分	标 准 分	结果与建议	改 进 方 案
听课专注力		9		
听课能力		9		
阅读障碍		6		
作业效率		12		
主动丢分		12		

评 测 指 标	得　分	标　准　分	结果与建议	改 进 方 案
感觉统合		9		
学习技能		12		
情商		12		

3.3.2　项目2：创造个性测验

通过表 3-2 中的 10 个问题，根据自己的实际情况，选择"同意"、"拿不准"或"不同意"，根据最后的计分来测验自己的创造个性。

表 3-2　创造个性的测验

序　号	问　题	选　项			计　分
		同意	拿不准	不同意	
1	我从不盲目做事，总是有的放矢，用正确的步骤来解决每一个具体问题	0	1	2	
2	无论什么问题，要使我产生兴趣，总比别人困难	0	1	4	
3	我不尊重那些经常做没把握事的人	0	1	2	
4	在解决问题时，我常常凭直觉来判断正确与否	4	0	-2	
5	在解决问题时，我分析问题较快，而解决问题较慢	-1	0	2	
6	我有较好的审美能力	3	0	-1	
7	我的兴趣在于提出新建议，而不是设法说服人去接受这些建议	2	1	0	
8	我喜欢一门心思苦干的人	0	1	2	
9	我不喜欢提一些显得无知的问题	0	1	3	
10	那些使用古怪的和不常用词语的作家，纯粹是为了炫耀自己	-1	0	2	
总计分数					
测验结果	22 分及以上	你具有较高的创造个性，总能想出一些别出心裁的点子，喜欢与众不同。人们对你的评价有很大的出入，有的人认为你不安分守己、哗众取宠，有的人欣赏你这种令人出乎意料的风格。世界因为你这类人的存在才变得更加多姿多彩，请保持这种个性			
	11～21 分	你善于在创造性与习惯做法之间找到均衡，具有一定的创新意识，并不墨守成规，会经常提出一些新颖的想法。但你也很注意尊重人们的传统习惯，并不会做出惊世骇俗的事情。你这种个性不仅适合管理岗位，也适合与人打交道的工作，如市场工作等。人们在与你交往时既觉得有趣，又不会因为过于激进而不能接受			
	10 分及以下	你属于循规蹈矩的人，做人做事总是有板有眼、一丝不苟。你认为既然规则一经制定，就必定有它存在的理由，人们最好还是遵守它，这样才能保持正常的秩序			

3.3.3 项目3：运用信息交合法设计新产品

（1）了解曲别针用途的案例。

【案例】1983年6月底，全国第一届创造学学术讨论会在南宁召开。会上除了国内诸多学者、名流参加，还邀请了日本的村上幸雄。村上幸雄给大家做了精彩的演讲，在演讲中，他突然拿出一把曲别针说："请大家想一想，尽量放开思路来想，曲别针有多少种用途？"与会人员七嘴八舌地开始讨论，有人说："曲别针可用来别东西——别相片、别稿纸、别床单、别衣物。"有人想得比较奇特一点："可将曲别针拉长来连接东西""可将曲别针磨尖，去钓鱼"……归纳起来，与会人员说出了20多种用途。在大家议论的时候，有人问村上幸雄："您能讲出多少种用途？"村上幸雄故作神秘地一笑，然后伸出三根手指头。有人问："30种？"村上幸雄自豪地说："不！300种！"村上幸雄拿出早已准备好的幻灯片，展示了曲别针的诸多用途。

参加讨论会的许国泰向村上幸雄说："关于曲别针的用途，我能说出三千种、三万种！"人们更惊诧了："这不是吹牛吗？"许国泰登上讲台，在黑板上画了幅图，然后指着图说，"村上幸雄讲的用途可用'勾''挂''别''联'四个字概括，要突破这种格局，就要借助一种新思维工具——信息交合法。"许国泰首先把曲别针的若干信息（如材质、质量、体积、长度、截面、韧性、颜色、弹性、硬度、直边、弧等）加以排序，这些信息组成了信息反应场的 x 轴。然后又把与曲别针相关的人类实践（如数学、文字、物理、化学、磁、电、音乐、美术等）加以排序等，并将它们组成了信息反应场的 y 轴。两条轴相交并垂直延伸，就组成了信息反应场。现在，只要将两条轴各点上的要素依次"相交合"，就会产生人们意想不到的新信息来。例如，将 y 轴上的数学点，与 x 轴上的材质点相交，可将曲别针弯成0～9、+、-、×、÷等数字和符号，用来进行四则运算。同理，将 y 轴上的文字点与 x 轴上的材质、直边、弧等点相交，则可将曲别针做成英语、俄语、法语等中的字母。再如，y 轴上的电点与 x 轴上的长度点相交，曲别针就可以变成导线、开关等。许国泰打破思维定式的方法，给了人们极大的启发。

（2）信息交合法的学习。信息交合法是由华夏研究院思维技能研究所许国泰首创的，是一种在信息交合中进行创新的思维技巧，即把物体的信息列出来，然后把与物体相关的人类实践活动列出来，即可形成如图3-6所示的信息反应场。

采用信息交合法的步骤如下：

第1步是定中心，即确定所研究的物体，如研究杯子，就以杯子为中心。

第2步是画坐标轴：根据"中心"画坐标轴。

第3步是标注点：在坐标轴上标注相关的信息点。

第4步是相交合：令一条轴的信息点和另一条轴上的信息点交合，产生新的信息。

（3）运用信息交合法尝试设计一个新产品。

① 将待设计的新产品名称填在信息反应场的中心。

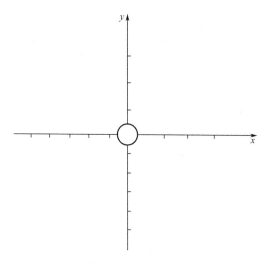

图 3-6 信息反应场

② 把具体信息点标注在坐标轴上。

③ 在表 3-3 中填写你能联想到的新产品。

表 3-3 信息交合法学习单

	1	2	3	4	5
1					
2					
3					
4					
5					
6					

3.4 砥砺创新精神训练

【训练目的】磨炼思维训练，砥砺创新精神。

【训练内容】通过常用的创新思维技法训练，形成创新品质，提升创新能力，有效解决问题，将自己培养成创新性的复合型人才。

3.4.1 项目 1：运用奥斯本检核表法改进玻璃杯

（1）运用奥斯本检核表法进行创新活动的实施步骤。

① 根据创新对象明确需要解决的问题。

② 就需要解决的问题，参照表 3-4 列出的问题，发挥想象力，写出新设想。

③ 对新设想进行筛选，将最有价值和创新性的设想筛选出来。

表 3-4 运用奥斯本检核表法改进玻璃杯的示例

序　号	核检项目	发散性设想	筛选出的设想
1	能否他用	当灯罩、可食用、当量具、当装饰、拔火罐、当圆规	装饰品
2	能否借用	自热杯、磁疗杯、保温杯、电热杯、音乐杯、防爆杯	自热杯、磁疗杯
3	能否改变	塔形杯、防溢杯、自洁杯、密码杯、幻影杯	自洁杯、幻影杯
4	能否扩大	不倒杯、防碎杯、过滤杯、多层杯	多层杯
5	能否缩小	微型杯、超薄杯、可伸缩杯、扁形杯、勺形杯	可伸缩杯
6	能否代用	纸杯、一次性杯、竹木制杯、可食质杯、塑料杯	可食质杯
7	能否调整	系列装饰杯、系列高脚杯、系列口杯、系列酒杯、系列咖啡杯	系列高脚杯
8	能否颠倒	透明不透明、彩色非彩色、雕花非雕花、有嘴无嘴	不透明、雕花
9	能否组合	与温度计组合、与香料组合、与中草药组合	与中草药组合

（2）运用奥斯本检核表法的注意事项。

① 要联系实际一条一条地检核项目，不要有遗漏。

② 多检核几遍，效果会更好，或许会更准确地选择出所需创新、发明的方面。

③ 在检核每项内容时，要尽可能地发挥自己的想象力和联想力，产生更多有创造性的设想。在进行检核思考时，可以将每项内容作为一种单独的创新方法来运用。

④ 检核方式可根据需要来确定，既可以一人检核（单人检核），也可以多人共同检核（集体检核）。集体检核可以相互激励，产生头脑风暴，对创新更有帮助。

3.4.2 项目 2：运用缺点列举法改进体温计

缺点列举法就是通过发现、发掘现有事物的缺点，把具体的缺点一一列举出来，针对发现的缺点有的放矢地设想改进方案，从而确定创新目标、获得创新发明成果的一种创新方法。运用缺点列举法改进体温计的示例如表 3-5 所示。

表 3-5 运用缺点列举法改进体温计的示例

体温计的缺点	容易碎（表体是玻璃的）
	使用不方便（要解开衣服才能测量体温）
	不卫生（未经消毒不能轮流使用）
	看不清刻度（要转动体温计来找刻度）
	测试时间长（通常需要 5 分钟）
	存放不方便、水银有毒（体温计破碎后不好清除）

体温计的缺点	能够弄虚作假、冬天使用时发凉
	只能从一面看刻度（其他角度看不到）
	重病人夹持不住、盲人无法使用、老人孩子使用受限
将缺点加以归纳整理	测量精度低、容易脱落、样式单一、功能单一、易污染环境、使用前要甩动体温计、技术落后、测量部位单一、无光线时无法使用
逐条分析所列的缺点，研究改进方案或逆用缺点、化弊为利	设计一种一次性高敏测温纸，贴在身上即可测温，纸的颜色可随温度发生变化，类似于 pH 试纸，包装可呈卷尺状或书本状，一次撕一条
	可将测温元件与手表或手表带组合在一起，制成柔性体温表
	电子测温表，数字显示、可报时间、测好体温后鸣叫
	不接触身体的测温系统
	音乐定时、可报体温

3.4.3　项目3：运用和田十二法对自行车进行改造

和田十二法也称为和田创新法，是我国学者许立言、张福奎在奥斯本检核表法的基础上提出的一种思维技法。和田十二法既是对奥斯本检核表法的继承，也是对奥斯本检核表法的创新。比如，其中的"联一联""定一定"等，就是一种创新。和田十二法通俗易懂、简便易行、便于推广，主要的思维技法如下。

（1）加一加：加高、加厚、加多、组合等。

（2）减一减：减轻、减少、省略等。

（3）扩一扩：放大、扩大、提高功效等。

（4）变一变：变形状、变颜色、变气味、变音量、变次序等。

（5）改一改：改缺点、改不便、改不足等。

（6）缩一缩：压缩、缩小、微型化等。

（7）联一联：原因和结果有何联系，把某些东西联系起来。

（8）学一学：模仿形状、结构、方法。

（9）代一代：用别的材料代替、用别的方法代替。

（10）搬一搬：移作他用。

（11）反一反：能否颠倒一下。

（12）定一定：定个界限、标准，能提高工作效率。

运用和田十二法改进自行车的示例如表 3-6 所示。

表 3-6　运用和田十二法改进自行车的示例

思 维 技 法	设 想 内 容	简 要 说 明
加一加	自行车后视镜	能看到后面，提高安全
减一减	无链条自行车	利用杠杆原理进行运动
扩一扩	水陆两用自行车	车两侧装 4 个气囊，车后装小型螺旋桨
缩一缩	折叠式自行车	可缩小体积，便于上楼
变一变	助动式自行车	用发条助力
改一改	龙头可转自行车	在停车场车多时可方便取出
拼一拼	多功能自行车	用自行车抽水、小型发电机
学一学	电动式自行车	装蓄电池和小电机
代一代	塑料自行车	用碳纤维增强塑料替代金属车架
搬一搬	家用健身自行车	在家锻炼身体
反一反	发电自行车	停电时用
定一定	自动限速自行车	不超速、安全

拓展阅读

（1）人力资源和社会保障部职业技能鉴定中心. 自我学习能力训练手册[M]. 北京：人民出版社，2011.

（2）人力资源和社会保障部职业技能鉴定中心. 解决问题能力训练手册[M]. 北京：人民出版社，2011.

（3）柯云路. 曲别针的一万种用途[M]. 郑州：河南文艺出版社，2007.

（4）阚雅玲. 职业规划与成功素质训练[M]. 2 版. 北京：机械工业出版社，2018.

（5）叶瑞祥，鲁澄南，柯炳嘉. 创新学习能力论[M]. 天津：天津教育出版社，2004.

（6）罗玲玲. 创意思维训练[M]. 北京：首都经济贸易大学出版社，2008.

参考文献

[1] 奚洁人. 科学发展观百科辞典[M]. 上海：上海辞书出版社，2007.

[2] 陈敬全，孙柳燕. 创新意识[M]. 上海：上海科学技术出版社，2010.

[3] 王静. 大学生学习能力培养的现实意义和途径探索[J]. 环球市场信息导刊，2011(6):84.

[4] 张燕霞. 思想政治教育视域下大学生创新精神培养研究[D]. 重庆：重庆师范大学，2018.

[5] 宋悦. 大学生创新精神培养研究[D]. 焦作：河南理工大学，2017.

[6] 王海瀛. 大学生自主学习能力培养研究[D]. 杭州：中国计量学院，2015.

[7] 苗丽. 复合型人才的创新品质[D]. 保定：河北大学，2007.

[8] 吴骁奕. 从无序思维到有序联想——信息交合法在创新思维教育中的运用[N]. 学生导报，2019-05-20.

第 4 章

培育职业道德　增强法律素养

【经典诗词】

赢氏乱天纪，　贤者避其世。　黄绮之商山，　伊人亦云逝。
往迹浸复湮，　来径遂芜废。　相命肆农耕，　日入从所憩。
桑竹垂余荫，　菽稷随时艺。　春蚕收长丝，　秋熟靡王税。
荒路暖交通，　鸡犬互鸣吠。　俎豆犹古法，　衣裳无新制。
童孺纵行歌，　班白欢游诣。　草荣识节和，　木衰知风厉。
虽无纪历志，　四时自成岁。　怡然有余乐，　于何劳智慧？
奇踪隐五百，　一朝敞神界。　淳薄既异源，　旋复还幽蔽。
借问游方士，　焉测尘嚣外。　愿言蹑清风，　高举寻吾契。

——陶渊明《桃花源诗》

俗话说"没有规矩，不成方圆"。在社会生活中，如果没有规矩，人类社会就会陷入无秩序的混乱中。遵守规则是人类社会能够正常运行的前提和保证。职业道德和职业活动中的法律，是为了调节和约束从业人员的职业活动而制定的行为规范，它们广泛渗透于职业生涯的各个方面，不仅对各行各业的从业人员具有约束引导作用，同时也是保障社会持续、健康、有序发展的必要条件。新时代大学生是未来社会主义事业的建设者、创造者，是伟大中国梦的践行者，不仅要掌握丰富的科学知识，拥有健康的体魄，还要具有良好的职业道德修养。认真学习职业道德和职业活动中的法律知识，树立正确的择业观和创业观，正确认识和对待职业道德与法律规范，这是成就个人事业、建设美好家庭、构建幸福生活的必要条件。因此，遵守职业道德和法律是从业之本。"不患位之不尊，而患德之不崇""先生事业不可量，惟用法律自绳己"，大学生修炼职业道德修养与法律素养是未来职业成功的必要保证。

4.1　职业道德修养与法律素养概述

随着社会分工和专业化程度的提高，市场竞争日益激烈，整个社会对从业人员职业观念、职业态度、职业纪律、职业素养的要求越来越高。职业道德与职业法律是紧密联系在一起的，二者在内容上相互渗透，相互重叠；在地位上相互转化；在实施过程中相互作用，共同促进社会的和谐、稳定发展。大学生要明确职业道德的作用和基本规范，陶冶道德情操，磨炼职业道德意志，增强职业道德意识，养成职业道德行为习惯；要掌握与职业活动密切相关的法律常识，树立法治观念，增强法律意识，懂法、守法、用法，自觉增强自律自制能力，从而不断加强自身的职业道德修养与法律素养。

4.1.1　职业道德的内容

职业道德，是指从事某种职业的人在职业生活中应当遵循的、具有职业特征的道德要求和行为准则，涵盖了从业人员与服务对象、职业与员工、职业与职业之间的关系。爱岗敬业、诚实守信、办事公道、服务群众和奉献社会是基本的职业道德。

（1）爱岗敬业。爱岗敬业反映的是从业人员对待自己职业的态度，也是一种内在的道德需要，体现的是从业人员热爱自己的工作岗位、对工作极端负责、敬重自己所从事职业的一种道德操守，是从业者努力工作、恪尽职守的行为表现。爱岗敬业就是要干一行爱一行，爱一行钻一行，精益求精，尽职尽责。目前，大学生敬业价值观存在三大问题：一是对敬业价值观认知清晰，但认同与践行不够；二是毕业后频繁主动离职；三是敬业精神缺失，敬业态度不端。拨开这些问题迷雾，探寻其最为核心的症结，莫过于大学生在求学阶段缺乏在真正工作岗位上的实践，使其在观念、角色和行为社会化等方面的内化不足，从而阻滞了对敬业价值观的认同与践行。敬业德行是敬业价值观的逻辑基础，养成大学生的敬业德行将促进其敬业价值观的内化，从而为爱岗敬业奠定基础。

（2）诚实守信。诚实守信是中华民族的传统美德，守信就是重诺言、讲信誉、守信用。就个人而言，诚实守信是高尚的人格力量；就社会而言，诚实守信是社会维持正常秩序的基本保证；就国家而言，诚实守信是良好的国际形象。在职业道德中，诚实守信是对从业人员的道德要求之一，它不仅是从业人员步入职场的通行证，体现着从业人员的道德操守和人格力量，也是在职场中扎根立足的基础。职业道德中的诚实守信，要求从业人员在职业活动中诚实劳动、合法经营、信守承诺、讲求信誉。这里要特别强调，大学生在求职过程中更要诚实守信，弄虚作假是职场大忌，千万不能在简历和面试中造假，即使侥幸入职，不守信用的人也难以在职场中立足。大学生应当将诚实守信纳入学习成才的规划中，用实力说话，靠才华拼搏，为今后走上工作岗位打下良好的基础。

（3）办事公道。以公道之心办事，是职业活动所必须遵守的道德要求。办事公道，就是要求从业人员做到公平、公正，不损公肥私、不以权谋私、不假公济私。从业人员之间以及从业人员与服务对象之间都是平等的，职业差别只是所从事的工作不同，而不是个人地位高低贵贱的象征。在职业生活中，无论对人对己都要出于公心，遵循道德和法律规范来待人处事。大学生在求学阶段，就要形成办事公道的风尚，明确有规矩才能成方圆，照章办事，主张公平正义；在为人处世中学会联系群众、作风正派、脚踏实地，修炼能干事、会干事、干成事的品质。

（4）服务群众。为人民服务是社会主义道德的核心，各行各业的从业人员都要以为人民服务为目标，无论人们从事什么工作、能力如何，都应该在本职岗位上通过不同形式为人民服务。如果每个从业人员都能自觉遵循服务群众的要求，社会就会形成人人都是服务者、人人又都是服务对象的良好秩序与和谐状态。当今，许多大学生志愿者走进西部、走进社区、走进农村，用知识和爱心为需要帮助的困难群众热情服务，他们在服务他人、奉献社会中收获了成长和进步，也为将来顺利走向工作岗位积累了实践经验。大学生应当积极利用各种机会开展社会实践，多参与社会志愿者活动，使自己学到的知识在服务群众的过程中得到应用和升华。

（5）奉献社会。奉献社会就是要求从业人员在自己的工作岗位上兢兢业业地为社会和他人做贡献。爱岗敬业、诚实守信、办事公道、服务群众，都体现了奉献社会的精神。大学生应当以职业道德模范人物为榜样，培养积极进取、甘于奉献、服务社会的良好职业道德意识，提高服务和奉献的本领，为未来的职业生涯做好准备。

4.1.2 大学生职业道德修养的方法

所谓职业道德修养，是指从业人员在道德意识和道德行为方面的自我锻炼与自我改造中所形成的职业道德品质，以及达到的职业道德境界。职业道德修养是一种自律行为，关键在于自我锻炼和自我改造。不矜细行，终累大德。大学生在接受学校教育的同时，要借鉴各种积极有效的方法，并结合当今社会发展的需求，身体力行且长期坚持下去，使职业道德内化为内在的道德品质，促进人格的自我陶冶、自我培育和自我完善，使自己不断进步、不断完善、提升自我修养，成为品德高尚的人。

（1）学思并重。即通过虚心学习、积极思索、辨别善恶、学善戒恶，以涵养良好的德行。孔子曰"学而不思则罔，思而不学则殆"，在提升职业道德修养的过程中，一方面要善于学习职业道德理论知识，尤其是本专业领域的道德理论知识；另一方面要善于思考，思考未来从事职业行业的道德要求是什么，以及怎么样做的问题。

（2）省察克治。即通过反省检验以发现自己思想与行为中的不良倾向，并及时进行纠正。在日常生活中，大学生要经常用职业道德标准进行反省，找出坏毛病、坏思想、坏念头并加以纠正。反省是自我认识错误、自我改正错误的前提。曾子曰："吾日三省吾身：为人谋而不忠乎？与朋友交而不信乎？传不习乎？"只有善于反省自己的言行，并对错误加以改正，才能不断完善自己的德行。

（3）慎独自律。即在无人知晓、没有外在监督的情况下，也能坚守自己的道德信念，自觉按道德要求行事，不因无人监督而恣意妄为。《淮南子·说山训》曰："兰生幽谷，不为莫服而不芳；舟行江海，不为莫乘而不浮；君子行义，不为莫知而止休。"君子慎独，如兰生幽谷、舟行江海，无人也始终如一。慎独就是一种关于个人善于独处、乐于隐处、慎于微处，于独处、隐处、微处自觉坚守道德情操的修炼功夫。自律是慎独达致的一种自觉自为的修养境界。"自"即自主、自觉，"律"为衡量、约束。自律是一种自我认识、自我约束、自觉控制的个人修养方法。大学生要学会慎独自律，在没有人看见的地方也能谨慎做人处事，在没有人听见的地方也能有所戒惧和敬畏，严格要求自己、守节不变、坚定不移、始终如一，为将来职场上坚守职业道德与法律规范准备好自我修养。

（4）知行合一。即把提高道德认识与躬行道德实践统一起来，将道德要求内化为个人的道德品质，外化为实际的道德行为。孔子主张"听其言而观其行"，他告诫学生，衡量人的品德不能只听其言论，更应看其行动。他认为学习的目的在于"行道""君子学以致其道""行义以达其道"。只有"行"才能使"道"变为现实。可见，道德修养并不是脱离实际的闭门思索，而是人们通过社会实践在道德上的反省和升华。纸上得来终觉浅，绝知此事要躬行。大学生可以通过学校的学生组织、社团工作、社会实践、顶岗实习等，向上向善、重在实践、贵在坚持、知行合一，形成高尚的道德品质。

（5）积善成德。即通过积累善行或美德，从小事做起，涵养职业道德，使之巩固强化，以逐渐凝结成优良的品德。积善成德强调道德修养需要日积月累的坚持，成就理想的人格靠"积"。正如《荀子·劝学》所说："故不积跬步，无以至千里；不积小流，无以成江海。骐骥一跃，不能十步；驽马十驾，功在不舍。锲而舍之，朽木不折；锲而不舍，金石可镂。"大学生应该注重平时的坚持和孜孜不倦的努力，勿以恶小而为之，勿以善小而不为，从善如流、积善成德、锲而不舍、以德立身，就一定能够不断提高自己的精神境界和职业道德修养。

4.1.3　大学生法律素养的内涵

所谓法律素养，是指一个人认识和运用法律的能力。一是指法律知识，即知道法律相关的规定；二是指法律意识、法律观念，即对法律尊崇、敬畏，有守法意识，遇事首先想到法律；三是指法律信仰，即认同法律应当被全社会尊为至上行为规则，这是对法律认识的最高级阶段。一个人的法律素养如何，是通过其掌握、运用法律知识的技能，及其法律意识表现出来的。大学生法律素养是指在学习、日常生活和社会实践中逐渐养成并表现出的知法、懂法、守法，以及运用法律的综合能力。大学生法律素养既有法律理念和法律维护这些内在层面与外在层面，也包括法律情感、法律评价等感性层面与理性层面。大学生法律素养可以分为三个基本结构：以懂法为培养素养的基本条件、以用法为落实素养的核心、以信仰法为奠定素养的灵魂。大学生法律素养主要包括法律知识、法律意识和用法能力。

（1）法律知识。包括与职业相关的法律条款、规章的知识，以及关于法律的基本精神与法理的知识，培育法律素养的基础在于法律知识的积累。

（2）法律意识。法律意识是人们的法律观点和法律情感的总和，主要包括人们对法的本质和作用的看法，对现行法律的要求和态度，对法律的评价和解释，对自身权利和义务的认识，对某种行为是否合法的评价。法律意识是在日常生活中逐渐培养出的行为自觉，它的形成是培养法律素养的内在要求。法律意识的培养有助于帮助大学生形成正确的法律观念、树立法律信仰，使大学生能准确了解自身在学习生活中享有的权利及应履行的义务，具备法律思维，在遇到法律纠纷时，可以使用法律武器，积极主动地维护自身的合法权益。这也是提高大学生法律运用能力必需的内在素质。

（3）用法能力。法律运用是指在法律认同的基础上，通过法律思维与法律手段解决利益冲突的行为，法律运用能力是培育法律素养的根本目标。大学生的法律运用能力是指通过大学生自身形成法律意识的自觉性，在实际生活中如何去驾驭所学的法律知识，用法律武器维护自身的合法权利和利益，同时打击违法犯罪行为的能力。大学生应当全面学习经济法、民法、劳动法等，以便在市场竞争、人事管理、企业运营、劳动合同中，根据法律来处理相关的矛盾。

4.1.4 大学生增强法律素养的途径

法律素养，不仅是大学生思想道德素养的重要内容，也是大学生的学习、生活和社交的现实需要，更是走上工作岗位必需的核心素质和基本能力。大学生应树立坚定的社会主义法治理念、掌握较全的法律知识、培育法律思维、树立坚定的法律信仰、提升法律运用能力，为未来的生活与事业发展不断增强法律素养。

（1）主动学习职业法律法规，增加法律知识的积累。主动学习职业法律法规，增加法律知识的积累，是提升大学生法律素养的重要内容。为了获取更多的职业法律知识，大学生要从以下三点入手。一是要积极学习职业法律法规，不仅从学校设置的课程体系中选修职业法律法规课程，还可以通过互联网在线学习职业法律法规的相关知识，丰富法律知识，提升学习职业法律法规的兴趣。二是积极融入当前全面依法治国的时代潮流中，深入了解学习我国法治建设的整体布局及战略举措，了解我国法治建设对当前社会的重要意义，增强法治社会建设的信心与决心，并积极投入我国社会主义法治建设的实践中。三是结合身边的创业就业、经营管理、劳务纠纷、婚姻财产等案例与实务，寻找解决这些事件的法律依据，并着重以职业为出发点，寻找职业所需要用到的《劳动法》《合同法》《公司法》等在职业过程中的具体要求，特别是与自身专业和未来职业实践相关的法律知识，模拟职业活动中的法律践行过程，为职业发展打下坚实的法律基础。要把有关的法律知识与思想道德和科学文化知识有机融合在一起，并内化为专业能力与职业素养，以适应法治建设的实际需要。

（2）理性认识法律与自由、权利与义务的关系，形成正确的法律意识。对法律与自由、权利与义务的关系的认识深刻地影响着人们意识层面的发展,在法律意识的形成过程中同样离不开对这两对关系的理解。大学生更应理性看待这两对关系,并以此为基础,形成正确、科学的法律意识。没有绝对自由,只有法律规范下的相对自由。正如马克思所说:"法律不是压制自由的措施,正如重力定律不是阻止运动的措施一样……恰恰相反,法律是肯定的、明确的、普遍的规范,在这些规范中自由获得了一种与个人无关的、理论的、不取决于个别人的任性的存在。法典就是人民自由的圣经。"但目前谈到法律,大学生往往想到的是受约束、受限制,个别人甚至有排斥情绪,忽视了法律的保护作用。公民在行使权利的过程中,不能抱着为所欲为的心态,法律的约束性源于对自身的保护、对他人和社会利益的保护,法律对自由的必要限制是为了更好地维护社会稳定,使人们的权利得以自由、充分实现。没有无权利的义务,也没有无义务的权利,权利、义务既对立,又统一。大学生必须认识到,在享有权利的同时,也必须履行相应的义务,两者缺一不可。树立大学生的法律意识,前提是要科学地认识法律与自由、权利与义务的关系,实现大学生法律素养的提高。

(3)将法律法规内化于心,坚定法律信仰。法律信仰是指人们从内心尊敬、接受法律,承认法律的重要价值。"法律必须被信仰,否则它将形同虚设"。作为大学生,只有拥有坚定的法律信仰,才会有希望、有力量,才会对生活有所敬畏、有所追求,才会对社会有所贡献。首先,要认识到法律在社会中的权威地位。一方面,法律已经渗透到了生活的方方面面,涉及政治、经济、文化、社会、生态,整个国家的运行和建设都以法律为基础,在遵守宪法和各项法律的基础上,实现国家富强、民族复兴。另一方面,国家保障法律实行。由于法律的推广受到国家的保护,国家确保法律在社会中享有绝对的权威地位,法律才能有效地遏制犯罪事件的发生。其次,从典型人物事迹中感受信仰法律的力量。社会中虽然有各种各样的违反犯罪现象,但大多数人都严格遵守法律,同时涌现出了一批又一批与法律事迹有关的先进人物,大学生可以在他们身上深深地感受到法律信仰的力量。最后,大学生还应当积极参加与法律相关的活动,如法律知识竞赛、法院旁听、模拟法庭等,通过切身经历增强法律知识,增强法律意识,树立和培养法律信仰。

(4)将法律法规外化于行,积极投身社会法律实践。丰富多样的法律知识、正确的法律意识、坚定的法律信仰都是人们内在的认知。法律素养还包含对法律的运用,大学生只有做到知行合一,将法律法规外化于行,才能真正提升自身法律素养。首先要培养法律思维,养成运用法律的习惯。法律思维是法律素养的体现,大学生在日常生活中遇到困难和问题时,要运用法律的武器来解决,通过合法手段保护自身利益。在现实生活中,有些大学生在遇到侵权问题时,往往会选择沉默,放弃对自身利益的维护,还有一些大学生会采取用"钱"私下解决问题等错误的做法,大学生应习惯拿起法律的武器维护自身利益。其次要投身于社会法律活动中,锻炼法律运用能力。大学生可通过主动参与司法考试、普法宣传、模拟法庭等,检验自身的法律水平和法律素养;也可以通过参与立法讨论、法律监督、参加案件的公开审理等,感受庄严的法律氛围。大学生只有不断提升自己的法律素养,和用法能力，才可以更好地保证自己的学习生活有序进行，提高未来的就业质量和事业发展。

《大学》开宗明义地说："大学之道，在明明德，在亲民，在止于至善。"宋代陆九渊在《与刘深文书》说："大抵为学，但当孜孜进德修业。"这告诉大学生应该进德修业，止于至善。职业道德修养与法律素养是大学生必须具备的基本素质，大学生应当通过德法知识学习和实践体验，形成正确的道德认知，积极投身道德实践，陶冶高尚的道德情操；增强法律意识，养成法律思维，更好地行使法律权利、履行法律义务，牢固树立规则意识和责任观念，增强尊法学法守法用法的自觉性，从而具备优秀的职业道德修养与法律素养；并在日常的学习生活中加强德法知识和思维方法的运用，为适应新时代发展所需要的综合素养奠定基础，全面提升自身的综合素养和能力。

4.2　职业道德修养和法律素养案例

"在这个世界上，有两样东西值得我们仰望终生：一是我们头顶上璀璨的星空，二是人们心中高尚的道德。"这是人类思想史上最气势磅礴的名言之一，它刻在康德的墓碑上，出自康德的《实践理性批判》。星空因其寥廓而深邃，让人们仰望和敬畏；道德因其庄严而圣洁，值得人们一生坚守。道德修养乃为人之本，是人的第二身份，是个人魅力的基础，它决定着人的行为、品质及人生高度。良好的法律素养是我国法治建设的需要，是市场经济发展的需要，是形成良好社会风气的需要，也是个人维护权益的需要。大学生是社会未来的职业劳动者，在求学阶段修炼职业道德修养和增强法律素养，将有利于调节人际交往，尤其是未来的职场关系；有助于自身职业生涯规划的落实；有利于提高自己在本专业领域的信誉，并促进自己在本专业领域的发展；有助于提高全社会的道德水平和法治水平。但丁说："道德常常能填补智慧的缺陷，而智慧却永远填补不了道德的缺陷。"大学生在求学阶段，要明确道德修养与文化知识修养不可偏废其一。加强道德修养与法律素养，能够促进文化知识修养；掌握科学知识，有助于人们自觉树立正确的思想观念，增强辨别是非的能力，做出理性的选择，养成良好的行为习惯。加强自身文化知识修养和思想道德修养，是一个无止境的过程。

4.2.1　案例 1：君子通大道、修行在基层——"耶鲁村官"秦玥飞

"在殿堂和田垄之间，你选择后者。脚踏泥泞，俯首躬行，在荆棘和贫穷中拓荒，洒下的汗水是青春，埋下的种子叫理想。守在悉心耕耘的大地，静待收获的时节。"这是《感动中国 2016 年度人物》写给秦玥飞的颁奖词。这个喝过"洋墨水"的城市高才生，曾以托福满分的成绩考入美国耶鲁大学，获得全额奖学金。在秦玥飞获得双学士学位、以优异成绩毕业后，他放弃跨国公司的高薪，毅然回到祖国当驻村干部，扎根基层，服务农村，至今已有 6 个年头。

山村里的"耶鲁村官"

20 岁，秦玥飞以优异成绩考入耶鲁大学，许多人以为这是一条穿西装、拿高薪的富贵路。

26 岁，秦玥飞从耶鲁大学毕业后，来到湖南省的一个小山村，走上一条进基层、当驻村干部的实干路。

湖南省衡山县的贺家山村是一个普通小村庄，2011 年 8 月，驻村干部秦玥飞在这里正式上岗。为了尽快融入村民，秦玥飞改掉"一天洗两次澡"的生活习惯，长期穿着老乡送的一双解放胶鞋。夏天的 T 恤稍微花哨，便反过来穿。为了能让村里的老人记住自己，他尽量以固定颜色和样式的穿着出现在老人面前。

仅仅一年时间，无钱无背景的他，帮村民引进 80 万元现金，为当地改善水利灌溉系统、硬化道路、安装路灯、修建现代化敬老院，为乡村师生配备平板电脑开展信息化教学……秦玥飞说，任何一个项目都会做好详尽的预算和规划。他不自作主张替村民做任何决定，但只要是村民要办的事，绝不允许自己办不到。秦玥飞成了"贺家山的人"，村民们都亲切地叫他"耶鲁哥"。有朋友说秦玥飞是理想主义者，他自己则更正为"有理想的践行者"。2013 年，秦玥飞被评为"最美村官"，立个人一等功一次。

用"造血"建设乡村

一条渠，滋润了几亩田；一盏灯，照亮了几里路。但村民的腰包还是没鼓起来，村子积贫积弱的状况依旧未能改变。秦玥飞明白，"输血"并不是可持续的乡村发展模式，一旦他离开村庄，原先的资源会慢慢用尽，养老院、信息化教学等项目的运作也会"后继无人"。

怎样才能彻底摆脱贫困呢？这是他一直思考的问题。

"答案不是看书看出来的，是脚踏实地干出来的。"在摸索中，秦玥飞逐渐意识到，因地制宜，通过产业带动村民创富才能斩断贫困的根。

2014 年服务期满，秦玥飞放弃被提拔的机会，转至白云村续任驻村干部。他认为"输血"并非最可持续的乡村发展模式，转变模式用"造血"建设乡村。秦玥飞带领村民创办农民专业合作社发展山茶油产业，通过创业创新为当地创造可持续发展动力。

为吸引更多优秀人才服务乡村，秦玥飞与耶鲁中国同学发起了"黑土麦田"公益项目，招募支持优秀毕业生到国家级贫困县从事精准扶贫和创业创新。近 30 名来自清华、北大、复旦、人大、中国社科院等院校的"乡村创客"在 15 所村庄开展产业扶贫与创业创新，得到当地政府与村民的好评。

前路：在希望田野扎根理想

一身笔挺西装，天蓝色的领带穿戴整齐，左胸口别着一张红色的人大会议出席证。2018 年全国两会上，秦玥飞提出了关于精准扶贫和乡村振兴的议案。在湖南团媒体开放日，秦玥飞提到，乡村要做到治理有效，需要坚强有力的基层组织和好的带头人。现在农村已经出现治理人才断层现象和大龄化的趋势，他建议国家应大力发展农民专业合作社等新型农业经营主体，以此作为锻炼和培养乡村治理储备人才的重要手段。

在秦玥飞看来，农村这片广阔天地里，年轻人可以大有作为。

但现实是，很多年轻人不愿意到农村来。工资低、出路窄成为阻碍他们投身农村的主要原因。秦玥飞和他的"黑土麦田"正在改变这一局面。

"黑土麦田"为这些扶贫创客们提供经济、履职、出路等方面的保障：有工资，有五险一金，有项目投资，有政府支持。谈到即将结束任期的第一批"乡村创客"，秦玥飞的脸上藏不住那股喜悦和自豪。他们中，有的获"黑土麦田"推荐将去国内外著名学府深造，有的则已拿到了心仪的工作录取书。这些年轻人帮助农民发展产业，脱贫致富，自己也能走得更远、更好。

而在农村本土人才的培养上，秦玥飞也有新动作。为了激发当地青年的内生动力，今年开始，"黑土麦田"要团结更多的力量，招募对象不再有学历的限制，贫困地区的返乡青年、退伍青年也能成为"乡村创客"，做扶贫产业的带头人。

2017年8月，第二个驻村干部任期结束了，秦玥飞再次婉拒了组织上的提拔。"这六年我过得很开心，我的价值在农村，这条路才刚刚开始走，还要继续。"秦玥飞深知，中国广袤的乡村才是他要扎根的地方。

秦玥飞说，和村民们一起生活、劳作，可以深深地体会到他们对美好生活的向往和追求。"起初，是理想和情怀推动着我投身农村，可当我真正到了农村，我才明白，我不是为了什么'大道理'在做这件事，而是为了脚下这片土地，和在这片土地上劳作生活的人。"

（案例来源：人民日报海外版，2018-07-12；央视网，2017-02-10）

【案例点评】秦钥飞将驻村干部看成实现自己梦想的最重要舞台和起点，用自己的所学和所长为国家的发展出一份力。他很普通，是湖南省的一名驻村干部，为村里修了水渠，盖了楼房，引进了项目，做了大多数驻村干部都会做的事。秦玥飞又有些特别，1985年，他出生在山城重庆，2岁就开始学英语，20岁进入耶鲁大学，26岁回国投身农村建设。32岁那年，他成为"感动中国"的十大人物之一。秦玥飞发现，改变农村的落后贫困需要新路子。2016年，他和大学同学联合发起了"黑土麦田"公益项目，秦玥飞也从一个人走向了一群人。秦玥飞毕业后的职业选择和职场作为是对社会主义职业道德的爱岗敬业、诚实守信、办事公道、服务群众和奉献社会的最好诠释，也是他个人职业道德修养的综合体现，值得大学生学习与借鉴。

4.2.2 案例2：致敬疫情防控中的最美逆行者

湖北省武汉等多地发生新型冠状病毒肺炎疫情，牵动着全国人民的心。

此次疫情，武汉是疫情防控的主战场。专家多次呼吁，武汉居民能不出去就不出去，外地人能不去武汉就不去武汉。为做好疫情防控，武汉也对进出人员加强了管控。而在春节这个本该阖家团圆的日子里，仍有不少人选择了离开家人、前往武汉。他们中有医护人员、有建设者、有司机、有快递小哥……奋不顾身的逆行，是这场疫情防控阻击战中最动人的画面。在勠力同心打赢疫情防控阻击战的过程中，一线医护人员冲锋陷阵，以职业操守和专业能力守护着人民群众的健康，传递着生命的力量。"不计报酬，无论生死"是他们出征的誓言，口罩在脸上留下的压痕是他们战斗的勋章，全力以赴救治患者是他们的使命与承诺，在万家团圆日子里的挥手告别是他们无私奉献精神的诠释。

"交班后，我从诊室离开，正在就诊的患者听说我要去武汉，纷纷对我竖起大拇指：'大夫，您真勇敢！'病毒无情，人心有情！写了这么多，1点啦，赶紧睡觉，明天，还有艰巨的任务等着我呢……"2020年1月25日，大年初一晚8点多，北京大学第三医院急诊科主治医师王军红，在上夜班时收到了批准去武汉的通知，当天夜里，她在日记里这样写道。

尽管交班后回家休息时已是凌晨，第二天一早，王军红6点就起床了。她想起同事说的"长头发工作不方便，也可能造成感染"，没时间犹豫，便一剪刀下去，将养了15年的长发剪短了。

简单收拾之后，2020年1月26日，大年初二下午，王军红和同事们会同另外5家医院重症医学科、呼吸科、感染科的同行，共121人，组建成国家援鄂抗疫医疗队，登上了飞往武汉的航班。

而在他们之前，解放军派出的3支援鄂医疗队，共450人，已于2020年1月24日分别从上海、重庆、西安三地乘坐军用飞机出发，并于当晚全部抵达武汉机场。他们的壮举被网友们刷屏点赞，称之为"除夕夜的最美逆行"。

紧接着，各地援鄂医疗队也纷纷出发，不仅有第一批，还有第二批、第三批……

宁夏、山西、黑龙江、河南、湖南……这些不同地方的医护人员，却有着相同的目的地——武汉。当他们与同事、家人告别时，在依依不舍的拥抱与泪水中，人们知道，这群义无反顾的逆行者，不仅是勇赴一线的白衣战士，也是普通家庭里的妻子、丈夫、父母、子女。

还有武汉火神山医院的建设者，驰援武汉铁路公路运输的从业人员，各行各业的工作人员……最美逆行者，是中国精神的彰显。只要全国各方齐心协力、众志成城，疫情防控阻击战必胜！

（案例来源：人民日报海外版，2020-02-06）

【案例点评】孔怀兄弟，同气连枝！防疫中所有的最美逆行者，以血肉之躯，用职业道德和责任担当筑起了生命的防线。大学生应向最美逆行者学习，更加努力学习专业知识与技能，增强职业道德修养与法律素养，未来在职场上发光发热，担当中华民族伟大复兴的大任。

4.2.3　案例3：微信朋友圈泄露商业机密被拘留

眼下，微信朋友圈已经成为不少人日常生活的一部分，常被用来记录生活、表达情绪。但不是什么内容都适合在微信朋友圈里面发布的。2016年2月16日，南京江宁开发区一家企业的 90 后员工小陈，在微信朋友圈里面独家发布了某品牌即将上市的新型手机，结果涉嫌盗窃罪被当地派出所依法拘留了。

2016 年 2 月 17 日，在南京江宁开发区流传了一组某知名品牌未上市的手机配置信息，包括屏幕、处理器、前后摄像头、电池、颜色、内存等图片，随后，这组信息被人公布在互联网上，引发热议。2016 年 2 月 17 日，南京江宁开发区派出所接到一家公司报案，称该公司一名员工泄露本公司的商业机密。接警后，南京江宁开发区派出所民警迅速将该名员工带回调查。经查，陈某，男，22 岁，江苏溧阳市人，2016 年 2 月 16 日，在质检工作中发现生产线上发现一款未上市的手机，使用手机拍了下来发给朋友看，并在同一时间发布在微信朋友圈。当晚，这则信息被传上互联网。这款未上市的新款手机花了公司大量的时间与精力，原定于一周后发布。但因为陈某微信朋友圈的信息被大量转发，产品提前曝光，从而影响了公司的原定计划。目前，陈某因涉嫌盗窃罪被南京江宁开发区派出所依法拘留。一条微信朋友圈的信息，不仅丢了工作，还被依法拘留。民警也提醒广大市民，涉及机密信息，千万不能在网上或微信、微博里面私自发布，否则一不小心就可能给自己带来严重的后果。

（案例来源：中国青年网，2016-03-11）

【案例点评】微信朋友圈是大家都非常喜欢的社交工具之一，每天都会有很多大学生借助微信朋友圈发布信息，分享自己生活和工作中的点点滴滴。如果走进了职场，成为一个职场人士，就必须具有较强的法律思维，涉及商业机密的信息不能发布，以免出现像上述案例中的犯罪而承担法律责任。不仅不能随意发布涉及黄赌毒、国家安全、暴恐等内容，也不能随意散播虚假谣言、侮辱和诽谤他人等内容，行为严重的将会受到法律的制裁。此外，还不能随意发布个人的隐私信息，如身份信息、手机号码、家庭住址、银行账号、亲友照片等，以免被不法之徒利用，造成不必要的麻烦和损失。尤其是在微信朋友圈炫耀的，除了可能会引起别人的羡慕，还可能招来不必要的麻烦。

4.3　大学生职业道德修养训练

【训练目的】树立职业目标，成就精彩人生。

【训练内容】通过自我认知，确定较为适合的职业，树立有效的职业目标。

4.3.1　项目 1：朗诵《道德经》、日行一善

请认真朗诵与理解《道德经》的精选章节（见表 4-1），感悟道德修养的意义及方法，日行一善，积善成德，把感悟与成长记录下来。

表 4-1 《道德经》的精选章节

章　节	原　文	译　文
第 7 章	天长，地久。天地之所以能长且久者，以其不自生，故能长生。是以圣人后其身而身先，外其身而身存，非以其无私邪？故能成其私	天长地久，天地之所以能长久存在，是因为它们不是为了自己的生存而运行的。因此，有道的圣人遇事谦退无争，反而能在众人之中领先；将自己置之度外，反而能保全自身。这不正是因为他无私吗？所以能成就自身
第 8 章	上善若水。水善利万物而不争，处众人之所恶，故几于道。居善地；心善渊；与善仁；言善信；政善治；事善能；动善时。夫唯不争，故无尤	最善的人就好像水一样。水善于滋润万物而不与万物相争，停留在众人都不喜欢的地方，所以最接近于"道"。最善的人善于选择地方居住处所，心胸保持沉静而深不可测，待人真诚、友爱和无私，说话恪守信用，为政有条有理，办事善于发挥能力，行动善于把握时机。正因为最善的人与世无争，所以才没有怨咎
第 9 章	持而盈之，不如其已；揣而锐之，不可长保。金玉满堂，莫之能守；富贵而骄，自遗其咎。功遂身退，天之道也	执持盈满，不如适时停止；显露锋芒，锐势难以保持长久。金玉满堂，无法守藏；如果富贵到了骄横的程度，则为自己留下了祸根。一件事情做得圆满了，就要含藏收敛，这是符合自然规律的
第 10 章	载营魄抱一，能无离乎？专气致柔，能如婴儿乎？涤除玄鉴，能无疵乎？爱民治国，能无为乎？天门开阖，能为雌乎？明白四达，能无知乎？生之畜之，生而不有，为而不恃，长而不宰，是谓玄德	精神和形体合一，能不分离吗？聚结精气以致柔和温顺，能达到像婴儿那样的无欲状态吗？清除杂念而深入观察心灵，能没有瑕疵吗？爱民治国能遵行自然无为的规律吗？感官与外界的变化相接触，能宁静吗？明白四达，能不用心智吗？让万事万物生长繁殖，养育万物而不占为己有，作万物之长而不主宰它们，这就是"玄德"

4.3.2　项目 2：诚信度测试

请如实回答表 4-2 中的问题，汇总分数后按照给予的建议进行训练，并认真思考如何做一个诚信的大学生。

表 4-2　诚信度测试表

序　号	问　题	A（1 分）	B（2 分）	C（3 分）	计　分
1	当周围同学的喧闹令你无法集中精力学习时，你会怎么办	感到心烦，在心里抱怨	向他们表达你的不满	另外找一个安静的地方学习	

序　号	问　题	A（1 分）	B（2 分）	C（3 分）	计　分
2	《韩非子》中有个寓言：宋国的一个富人，一天大雨把他家的墙淋坏了。他儿子说："不修好，一定会有人来偷窃。"邻居家的一位老人也这样说。晚上，富人家果然丢失了很多东西。假设你是那个富人，你会怎么办	自认倒霉，就当是扶危济困，为下辈子积善	运用法律武器，立即报告官府，擒拿盗贼，维护自身的合法权益	儿子很聪明，怀疑是邻居家的那位老人偷的，去找他理论	
3	在无人监考的情况下，你遇到了许多不会做的题目，你会怎么办	看实际情况吧，小心驶得万年船，我可不要做扑火的飞蛾	不会做就不会做，绝不看别人的，说不定有监控	东张西望，力争得到准确答案，不然就挂科，要重修，有可能影响毕业，多可怕呀	
4	在餐厅打饭时，周围人太多，服务员没留意你是否刷卡，而实际上你还没刷卡，你会怎么办	和她开个玩笑，装着不知道，一走了之	人家餐厅工作人员也不容易，自觉刷卡，享受刷卡消费带来的快乐	义正词严地说：我刷过两次卡，你还缺我一份饭呢	
5	在教室课桌中发现了别人遗落的手机或钱包等贵重物品，你会怎么办	携物私藏，换个座位，全当物品不在自己身上	是一次做好事的机会，等待失主的到来	反正是失主自己忘拿了，丢失活该	
6	诚信、成人、成才是辩证统一的关系，诚信是基础，只有诚信才能成人和成才，你认为右边哪句话最能概括三者的关系	车无辕而不行，人无信则不立	有德有才者，谓之君子；有德无才者，谓之贤人；有才无德者，谓之小人	成在学、思、行，行在诚、实、信	
7	助学贷款的偿还完全取决于学生的个人信用。有些高校还款违约率超过 20%，你觉得影响还贷的主要因素是什么	抱着是否偿还都无所谓的心理，反正国家也不会制裁自己，能拖就拖	个人或家里出现问题，导致无法按期还款	毕业后一段时期内的收入不足以偿还贷款	
8	青春和爱情是校园的永恒话题，如果你在大学期间谈恋爱，那么你会怎么做	玩玩而已，不会投入很深的感情，以后会遇到更合适的	对感情负责，认真投入，真心实意，不求回报	过程比结果更重要，只在乎曾经拥有，不在乎天长地久	

续表

序　号	问　题	A（1分）	B（2分）	C（3分）	计　分
9	在向学校或公司填写个人材料时，如档案、履历表等，你会怎么做	无所谓	在必要时可适当虚构，不必绝对诚信	自己会如实填写，绝对诚信	
10	怎样才能提高大学生诚信意识，实现校园诚信呢	主要依靠国家和社会，大社会诚信了，校园自然就诚信了	学校要严把思想教育关，把诚信纳入课堂话题	大学生要不断提高对诚信必要性和意义的认识，维护校园这片净土	
分数总计					
测试分析	你的诚信度不算高，假如你还没有真正意识到这一点，就得努力培养诚信的品质，从小处和细节着手				0～7分
	你的诚信度还算可以，显得比较有涵养，在许多方面能容得下别人的意见				8～15分
	你是一位诚信度很高的人，能充分认识到别人面临的困难，理解他们的难处。你可能会遭到别人暂时的不理解，但不会同他们发生争执，你最终会成为许多人的朋友				16～20分

4.3.3　项目3：线段游戏

（1）老师在黑板上画线段 A 和线段 B，如图 4-1 所示，线段 A 短，线段 B 长。

图 4-1　线段 A 和线段 B

（2）请 4 位同学上讲台，在了解游戏规则后，判断是线段 A 长，还是线段 B 长。

（3）老师介绍游戏规则。

规则 1：请 4 位同学上讲台，每位同学相互独立，不能交流。

规则 2：老师给每位同学发一张小纸条，纸条上有回答提示和序号。

规则 3：请 4 位同学按序号依次回答，只回答谁长谁短，不做任何解释，也不能将纸条内容告诉大家。

规则 4：老师以少数服从多数的原则宣布最终结果。

（4）老师引导学生反思游戏结果。

（5）老师依次介绍每张纸条并分析它们对应的现实情况。

纸条 1："你必须说线段 A 长，线段 B 短"。这一游戏规则是模仿现实社会生活中，人们在某种强势权威之下，自主判断受到外力影响，不得不放弃独立判断的境况。

纸条 2："今天是愚人节"。这暗示回答者今天说话不必负责，可以不说真话。这是模仿现实生活中，在许多情况下人们的道德责任是不清楚的，或者人们有机会逃避道德责任，虽然每个人应该为自己的行为选择承担道德责任，但人们却更多地选择逃避责任。

纸条3："你必须实事求是"。这对应的是社会文化的基本道德要求，一般来说，照此要求都能得到与事实相符的认识，至少在本游戏中是这样的。但现实生活中的情况要复杂得多，要做到实事求是并不是一件容易的事情，不仅与人们的认知能力有关，还与一定时期的科学发展水平有关。

纸条4："你必须听从多数人的意见"。这一规则对应的是现实生活中从众心理的影响，纸条4和纸条1一样，都放弃了独立的判断。这种现象在现实生活中也是极为普遍的，谁也不需要为大多数人的选择而承担责任。

（6）游戏结果的可能性如表4-3所示。

表4-3 游戏结果的可能性

序 号	纸 条 内 容	判 断 结 果
纸条1	必须说线段A长，线段B短	线段A长，线段B短
纸条2	今天是愚人节	线段A长，线段B短
		线段A短，线段B长
纸条3	必须实事求是	线段A短，线段B长
纸条4	必须听从多数人的意见	线段A长，线段B短
		线段A短，线段B长
结果的可能性	线段A长，线段B短（与客观事实不相符）	
	线段A短，线段B长（与客观事实相符）	

（7）老师总结。首先，引导学生认识到游戏结果可能是荒谬的；其次，每个人判断的"原始现象"是那么的真实，引导学生进行反省；第三，引导学生认识到，在种种"充分"的理由下，荒谬的结果如此顺理成章；第四，让学生认识到逃避道德责任会造成荒谬的结果；第五，鼓励大学生坚持道德规则，要有坚定的信仰。

4.4 大学生法律素养训练

【训练目的】提升法律素养，助力职业发展。

【训练内容】通过模拟法庭，法律思维的训练，以及实际的案例，学习法律知识，提升法律意识。

4.4.1 项目1：模拟法庭

带领全班同学在观摩法院开庭的基础上，根据以下流程与资料，开展一次模拟法庭训练。模拟法庭的开庭准备如图4-2所示。

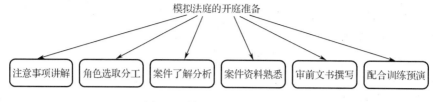

图 4-2　模拟法庭的开庭准备

【案件】2008 年 9 月 20 日下午，学生钱小华和顾小东放学后骑自行车回家，途经月桐路与咸月路交叉路口时，同校学生陈洪明骑车撞倒了钱小华，由此 3 人发生争执、打斗……陈洪明当场被打晕，并住院治疗 8 天。

【角色】审判长 1 名、审判员 2 名、书记员 1 名、陪审员 1 名、被告人 2 名、被害人 1 名、公诉人 2 名、辩护人 2 名、法警 1 名、证人 4 名。

一、庭前准备

书记员：（查明公诉人、当事人、证人及其他诉讼参与人是否已经到庭）请旁听人员保持安静。现在宣读法庭规则：……以上法庭规则，旁听人员必须认真遵守。

书记员：请公诉人、辩护人入庭。（公诉人、辩护人入庭）

书记员：全体起立！（起立后）请审判长、审判员、陪审员入庭。（审判人员入庭后）请大家坐下！

书记员：（转身）报告审判长，公诉人、辩护人已经到庭，被告人钱小华、顾小东已提到候审，法庭准备工作就绪，现在可以开庭。（书记员坐下）

审判长：请辩护人出示律师执照和委托授权书。

二、宣布开庭

审判长：（敲法槌）现在开庭。传被告人到庭。（法警将被告人一一带到法庭后）被告人可以坐下听审。

审判长：第一被告人，请向法庭陈述你的基本情况，包括你的姓名、出生年月日、民族、文化程度和家庭住址。

钱小华：我叫钱小华，男，1992 年 3 月 1 日生，汉族，江阴月城人，正在上初二，家住月城镇北兆一村 8 号楼 201 室。

审判长：第二被告人，请向法庭陈述你的基本情况，包括你的姓名、出生年月日、民族、文化程度和家庭住址。

顾小东：我叫顾小东，男，1991 年 8 月 12 日生，汉族，江阴月城人，高一年级学生，家住月城镇北兆一村 6 号楼 202 室。

审判长：传被害人到庭。（被害人到庭）请向法庭陈述你的基本情况，包括你的姓名、出生年月日、民族、文化程度和家庭住址。

被害人：我叫陈洪明，男，1992 年 8 月 22 出生，汉族，江阴月城人，初二学生，家住月城镇南环路 278 号。

审判长：被告人钱小华、顾小东，你以前受过法律处分吗？

钱小华、顾小东：没有。

审判长：起诉书副本是否收到？何时收到？

钱小华：我是2008年10月19日收到的。

顾小东：我是2008年10月20日收到的。

审判长：江阴市江海区人民法院刑事审判庭，根据《中华人民共和国刑事诉讼法》第152条的规定，今天在这里依法公开审理江阴市江海区人民检察院提起公诉的被告人钱小华、顾小东故意伤害罪一案。合议庭由审判员×××、×××、人民陪审员×××三人组成，由×××担任审判长，书记员×××担任法庭记录；江阴市江海区人民检察院指派检察员×××、×××出庭支持公诉；受被告人钱小华委托，江阴市蓝天律师事务所律师×××出庭为被告人钱小华辩护；受被告人顾小东委托，江阴市天海律师事务所律师×××出庭为被告人顾小东辩护。被告人钱小华、顾小东，你们听清楚了吗？

钱小华、顾小东：听清楚了。

审判长：根据《中华人民共和国刑事诉讼法》第154、159、160条的规定，当事人、辩护人在庭审中享有以下权利：……上述各项权利，被告人你们听清楚了吗？

钱小华、顾小东：听清楚了。

审判长：被告人钱小华，你是否申请回避？

钱小华：不申请。

审判长：被告人顾小东，你是否申请回避？

顾小东：不申请。

三、法庭调查

审判长：现在开始法庭调查。首先，由公诉人宣读起诉书。

公诉人1：（站起）江阴市江海区人民检察院起诉书……

审判长：（望着被告）被告人，公诉人宣读的起诉书你们听清楚了吗？

钱小华、顾小东：听清楚了。

审判长：与你们收到的起诉书副本是否一致？

钱小华、顾小东：一致。

审判长：被告人钱小华，你对起诉书所指控的犯罪事实有无意见？……

审判长：双方都没有新的举证，那么法庭调查结束。

四、法庭辩论

审判长：现在开始法庭辩论，首先由公诉人发表公诉词。

公诉人1：……以上是我们的公诉意见，请合议庭评议时予以充分考虑，综合全案事实及证据，做出公正的判决。公诉意见暂时发表到此。

审判长：被告人钱小华，现在你可以为自己辩护。

钱小华：我不承认起诉书指控我的罪行，具体的辩护意见由我的辩护人为我发表。

审判长：下面由辩护人发表辩护词。

辩护人 1：尊敬的审判长、审判员：……

审判长：公诉人需要答辩吗？

公诉人 1：暂时不需要。

审判长：被告人顾小东，你也可以为自己辩护。

钱小华：我请辩护人为我辩护。

审判长：请辩护人发表辩护词。

辩护人 2：尊敬的审判长、审判员：……

审判长：公诉人需要答辩吗？

公诉人 2：需要。根据我们所掌握的情况，被告人顾小东的出生日期为 1990 年 8 月 12 日，也就是说，他已经年满 18 周岁，不属于《未成年人保护法》的保护对象。

审判长：请公诉人举证。

审判长：公诉人、辩护人是否还有其他意见？

公诉人：没有了。

辩护人：没有了。

五、被告最后陈述

审判长：被告人钱小华，现在你可以就本案的事实、证据、罪行有无及轻重，对犯罪的认识及定罪、量刑方面的要求等，做最后陈述。

钱小华：我就打了陈洪明一下，而且我后来还劝说顾小东不要再打，我觉得我这不算是犯罪。

审判长：被告人顾小东，你也可以就本案的事实、证据、罪行有无及轻重，对犯罪的认识及定罪、量刑方面的要求等，做最后陈述。

顾小东：我现在很后悔……

审判长：现在休庭。带被告人钱小华、顾小东退庭。待合议庭评议后当庭宣判。（被告人退庭）

书记员：全体起立！审判长、审判员退庭。（审判人员退庭后）请大家坐下。

六、法庭宣判（审判人员入庭就座）

审判长：传被告人到庭。（被告人到庭）现在继续开庭。（站起）经合议庭评议，认为：经过刚才的法庭调查和法庭辩论，本法庭对本案的开庭审理已经完毕。现在进行宣判！

书记员：全体起立！

审判长宣读判决书。

江阴市江海区人民法院刑事判决书
2008 年法刑初字第 5 号

被告人钱小华，男，1992 年 3 月 1 日生，汉族，江阴月城人，初二学生，住江阴市月城镇北兆一村 8 号楼 201 室。2008 年 9 月 22 日被捕，现取保候审。

被告人顾小东，男，1991 年 8 月 12 日生，汉族，江阴月城人，高一学生，住江阴市月城镇北兆一村 6 号楼 202 室。2008 年 9 月 22 日被捕，现取保候审。

被告人钱小华、顾小东一案，由江海区人民检察院于 2008 年 10 月 25 日向本院提起公诉，并指派检察员×××、×××出庭支持公诉。经公开开庭审理，现已审查终结。

江海区人民检察院指控，被告人钱小华、顾小东对陈洪明实施暴力，致使陈洪明身体存有 6 处瘀伤，左眼致残、视力受损，其行为已构成故意伤害，应依法以故意伤害罪追究其刑事责任。

经审理查明，被告人钱小华对陈洪明实施的暴力，情节轻微，后果不大。证人陆文军提供的证词，事实清楚，本院予以采信。证人聂小兰的证词，本庭考虑到反映的事实不清，决定不予采纳。

被告人顾小东对陈洪明实施的暴力行为，情节恶劣，后果严重。公诉人向本庭提交了勘查笔录、伤情鉴定书，因事实清楚，予以采纳。证人孙海的证词，因与本案没有直接关系，故不予采纳。对于辩护人辩称被告人出生年份为 1991 年，由于证人陈飞的证词事实清楚、证据确凿，故予以采纳；对于公诉人提交的户籍管理材料，不予采纳。

本庭认为，被告人钱小华对被害人实施的伤害行为，不构成犯罪，公诉机关指控的罪名不成立；被告人顾小东对被害人实施的伤害行为，已构成故意伤害罪，公诉机关指控的罪名成立。现根据《中华人民共和国刑法》的规定，判决如下：

被告人钱小华无罪，当庭释放；被告人顾小东犯故意伤害罪，从轻处罚，判处有期徒刑三年。

如不服判决，在收到判决书后第二日起十日内，可向无锡市中级人民法院提出上诉。书面上诉的，提交上诉状 3 份，正本 1 份，副本 2 份。

审判长：×××
书记员：×××

4.4.2　项目 2：法律思维训练

请看一个大学生做暑假工的案例，想想我们需要明确的问题在哪儿。

【案例】在 2010 年 7 月初，我们宿舍的同学想一边复习，一边寻找暑假工（想要到社会中锻炼一下，增加自己的阅历）。但是，一开始就被骗了！

宣传单内容：某市昌明印刷厂，环境优美，伙食很好（包吃包住），工资是 7 元/小时，每天工作 8 小时。不必交任何中介费，只需交 100 元车费（湛江到东莞）和 50 块钱体检费，期末考试后即统一由大巴车送到该厂。中介人：刘先生，电话 1353578****。

经过 8 小时的颠簸，我们到达了目的地。但是，眼前所见到的环境再怎么看都没有宣传单说的那样。这时，一个经理来给我们讲解，这才发现，我们就住在厂里，就住在这到处都充满"隆隆"机器声和刺鼻油漆味的环境中。但我们都没有带够回程的钱，只好将就。在真正开始做工时，我们才发现：

（1）我们签署的《劳务合同》是无效的，只是为了应付相关部门的检查。真正的合同由中介人代我们签了，而且在签署的合同中，印刷厂将扣除工资的10%给中介人。

（2）只有第一个星期是按照工时付费的，其他时间是计件付费的。每个计件是0.08元，也就是说做完1000个件才能拿到80元。

（3）所谓的"包吃包住"，就是从你的工资扣除食宿费用，只要你这个星期订了餐，无论吃不吃，都会扣除饭费。

（4）所谓的"伙食很好"，其实每天的菜式都差不多，而且伙食很差。

（5）我们每天的工作时间不是8小时，而是11小时，节假日也没有加班工资。

（6）安排我们居住在那么嘈杂的环境中，竟然不给我们一个耳塞，就连一次性口罩也是很久才给我们发一次。

（7）根本没有体检这回事。

这就是我们缺少法律意识，没有及时而有效维护自己权益的代价。

通过上述案例，我们不仅为主人公的合法权益受到侵害而愤愤不平，而且应该明确以下几个问题：

（1）明确法律思维的内涵及特征。法律思维，是指在决策过程中按照法律的规定、原理和精神来思考、分析、解决问题，它包含4个特征：

① 讲法律：至上。讲法律是以法律为准绳思考与处理问题的。当遇到法与理、法与情的冲突，遇到合理不合法或合情不合法的情况时，仍能遵守法律。

② 讲证据：事实。讲证据是指思考和处理问题要以事实为根据。法律上的证据不同于一般的事实，必须具备合法性、客观性、关联性。合法性是指证据的形式、搜集和查证都必须合法；客观性是指证据必须客观真实，不能捕风捉影和主观臆断；关联性是指证据只有与案件有实质联系，才能起证明作用。

③ 讲程序：公正。讲程序就是要从法律程序出发思考与处理问题。程序就是法律所规定的法律行为方式和过程，程序公正是实体公正的前提。

④ 讲法理：合法。讲法理是指法律思维的任务不仅是得出处理法律问题的结论，而且要为法律结论提供充分的法律论证和理由。这种论证和理由必须是公开、合法、有说服力的。

（2）运用法律思维有效应对暑假工陷阱的方法如下：

① 在看到此类的暑假工宣传时，不仅可以直接上网查询该公司的工资、福利等；也可以直接打电话咨询相关公司人事部门是否需要暑假工，讲好条件后再去；还可以在网上咨询在该公司做过工的人或当地的同学（去该公司时要和多人一起去，并带返程费用）。

② 上网查询各个地方的最低工资标准，看看你准备去的地方最低工资标准是多少，暑假工的工资也不能低于最低工资标准。

③ 要和该公司的负责人签署合同。暑假工可以签署临时用工协议或合同，在签署协议或合同之前要认真阅读协议或合同中的每项条款，尤其是涉及工资的条款。

④ 考察工作环境，对于特殊工作环境，是否给予务工人员津贴。

⑤ 当每天的工作时间超过 8 小时时，应当增加工资。例如，《广东省工资支付条例》第二十条规定，用人单位安排劳动者加班或者延长工作时间，应当按照下列标准支付劳动者加班或者延长工作时间的工资报酬：工作日安排劳动者延长工作时间的，支付不低于劳动者本人日或者小时正常工作时间工资的百分之一百五十的工资报酬；休息日安排劳动者工作又不能安排补休的，支付不低于劳动者本人日或者小时正常工作时间工资的百分之二百的工资报酬；法定节假日安排劳动者工作的，支付不低于劳动者本人日或者小时正常工作时间工资的百分之三百的工资报酬。

⑥ 问清楚是否"包吃包住"，以免在结算工资时引起不必要的争执。

（3）明确当合法权益受到侵害时的依法维权步骤。第一步是明确给予提供法律服务和帮助的机构，如律师事务所、法律服务所等。第二步是选择维权的方式和途径，维权的途径很多，要根据实际情况确定维权途径，如协商、请求人民调解委员会的第三方调解、申请仲裁、诉讼等，对于刑事案件，可以向司法机关举报或者控告。第三步是申请法律援助，实在调解不了，只好进行诉讼，这是最正规、最权威、最有效的途径，是保护我们权益的最后屏障。

4.4.3 项目3：撰写起诉状

起诉状是刑事自诉案件的自诉人或民事、行政案件的原告向人民法院提出的指控被告的书状。公民、法人或其他组织向人民法院起诉，应当递交起诉状。起诉状也称为诉状，是指公民或法人因自身合法权益遭受侵害而向人民法院提起诉讼请求的文书。根据诉讼的性质和目的不同，起诉状可以分为民事起诉状、行政起诉状和刑事自诉状三类。起诉状是人民法院对案件进行审理或调解的基本条件，是纠纷诉讼过程中被告进行答辩的依据。大学生学会撰写起诉状，尤其是民事起诉状，是生活中必备的技能与素养。

（1）起诉状的格式（见图4-3）。

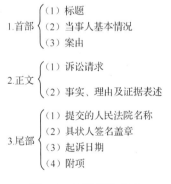

图4-3 起诉状的格式

（2）民事起诉状赏析。

民事起诉状

原告：宋×巧，女，41岁，汉族，××省××市人，无业，住××市列车段工人宿舍。

被告：宋×岚，女，36岁，汉族，××省××市人，××公司仓库保管员，住××市××路19号。

诉讼请求：

要求依法继承我父亲宋××的遗产：房屋7间、存款人民币13200元及现金人民币1590元的一半。

事实与理由：

原告宋×巧与被告宋×岚同是被继承人宋××与宋韩（已病故）所生子女。2005年1月宋××去世后，留有长辛店街88号南房2间、北房5间，家具、衣物、存款人民币13200元及现金人民币1590元等遗产。我与被告对两位老人都尽了赡养义务。由于我在外地工作，每月给父母寄生活费。父亲去世后，当我提出与被告共同继承遗产时，被告以宋××于2004年12月20日立有口头遗嘱，将全部遗产指定给被告继承为由拒绝了我的要求。事实上，我父亲在2004年12月15日因脑出血住进××市第二人民医院直至2005年1月10日病故，期间神智一直不清，被告所说我父亲（宋××）在2004年12月20日立有口头遗嘱是不可能的，即便立了遗嘱，也是无效的。因为口头遗嘱应有两名以上无利害关系人证明。因此我要求依照《中华人民共和国继承法》的规定，继承我应得的遗产份额，即被继承人遗产的一半。

证据和证据来源，证人的姓名和住址：

1. 遗产清单一份。

2. 2003—2004年我寄给父亲宋××的汇款凭证××张。

3. 被继承人生前好友王×，男，55岁，住××市五里乡×村20栋。

4. ××市第二人民医院关于宋××的病历复印件1份。

此致

××市××区人民法院

具状人：宋×巧

2005年4月20日

附件：1. 本状副本1份；

2. 遗产清单1份、汇款凭证××张、病历复印件1份。

（3）针对以下案情，根据民事起诉状的格式，撰写一份民事起诉状。

【案情】2020年1月21日，岳阳市市民何某来到一酒店就餐。由于酒店地面洒了些油水，在走近餐桌的过程中，何某不慎摔倒，造成左脚踝关节骨折，遂起纠纷。双方就赔偿事宜争执不清，何某遂起诉至法院。

（4）起诉状的撰写技巧。一份好的起诉状，应该做到以事动人、以理服人、以情感人。

在撰写起诉状时，应当寓观点和情理于叙事中，让事实具有感染力，具有不可辩驳的力量。对于不同的案件、不同的事实，应采取不同的表达方式。常用的撰写方法有：①以纠纷发生、发展的时间为顺序来撰写起诉状，突出中心；②采用综合归纳的方法，围绕纠纷的原因和焦点来撰写起诉状。

起诉理由的叙述，不是简单地重复事实，应该在叙述事实的基础上分析行为性质，说明是非曲直，表明请求的合理性与合法性。在撰写起诉状时，要求做到：①边叙述事实边列举证据；②要以事实为根据，以法律为准绳；③先事实，后理由；④人称要一致。

拓展阅读

（1）张伟．职业道德与法律（修订版）[M]．北京：高等教育出版社，2013．

（2）艾建勇，陈瑛．职业道德与职业素养[M]．3 版．重庆：重庆大学出版社，2019．

（3）英格伯格·普珀．法学思维小学堂——法律人的 6 堂思维训练课[M]．北京：北京大学出版社，2011．

（4）清华大学法学院．模拟法庭训练——2003 年"理律杯"全国高校模拟法庭比赛实录[M]．北京：法律出版社，2004．

参考文献

[1] 本书编写组．思想道德修养与法律基础（2018 年版）[M]．北京：高等教育出版社，2018．

[2] 宋贤钧，周立民．大学生职业素养训练[M]．4 版．北京：高等教育出版社，2018．

[3] 陈赞宇，尹奎杰．培养新时代大学生法治素养[N]．光明日报，2018-09-20(14)．

[4] 高琳．大学生法律素养研究[D]．沈阳：沈阳农业大学，2018．

[5] 毛伟娜．创业视角下大学生法律素养研究[D]．武汉：华中农业大学，2019．

[6] 管小青．高职思想政治理论课培育学生工匠精神的路径探索——基于职业核心能力到职业信仰的视角[J]．高等职业教育（天津职业大学学报），2018,27(1):39-43．

[7] 王佳楠．敬业德性的培育与践行研究[D]．银川：宁夏大学，2016．

[8] 肖平，铁怀江．截取生活片段　刺激道德判断——一个大学德育课堂游戏教学的案例分析[J]．阴山学刊，2008(3):82-85．

第**5**章
学会自我管理　优化健康素养

【经典诗词】

> 青青园中葵，朝露待日晞。
> 阳春布德泽，万物生光辉。
> 常恐秋节至，焜黄华叶衰。
> 百川东到海，何时复西归？
> 少壮不努力，老大徒伤悲。
>
> ——汉乐府《长歌行》

现代管理学之父彼得·德鲁克（Peter F. Drucker）认为，21世纪人类最伟大的革命不是太空科技、互联网、医学发现、科技研发、生物发展，这些都很重要，但都不是最伟大的革命，最伟大的革命是自我管理。在社会经济快速发展、人才竞争日益激烈的今天，竞争和生存的资本越来越表现为个人的专业技能水平和综合能力素质，提高自我管理能力是大学生立足社会的重要保证。一个人通过自我管理，可以聚焦自己的资源、能力、优势，从而把自己的潜能真正激发出来。大学生个性鲜明、思维开阔、创新和学习能力较强，但受多方面因素的影响，有些大学生在自我管理上尚存不足。大学生在校期间是塑造其性格和养成良好健康习惯的关键时期，作为社会主义的建设者和接班人，大学生应在学校的引导下正确把控自身的学习和生活，合理定位自我价值和自身资源，科学管理自己的身心及职业发展；培养良好的健康意识，提升自身的健康；把服务群众和奉献社会作为人生发展的主线，从内心建立起对自身、家庭、职业和社会的高度责任感。

5.1　自我管理与健康素养概述

古往今来，许多伟人都善于自我管理。大学生要学有所获、事业有成，必须学会自我管理，从专业知识、工作态度和良好习惯等多个方向进行管理（见图5-1），对目标、思想、心理和行为进行理性分析和判断，发挥更大的热情和积极性，激发自己最大的潜能。自我管理包括健康管理、时间管理、人际管理、习惯管理、情绪管理、价值管理、幸福管理等，其中最为重要的是健康管理。党的十九大提出"实施健康中国战略"，健康素养是衡量国民健康指数的重要标志。大学生应具备良好的健康素养，有了健康素养，才可能有其他的一切。宋代曾觌在《水调歌头·书怀》中写到"但愿身长健，浮世拚悠悠"，告诫人们保持健康的身体，人生打拼的路还很长。大学生在进行自我管理时，尤其要注重健康素养的优化，为专业技能、综合素养、职业发展和人生幸福打好身体基础。

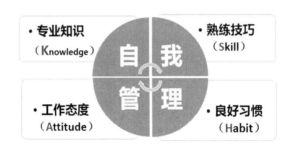

图 5-1   自我管理的方向（KASH）

5.1.1   大学生自我管理的内容

大学生自我管理是指大学生根据高等教育的目标和自我成长的需求，卓有成效地整合和配置自我资源，运用科学、合理的管理策略，对自己的学习、生活、身心健康、职业发展等进行全面的认知、管理和调控，通过提升自我效能来获得个人全面发展，并促使自我价值与社会价值的完美统一。

（1）自我认知管理。即大学生对自己的身心状况、资源条件、职业发展等进行全面审视，并对个人角色及发展进行科学定位的过程。大学生活更加看重大学生的自觉性和参与性，大学生在学校生活中必须学会发现自己的优势与潜能，了解社会需求和自身所缺，并结合自己的特点、兴趣爱好、社会需求等对自己的职业发展进行规划，以便更好地进行学习、生活、实践等各项活动，提早为自己的人生发展积存资本。

（2）自我学习管理。即大学生在自我发展、高效发展和社会发展的需求下，自主、自觉地对自己的学习进行自我监督、自我调节和自我评价的过程。自我学习管理包括树立正确的学习观和动机、制订合理的学习计划和目标、科学地对自己的学习进行评价和反思等。新时代大学生的求知欲和成才意识很强，但是不少大学生的自我学习管理能力不足，在学习中缺乏毅力。因此，大学生要认清学习的本质，转变原有应试教育的理念，充分发挥学习的主动性和挖掘内在的潜能，让自主、自觉学习成为一种习惯，做好自我学习管理。

（3）自我生活管理。即大学生依照正确的生活目标，科学安排和利用自己的资金、空间、时间等生活资源，使自己的生活变得更加和谐、有序的过程。自我生活管理包括自我时间规划、自我金钱支配、自我衣食起居管理、自我人际关系处理等。日常生活源于人们形形色色的社会实践活动，真理的探知、经验的获取、主观意识的建立是在人们的日常生活中进行的，因此，大学生应在相对自由和开放的大学环境中，养成自立、自律、自强的良好生活习惯，为自己和他人的发展营造良好的校园生活及育人氛围。

（4）自我身心健康管理。即大学生通过改善饮食、加强锻炼、调控心理、提高社会适应能力等方式来促进自我身心健康发展的过程。世界卫生组织认为，健康不仅包含人在身体方面的完好状态，还应包含人在心理和社会适应方面的正常状态。大学阶段是大学生身体成长、心理适应、知识获取的关键时期，大学生的行为、思想、价值观都会受外界环境的影响而发生变化。良好的身心素质是人们进行各项社会活动的前提，大学生要想取得更大的进步，必须做好自我身心健康的管理，通过改善饮食、加强锻炼，以及心理调节、社会实践等，增强自身体质和心理素质，提高自己的社会适应能力，塑造良好品格，为未来的发展打下良好的基础。

（5）自我职业生涯规划管理。即大学生结合自我优势、潜能、兴趣等，把个人发展与社会需求统一起来，对自己的职业发展做出长远规划并付诸实践的过程。当今社会的竞争越来越激烈，大学生顺利就业、发展事业的前提是及早认清自我与社会的关系，提高对职业发展的认知，培养规划能力，用科学的方法进行职业生涯规划，以专业、兴趣、优势为基础选择就业方向，在大学生活的点滴中，始终以一种未雨绸缪的态度来为自己的未来发展奠定基础。

5.1.2　大学生自我管理的方式

在中学阶段，大多数学生都有明确的目标，即考大学，因此大多数学生都勤奋刻苦，并根据自己的特点制订了有效的学习计划，养成了良好的习惯。这些优点为大学生的自我管理打下了基础。大学生自我管理的方式主要包括以下几个方面：

（1）结合自身优势，进行职业生涯规划。很多大学生都缺乏学习和生活的规划，不仅没有目标，也不会根据自身的特点来开展学习和工作。因此，大学生要在了解自己兴趣和爱好的基础上认真分析个人性格，并结合自己的专业特长和知识结构，制定个人发展的方向性方案，将现实环境和个人长远发展规划结合起来，清晰地定位自己的职业生涯。

（2）明确自身目标，制定自我管理措施。有了目标之后，还需要把目标外化为行动方式，这就要合理科学地制定自我管理措施。每个人都有适合自己的行动方式，这就决定了在实施自我管理时要根据自身特点来选择适合自己的自我管理方式。通过激发个人的内在积极性，可将自我管理方式外化为实际行动，取得良好的自我管理效果。从学习管理、效能管理、情绪管理、时间管理、行为管理、健康管理等方面选择合理的自我管理方式，进而构建自我管理体系。

（3）实施目标管理，抓好行动效果。在大学生选择好自我管理方式后，就要求明确自身的目标，实施目标管理。只有确定了自身的目标，才能按步骤、按计划地去实施目标管理。目标管理是以目标为导向、以人为中心、以结果为标准，使组织和个人取得最佳效果的管理实践方法。目标管理能够激发个人的积极性，对制定的目标产生强烈的驱动因素，进而付出努力去实现目标。大学生首先要根据职业生涯规划，明确自身目标；其次要根据自身目标，有效实施目标管理；最后还要进行总结和评估。在达到预定目标后，要评估目标的完成度和存在的问题，分析原因、总结教训，并根据现实情况及时调整目标，在实施目标管理中实现自身的发展。

（4）实行镜像检验，纠正不良行为。首先采用镜像检验方法进行自我检验，即在自我管理中对设定的目标不断进行检验，评估目标的完成度。其次要对目标进行分析评估，对偏离目标的行为进行纠正，使大学生合理构建自我管理体系。最后要规定期限，养成自我管理的行为习惯，在自我约束中实现自我管理，从而完成内在自我管理体系的构建。

（5）定期自我总结，调整管理目标。通过定期自我总结，不仅可以更加合理地调整管理目标，也可以使自我管理的实施更有效，还可以规范自己的日常行为。通过定期自我总结，可纠正不适合自己的目标和自我管理方式，在对自身的不断修正中实现大学生自我管理的可持续性发展，使大学生自我管理体系更合理并具有科学性。

5.1.3　健康素养的标准

欲文明其精神，先自野蛮其体魄；苟野蛮其体魄矣，则文明之精神随之。健康素养是指个人获取和理解基本健康信息与服务，并运用这些信息与服务做出正确决策，以维护和促进自身健康的能力。健康素养的内涵非常丰富，包括基本知识和理念素养、基本技能素养、基本医疗素养、慢性病防治素养、传染病防治素养等。2018 年我国居民健康素养水平为 17.06%，尚有较大的提升空间。根据《国务院关于实施健康中国行动的意见》，我国将实施健康知识普及行动，到 2022 年和 2030 年，全国居民健康素养水平分别不低于 22%和 30%。曾有人演绎了一个"健康数论"：健康是 1，其他所有的东西，如事业、财富、爱情、婚姻等，都是 0。有了前面的 1，后面的 0 才有价值，才越多越好。如果前面的 1 没有了，即使后面的 0 再多也没有用。健康是基石，健康素养在大学生职业素养体系中最为重要。

根据世界卫生组织在 1989 年给出的健康定义，健康至少应包含四个标准：一是躯体健康，表现为体格健壮，人体各器官功能良好；二是心理健康，是指能正确评价自己，应对生活中的压力，能正常工作，对社会做出自己的贡献；三是社会适应健康，是指通过自我调节保持个人与环境、社会，以及在人际交往中的均衡与协调；四是道德健康。健康是人全面发展的基础，是社会发展的必要保障和重要目标，也是人民群众生活质量改善的重要标志。为提高全国居民健康素养水平，2015 年 12 月 30 日，国家卫生健康委员会编制了《中国公民健康素养——基本知识与技能（2015 年版）》。其中，第 1～25 条为基本知识和理念，第 26～54 条为健康生活方式与行为，第 55～66 条为基本技能。

中国公民健康素养——基本知识与技能（2015 年版）

（1）健康不仅仅是没有疾病或虚弱，而是身体、心理和社会适应的完好状态。

（2）每个人都有维护自身和他人健康的责任，健康的生活方式能够维护和促进自身健康。

（3）环境与健康息息相关，保护环境，促进健康。

（4）无偿献血，助人利己。

（5）每个人都应当关爱、帮助、不歧视病残人员。

（6）定期进行健康体检。

（7）成年人的正常血压为收缩压≥90 mmHg 且<140 mmHg，舒张压≥60 mmHg 且<90 mmHg；腋下体温36℃～37℃；平静呼吸16～20 次/分；心率60～100 次/分。

（8）接种疫苗是预防一些传染病最有效、最经济的措施，儿童出生后应当按照免疫程序接种疫苗。

（9）在流感流行季节前接种流感疫苗可减少患流感的机会或减轻患流感后的症状。

（10）艾滋病、乙肝和丙肝通过血液、性接触和母婴三种途径传播，日常生活和工作接触不会传播。

（11）肺结核主要通过病人咳嗽、打喷嚏、大声说话等产生的飞沫传播；出现咳嗽、咳痰2周以上，或痰中带血，应当及时检查是否得了肺结核。

（12）坚持规范治疗，大部分肺结核病人能够治愈，并能有效预防耐药结核的产生。

（13）在血吸虫病流行区，应当尽量避免接触疫水；接触疫水后，应当及时进行检查或接受预防性治疗。

（14）家养犬、猫应当接种兽用狂犬病疫苗；人被犬、猫抓伤、咬伤后，应当立即冲洗伤口，并尽快注射抗狂犬病免疫球蛋白（或血清）和人用狂犬病疫苗。

（15）蚊子、苍蝇、老鼠、蟑螂等会传播疾病。

（16）发现病死禽畜要报告，不加工、不食用病死禽畜，不食用野生动物。

（17）关注血压变化，控制高血压危险因素，高血压患者要学会自我健康管理。

（18）关注血糖变化，控制糖尿病危险因素，糖尿病患者应当加强自我健康管理。

（19）积极参加癌症筛查，及早发现癌症和癌前病变。

（20）每个人都可能出现抑郁和焦虑情绪，正确认识抑郁症和焦虑症。

（21）关爱老年人，预防老年人跌倒，识别老年期痴呆。

（22）选择安全、高效的避孕措施，减少人工流产，关爱妇女生殖健康。

（23）保健食品不是药品，正确选用保健食品。

（24）劳动者要了解工作岗位和工作环境中存在的危害因素，遵守操作规程，注意个人防护，避免职业伤害。

（25）从事有毒有害工种的劳动者享有职业保护的权利。

（26）健康生活方式主要包括合理膳食、适量运动、戒烟限酒、心理平衡四个方面。

（27）保持正常体重，避免超重与肥胖。

（28）膳食应当以谷类为主，多吃蔬菜、水果和薯类，注意荤素、粗细搭配。

（29）提倡每天食用奶类、豆类及其制品。

（30）膳食要清淡，要少油、少盐、少糖，食用合格碘盐。

（31）讲究饮水卫生，每天适量饮水。

（32）生、熟食品要分开存放和加工，生吃蔬菜水果要洗净，不吃变质、超过保质期的食品。

（33）成年人每日应当进行6～10千步当量的身体活动，动则有益，贵在坚持。

（34）吸烟和二手烟暴露会导致癌症、心血管疾病、呼吸系统疾病等多种疾病。

（35）"低焦油卷烟""中草药卷烟"不能降低吸烟带来的危害。

（36）任何年龄戒烟均可获益，戒烟越早越好，戒烟门诊可提供专业戒烟服务。

（37）少饮酒，不酗酒。

（38）遵医嘱使用镇静催眠药和镇痛药等成瘾性药物，预防药物依赖。

（39）拒绝毒品。

（40）劳逸结合，每天保证7～8小时睡眠。

（41）重视和维护心理健康，遇到心理问题时应当主动寻求帮助。

（42）勤洗手、常洗澡、早晚刷牙、饭后漱口，不共用毛巾和洗漱用品。

（43）根据天气变化和空气质量，适时开窗通风，保持室内空气流通。

（44）不在公共场所吸烟、吐痰，在咳嗽、打喷嚏时遮掩口鼻。

（45）农村使用卫生厕所，管理好人畜粪便。

（46）科学就医，及时就诊，遵医嘱治疗，理性对待诊疗结果。

（47）合理用药，能口服不肌注，能肌注不输液，在医生指导下使用抗生素。

（48）戴头盔、系安全带，不超速、不酒驾、不疲劳驾驶，减少道路交通伤害。

（49）加强看护和教育，避免儿童接近危险水域，预防溺水。

（50）冬季取暖注意通风，谨防煤气中毒。

（51）主动接受婚前和孕前保健，孕期应当至少接受5次产前检查并住院分娩。

（52）孩子出生后应当尽早开始母乳喂养，满6个月时合理添加辅食。

（53）通过亲子交流、玩耍促进儿童早期发展，发现心理行为发育问题要尽早干预。

（54）青少年处于身心发展的关键时期，要培养健康的行为生活方式，预防近视、超重与肥胖，避免网络成瘾和过早性行为。

（55）关注健康信息，能够获取、理解、甄别、应用健康信息。

（56）能看懂食品、药品、保健品的标签和说明书。

（57）会识别常见的危险标识，如高压、易燃、易爆、剧毒、放射性、生物安全等，远离危险物。

（58）会测量脉搏和腋下体温。

（59）会正确使用安全套，减少感染艾滋病、性病的危险，防止意外怀孕。

（60）妥善存放和正确使用农药等有毒物品，谨防儿童接触。

（61）寻求紧急医疗救助时拨打 120，寻求健康咨询服务时拨打 12320。

（62）发生创伤出血量较多时，应当立即止血、包扎；对怀疑骨折的伤员不要轻易搬动。

（63）遇到呼吸、心跳骤停的伤病员，会进行心肺复苏。

（64）抢救触电者时，要首先切断电源，不要直接接触触电者。

（65）发生火灾时，用湿毛巾捂住口鼻、低姿逃生；拨打火警电话 119。

（66）发生地震时，选择正确避震方式，震后立即开展自救互救。

5.1.4　大学生优化健康素养的途径

1957 年，清华大学时任校长蒋南翔提出了"为祖国健康工作五十年"的口号。清华大学学生体育课不及格不能毕业，在自主招生中增加了体质测试环节，其目的是希望培养出来的学生有较好的身体素质，能更好地为祖国服务。六十多年来，"为祖国健康工作五十年"的口号不仅在清华大学，而且在全国的高等学校甚至在全社会都产生了广泛的影响。体育锻炼与救国、强国是联系在一起的，大学生要继承和发扬全面发展的健康理念、自强不息的拼搏精神，树立健康是人生幸福与人才强国首要条件的意识，通过以下途径不断优化自己的健康素养。

（1）自主学习，转变健康意识，规律地锻炼身体。党的十九大提出"实施健康中国战略"，人们对维护自身健康的关注度逐渐上升，大学生也应当在不断提高自身文化素养的同时树立健康第一的人生观和世界观，加强对健康知识的汲取，由量变引起质变，从而在潜移默化中改变自己的生活方式和行为习惯。一方面，大学生应注重健康知识的汲取，多阅读关于健康的书籍，从根本上改变自己的健康观念，促进健康的行为。另一方面，大学生要规律地锻炼身体，遵循循序渐进、全面发展、适应个性、经常性的原则，运动量要由小到大，注意身体机能的全面提高，根据自身情况进行有针对性的体育锻炼。世界卫生组织建议的运动量为：每周进行 75 分钟以上的高强度运动或者 150 分钟以上中等强度运动；或者二者结合。未达到以上标准就是运动量不足。当规律的锻炼成为一种生活习惯后，人们就会更加充满活力，学习与工作效率会更高。

（2）重视心理健康，学会自我调适，释放心理压力。心理健康对于学习、工作的状态及效果有非常大的意义。心理不健康的大学生，就好比没充满气的篮球，没有弹性，没有多少效果，事倍功半；心理健康的大学生，就像充满气的篮球，积极向上，干劲十足，效果良好，事半功倍。大学生要重视心理健康，学会自我调适，采用合理宣泄法、分散转移法、转换角度法和主动求助法等释放心理压力，提高自身的心理素质。同时，也要正确区分心理问题与精神疾病。部分大学生在进行心理测试时，看到自身某些心理因子偏高就片面地认为自己的精神出了问题。如果某个人在某段时间内受到了严重的打击，在这段时间进行心理测试时某些心理因子就会偏高，但这并不会影响正常的生活，构成不了精神疾病。

精神疾病是指长期处于高度的心理压力下，无法排解自身的痛苦，也不重视自身心理健康，最后导致精神崩溃。大学生的人生之路刚刚开始，应从当下开始重视自身心理健康，正确看待心理咨询，要学会在自己无法调适的情况下通过心理咨询来解决心理问题。

（3）保持健康的生活方式，学会调节情绪，提升抗挫折修养。健康的生活方式是指有益于健康的习惯化行为方式，主要表现为生活有规律，没有不良嗜好，讲究个人卫生、环境卫生、饮食卫生，讲科学、不迷信，平时注意保养，生病及时就医，积极参加对健康有益的文体活动和社会活动等。健康的生活方式主要包括合理膳食、适量运动、戒烟限酒、心理平衡四个方面。心理平衡是指一种良好的心理状态，即能够恰当地评价自己，应对日常生活中的压力，有效地工作和学习。大学生要保持乐观、开朗、豁达的生活态度，将目标定在自己能力所及的范围内，建立良好的人际关系，积极参加社会活动，保持自身的心理平衡状态。同时，要学会调节情绪，塑造积极的世界观、人生观和价值观，以生机勃勃的心态去面对挫折。大学生在克服重重困难完成工作的同时，可增强情绪反应能力和解决实际问题的能力，提高大学生的挫折耐受力，磨砺出坚韧的品质，在挫折中走向成熟，形成良好的心理素质。此为，大学生还要修炼自信、乐观以及抗挫折的品质，正确看待竞争及协作，感受合作的优势，强化合作意识及公平竞争意识。

著名作家柳青说："人生的道路虽然漫长，但紧要处常常只有几步，特别是当人年轻的时候。"那些取得成功的人，不论对于未来，还是对于自己，都有清楚的认识。自己组织自己，自己管理自己，自己约束自己，自己激励自己，最后完成自我蜕变。自我管理，是一个人最了不起的才华。大学时期是大学生学会做人处事的一个重要成长阶段，要想在大学期间学有所获，需要大学生对自己的大学生活和学习进行细密的规划，实施有效的自我管理。健康不是一切，但是没有健康就没有一切。大学生要加强自我健康教育，自主学习健康知识，激发对于健康知识的兴趣，主动学习健康知识，养成健康的生活方式。同时要关注自身的心理健康，使自己的身心得到良好的发展。

5.2 自我管理和健康素养案例

你的时间在哪里，你的成就就在哪里。管理好自己的时间，把精力多放在有价值的事上；管理好自己的身体，这是一个人实现一切想法的前提；管理好自己的内心，不为无谓的纷争所烦……学会自我管理，尤其是优化健康素养，是大学时期学有所获、未来职场出彩、人生幸福的重要基础。每个人，都应拥有严格管理自己的能力，自我管理是最强的能力，只有把自己管理好，自己才能变得更加优秀。

5.2.1 案例 1：从《非你莫属》走出来的高职生——张东东

在 2013 年 9 月 23 日播出的《非你莫属》节目中，河北工业职业技术学院 2009 届物流管理专业毕业生张东东，一举成名，实现职场上的华丽转身。虽然条条大路通罗马，但是求职成功背后，那些共性的因素还是值得借鉴的。

朴素女生拿到 30 万年薪

"我热爱销售，并且享受销售带给我的荣誉和成绩"，9 月 23 日，听到电视里传来熟悉的声音，河北工业职业技术学院郑宝成老师有些吃惊，这不是我们班的学生吗？电视里，淡雅的白底青花套装、自信的谈吐，可不就是张东东！

自信得体的交流，展现出的营销才能令现场的嘉宾们刮目相看。用人单位给她的评价是"有激情、有目标、有方法，是个好销售。最重要的是她有一颗进取之心"。最终，张东东获得了年薪 30 万元的岗位。

虽然一炮打响，在高兴的同时，老师们也紧张：电视节目中的豪情万丈，现实里薪水能不能兑现？岗位适不适合？系主任和班主任亲自跑到南京一探究竟。

"是真的，工资高，岗位也不错"，已经在南京通灵珠宝工作 17 天的张东东，见到两位老师后掩饰不住兴奋，经历了 11 天的基础培训后，开始了系统培训。公司培训成本很高，公司这样做，也显示了对张东东的真诚培养。今后，张东东将负责渠道开拓业务，发挥销售专长。

三年实现三级跳

2009 年，张东东大学毕业，加入求职大军。出身农村，父母无法提供太多的帮助，张东东第一份工作的薪水很低，并且到处奔波。张东东说："有一次坐硬卧十几个小时去呼和浩特，单位每天食宿限额 40 元，坐公交车都得精打细算，终于找到一家每天 20 元的小旅馆，感觉如同雪中送炭。睡到半夜，觉得被子里有东西在动，掀开一看，一只老鼠跳溜从被子里钻出。第二天仍然舍不得退房，因为很难再找到这么便宜的旅馆了，晚上睡觉前，床头放了老鼠夹，夜里老鼠被夹住，守着老鼠尸体过了一夜。"尽管薪水微薄，但张东东还自费学习了礼仪课、心理课，让自己更适应当时的岗位。毕业一年之后，张东东跳槽到一家团购网站，在工作中，她不仅不惜力气，而且讲究方法，曾用 6 个月做到了销售冠军，并连续 2 年保持纪录。绝大多数客户都成为她的朋友，主动为她提供资源，每天下午 2、3 点吃午饭，晚上 9、10 点吃晚饭，睡前坚持看书，周末她会拿出一天时间跑客户，平时还会报培训课程学习。在努力工作的同时，张东东的个人业务能力也得到了锻炼，终于在《非你莫属》节目中脱颖而出，获得年薪 30 万元、具有广阔发展平台的新岗位。

在工作中要换位思考，待遇微薄，也不能自暴自弃，而是努力达到单位的要求，做到最好，永远不要放弃学习。毕业之初，张东东就给自己定下目标：三十岁时年薪 30 万。不管工作是否顺利，目标从未改变。

大学不虚度

《非你莫属》节目播出后，张东东的父母、老师、同学的手机变成了"热线电话"，她本人更是接到不少学弟学妹的咨询：怎样才能找到高薪岗位？张东东答复的第一句话就是"大学不虚度"。

"我上的不是名牌大学，但是学到的东西并不少"。刚入大学，张东东就参加学校的辩论协会，辩论协会活动很多，最频繁的时候，每周都有辩论赛。紧凑的安排，让张东东过得非常充实，并且提升了表达、逻辑思维等综合素质。

大二的时候，已经是院系两级辩论协会主席的张东东，经常带着低年级的同学到处参加辩论赛。作为班里的团支书，张东东为同学们服务的工作比较多，虽然耽误了一些时间，但是对个人能力提升的帮助很大。"换位思考、一样话两样说"都是从这些活动中琢磨出来的。

此外，卖饮料、发海报、促销电磁炉……大学里，张东东尝试过很多工作。记忆深刻的是卖饮料，寒冬季节，骑一小时自行车来到小区，在小区门口摆摊卖饮料，冻得手都伸不出来，还得想方法吆喝，招揽顾客。张东东说："虽然这些工作都非常普通，但如果沉不下心、弯不下身从这些基础的工作做起，就很难积累出丰富的销售经验"。

另外，张东东提醒学弟学妹们要注意的是，"宿舍里、班级中，可能会有同学不用功读书，也可能会有同学翘课打游戏、逛街，不加入他们，可能会显得很各色，这时很容易动摇。记住，要坚持自己的理想。"

【案例点评】虽然张东东毕业于高职院校，没有名牌大学的"光鲜亮丽"，但通过良好的自我管理，通过不懈的努力实现了自己的梦想。当我们抱怨"出身"不好，可扪心自问，自己是否像张东东一样努力过？在床头老鼠跑来跑去的恶劣环境下，是否始终不放弃学习？是否上礼仪课、心理课，让自己更适应工作岗位？记住张东东的话："宿舍里、班级中，可能会有同学不用功读书，也可能会有同学翘课打游戏、逛街，不加入他们，可能会显得很各色，这时很容易动摇。记住，要坚持自己的理想"。想高薪，首先要有较强的自我管理能力；其次要有丰富扎实的一线工作经验；最后要有自信和底气，这样才能主动抓住机遇，追求梦想。

5.2.2 案例2：李彦宏的自我管理法

你怎样界定"人生赢家"？有人认为挣到比别人更多的钱，有人认为陪伴家人、平安喜乐最满足，还有人认为创办自己的公司、独立上市甚至成为世界500强才算成功。

对于打拼中的我们来说，无论信奉哪种成功，似乎有一点都是一样的，就是感觉"事情越来越多，时间越来越少，想做的事情越来越难以完成，离自己想象的成功也越来越远"。

然而上天似乎总是不公平，偏偏有些人就一帆风顺，在事业成功、家庭幸福的同时，还能做自己想做的事，而且一直精力充沛、激情不减。他们是如何做到的呢？

身为百度 CEO，李彦宏既能同时兼顾家庭和事业，又能做到自我休整，他的自我管理法和我们到底有什么不一样？

没有必要去强求完美，你永远不可能把你想做的事情都做完

节省不必要浪费的时间，愉快高效地度过每一天，这大概是每个人都希望但又很难做到的事情，那么李彦宏是如何调配生活中的轻重缓急的呢？

"我觉得其实不用太担心有一半的任务都处理不完。对我来说，我可能永远都处理不完每个月该处理的东西。但是人的精力是有限的，对你来说是这样，对别人来说也是这样。没有必要去强求完美，想清楚自己想要什么，然后专注把它做好，做到极致，我觉得这就可以了。不要太顾及其他，你永远不可能把你想做的事情都做完。"

从来就没有什么完美，明确目标，立刻上路，才是最好的选择。

李彦宏刚开始接触计算机的时候，全国也没多少台计算机，但是因为在接触计算机时，巨大的信息量给他带来的冲击，使他萌生了"希望让每个人更加平等、便捷地获取信息，找到所求"的理想。在美国时，李彦宏发现硅谷已经不能承载自己的理想，便当即放弃安稳的生活，果断回国创业，这才有了今天的百度。

如果什么都要等到完全准备好了，可能就已经太晚了。

特别想做成某件事的力量，会让你去相应地安排自己的时间

我们常常被一堆事务所扰，疲于应对各种纷扰，却还是有重要的事情没做成。真的是缺少时间吗？或者，只是你对做成某件事情的欲望不够强烈？

"其实我觉得时间管理，就是把很多事情都做成。我觉得非常关键的就是你有多想做成一件事。如果你特别想做成，就会想尽一切方法，一定会去尝试各种方法，这种力量会逐步推动你往前走。"

独立思考让我的人生更受益

在百度上市之前，始终只做中文搜索，但搜索一直都不是炙手可热的概念。

2002 年前后兴起的无线增值业务、2005 年爆发的网络游戏，以及电子商务等，都是进入就能立即赚到钱的"网络金矿"，曾有非常多的诱惑诱使百度偏离"做最好的搜索引擎"的目标，甚至也给李彦宏带来过巨大的工作和舆论压力，但他始终都没有妥协，更没有被诱惑过。

"认准了，就去做，不跟风，不动摇，别人怎么想无所谓，你自己怎么看才重要。"

"当你面对一个个机会，面对一个个选择时，如果你做了正确的选择，你认准了，你就不要害怕失败、不要害怕挫折、不要害怕被拒绝，要坚持下去，不跟风，不动摇，直到成功为止。"

"看上去很普通的东西，真的把它做到极致的时候，它就是很美的东西。"李彦宏如是说。

虽然有人常说性格决定命运，但我个人并不认同

"我觉得无论你的性格怎样，你都有可能成功。"李彦宏在 2008 年北京大学毕业典礼上这样对毕业生说。

"虽然有人常说性格决定命运，但我个人并不认同。上帝关上一扇门，一定会打开另一扇窗，每个人都应该去寻找适合自己的东西，做自己喜欢做的事情，做自己擅长做的事情，做到这点，成功就离你不远了。"

而对于眼下的创业风险，他说："在做任何事之前还是要计算的，不是一个猛子扎下去什么都不想。作为一个创业者，你要冒险，但你要计算这个风险有多大，这个风险对普通人有多大，你有什么优势能够减少这个风险。"

少承诺，多兑现

承诺常常和期待挂钩，既有对别人的，也有对自己的。比如我们常常会对上司说，工作一定要如何如何，结果并不一定能全部兑现。

无论在对别人，还是对自己做出承诺的时候，一定要实事求是，做得到的再说，因为实际行动永远比豪言壮语更有力量。

李彦宏常说："我们不仅会承诺，我们还会兑现，而且我们通常是少承诺，多兑现。"

成功从来就不是上天降临的。有人说"时间在哪里，成功就在哪里"。关于时间管理的研究至今已经历了三代演进：第一代着重利用便条与备忘录；第二代注重规划未来；第三代讲究优化顺序。

时间管理这个名词，其关键并不在于时间管理，而在于个人管理。

【案例点评】李彦宏的严格自我管理在互联网行业是出了名的。经常有百度员工在朋友圈里展示，清晨七点半在百度食堂偶遇吃早餐的李彦宏。有不少媒体报道过，李彦宏极少外出应酬，一般都回家陪家人吃饭。2019年7月3日，百度AI开发者大会在京举办，李彦宏在展示完"小度"的最新功能后，被突然冲上台的观众当头浇下一瓶矿泉水。李彦宏声音平静地说，"大家看到，在AI前进的道路上会有各种各样的、意想不到的事情发生"，停顿了一下，他继续说："但是我们前行的决心不会改变，我们坚信AI会改变每一个人的生活。"整个过程李彦宏非常淡定，即便当众被羞辱，也很好地控制了自己的情绪。许多网友评论：真正厉害的人，早已戒掉了情绪。《荀子·修身》中说："怒不过夺，喜不过予。"高层次的人并不是没有情绪，他们只是不被情绪所左右，有沉稳的内心。大学生要学会自我管理，懂得控制自己的情绪，优化自己的身心健康。

5.2.3　案例3：关于自我管理的两个案例故事

案例一：小黎早上慌慌忙忙到了公司，差点迟到，真险！在早会上，小黎打开提包，突然发现里面只装了一只化妆袋，《准客户档案卡》《工作日志》和其他展业工具都忘在家里了，真糟糕！要不要回去拿呢？小黎想来想去，最后还是决定算了吧。早会结束后，小黎最要好的朋友打来电话说，好多商场都在举办反季打折活动，一定很有看头，让小黎陪着逛逛。小黎一下子来了兴致，忍不住答应了邀请。她想，如果主任明天问到展业的情况，就说今天遇到一个难缠的客户，花去了一整天的时间。半年后，小黎被辞退了。

案例二：小福听到闹铃响，伸了个懒腰，立刻清醒，在脑子里快速过了一遍昨晚制订好的今天的工作计划，打开每日晨读的音频，起床洗漱，按老习惯吃了早餐，又检查了一下昨晚准备好的展业工具，确认需要的工具和物品都在包里后，开开心心地出了门。在早会上，在主管的帮助下，小福把《准客户档案卡》《工作日志》按照昨晚制订的工作计划又仔细研究了 10 分钟。早会结束后，小福首先去拜访昨天下午约好的城南方向的一个客户，在途中，小福回想了一下主管辅导的拜访客户可能会出现问题的应对方法。小福的第一个客户听完她介绍后，决定在下周一签单。小福按计划赶到第二个客户那里，这是上周已约好的签单客户，很快小福签好单子，在恭喜客户的同时，小福也在心里为自己暗暗祝贺鼓劲。看看时间，已到午餐时间了，小福打电话约第三个客户出来共进午餐，但这位客户临时有事不能来。小福简单吃了点东西，又开始整理下午拜访的计划。一年以后，小福成为一名出色的业务主任，个人业绩排名公司前十。

（案例来源：https://m.wanyiwang.com/view_83628.html）

【案例点评】这两个案例形成了鲜明的对比。小黎不善于自我管理，也没有自我管理的意识，工作没计划、不规律，最终被辞退。小福通过自我管理，掌握时间，在按计划办事的同时又能做到随机应变，事业越来越顺利、明朗。通过这两个案例，大学生要清楚地认识到自我管理的重要性，要想实现人生理想，获得事业成功，就应该在学校期间以顽强的毅力、反复的练习，使自己具备强大的自我管理能力。

5.3　学会自我管理训练

【训练目的】知己知彼自测，学会自我管理。

【训练内容】通过作息时间表的制定，养成良好的学习和生活习惯；填写身心健康自问表，了解自己的身心情况；分析个人抗压临界点，提升抗挫折的能力。从时间、身心、意志等方面，学会自我管理。

5.3.1　项目 1：做一份自我管理时间表

参考表 5-1，根据个人实际情况，做一份自我管理时间表。

表 5-1　大学生自我管理时间表

时　间		星期一	星期二	星期三	星期四	星期五	星期六	星期日
上午	6:30—6:50				起床、整理			
	6:50—7:20				早餐			
	7:20—8:10			锻炼身体 20 分钟，复习、预习功课				
	8:10—9:00							
	9:10—10:00							

续表

时　间		星期一	星期二	星期三	星期四	星期五	星期六	星期日
上午	10:10—11:00							
	11:10—12:00							
中午	12:00—12:50				午餐			
	12:50—13:40				午休			
下午	14:00—14:50							
	15:00—15:50							
	16:00—16:50							
	17:00—17:20				体育锻炼			
	17:20—17:50				晚餐			
晚上	19:00—19:50				自习1			
	20:00—20:40				自习2			
	20:40—21:30				自习3			
	21:40—22:20				第2天计划，学习、活动安排			
	22:20—23:00				洗漱、反思、总结			
	23:00—6:30				休息			

5.3.2 项目2：进行身心健康测试

通过"心理测试 2.0#"系统（网址为 https://www.iqeq.com.cn/xinli_app0.html）进行身心健康测试，并根据评测结果提出适合自己的身心健康优化方案。

5.3.3 项目3：分析个人抗压临界点

（1）请如实回答表5-2中的问题，对照表5-3所示的压力评价表加以训练。

表5-2　压力评价问题

序　号	问　题	选项A	选项B	选项C	选项D
1	右边哪句话最能描述你平时的生活状况	令人舒心的规律。我每天起床、用餐、工作、娱乐的时间基本相同，我喜欢这种有序的生活	令人愤怒的规律。我每天起床、用餐、工作、娱乐的时间基本相同，枯燥的重复简直要了我的命	基本规律，却无次序。大部分情况，我不关心起床、用餐、工作、娱乐的具体时间。如果有什么新鲜事发生，那就太好了！我一定会去看个究竟	极不规律，压力沉重。每天我都会被突发的事情打乱计划，我渴望有规律的生活，可我的努力总没有结果

续表

序 号	问 题	选项 A	选项 B	选项 C	选项 D
2	当饮食或锻炼不规律时，将会发生什么	我会感冒、过敏、浮肿、疲倦，还会出现其他提示我良好习惯将被打破的信号	我并不关注饮食和锻炼，但是大部分时间感觉良好	饮食？锻炼？如果我有足够的时间和精力把这些事安排到日程表中，那么我也许会尝试	我很激动，兴致高昂。我喜欢打破常规，我想让自己进入不同的状态
3	如果被某人批评，或者被某个权威人物指责，你的感受是什么	我会感到惊慌、失望、焦虑、抑郁，好像发生了某件不受我控制的可怕事情	我会生气，产生报复心理。我会精心设计报复计划，即使我并不打算付诸实施	我会感到气愤和伤心，但不会持续太久。我的重点是如何避免此类情况的再次发生	我觉得被大家误解了，我知道自己是正确的，却又无能为力
4	当你在为当众表演做准备时，你此时的感受是什么	我觉得头晕、心慌	我觉得很刺激，有点颤抖和紧张，精力充沛	我会避免这种情况，因为我不喜欢在当众表演	我觉得展示自我的机会到了，我会跃跃欲试
5	当你处在人群中间时，你有何感受	高兴	惊慌	我觉得有麻烦出现	暂时觉得没事

表5-3 压力评价表

序 号	略 低	略 高	太 低	太 高
1	A	C	B	D
2	A	B	D	C
3	C	D	B	A
4	C	B	D	A
5	D	A	C	B

（2）通过上述的测试分析，在对自己有个客观了解的基础上，尝试适当改变。

① 如果你的大部分答案都是"略低"，则说明你不能承受太大的压力，你也知道这个事实，并能够采取限制压力的各种有效措施。

② 如果你的大部分答案都是"略高"，则说明你能够承受相当大的压力，你还是喜欢多一些刺激的生活。

③ 如果你的大部分答案都是"太低"，则可能是你的抗压临界点很高，现在承受的压力远远低于抗压临界点；也可能是你的抗压临界点较低，但是你目前的状况仍然处于该抗压临界点之下。你必须增加刺激才能达到最理想、最开心的状态。

④ 如果你的大部分答案都是"太高"，则说明你或许非常清楚自己已经处于高于正常

压力的状态，或者正在承受着压力带来的负面影响，如频繁的疾病、无法集中精神、焦虑、抑郁等。

⑤ 如果你的答案比较分散，则说明你的抗压临界点处于中等，抗压能力很强。

5.4 优化健康素养训练

【训练目的】优化健康素养，浮世拣悠悠。

【训练内容】学会管理身心健康，通过测评健康素养，制订体育锻炼计划、学会驾驭愤怒情绪，从而管理好情绪、身心，优化健康素养。

5.4.1 项目1：测评自己的健康素养

对照《中国公民健康素养——基本知识与技能（2015年版）》，填写表5-4，并认真阅读特别提醒。

表5-4 健康素养评估表

健康素养组成部分	你的健康素养情况	特 别 提 醒
基本知识和理念 （共25条）	已经掌握_____条	对于没有掌握的基本知识和理念，建议寻找相关的资料加以学习，这些基本知识和理念，对健康非常有用
	没有掌握_____条	
健康生活方式与行为 （共29条）	已付诸实践_____条	对于没有做到的健康生活方式与行为，建议本人思考一下：自己为什么没有想到或做到这一点呢？是因为不以为然，还是有其他的客观原因？事实上，这些健康生活方式与行为对健康的影响很大，应该尽最大努力在生活中加以实践
	还没有做到_____条	
基本技能 （共12条）	已经掌握_____条	这些基本技能可能平时并不会用到，但一定要掌握。如果还没有掌握，则应该加以学习并掌握
	没有掌握_____条	

5.4.2 项目2：制订一份体育锻炼计划

参考表5-5，根据个人的实际情况，制订一份体育锻炼计划，具体的锻炼项目和强度可根据个人情况而定，但要坚持锻炼。可根据表5-6所示的不同锻炼项目的热量消耗选择锻炼项目。

表5-5 体育锻炼计划

日期	跑步	单车	有氧运动	游泳	健身操	网球	舞蹈	瑜伽	备注
星期一									
星期二									

日期	跑步	单车	有氧运动	游泳	健身操	网球	舞蹈	瑜伽	备注
星期三									
星期四									
星期五									
星期六									
星期日									

注：请注明锻炼项目的持续时间，单位为分钟。

表 5-6　不同锻炼项目的热量消耗

序号	锻炼项目	锻炼 60 分钟消耗的热量/千卡	序号	锻炼项目	锻炼 60 分钟消耗的热量/千卡
1	慢跑	655	5	瑜伽、普拉提	131
2	游泳	1036	6	羽毛球	294
3	骑自行车	184	7	网球	352
4	舞蹈、健身操	326	8	跳绳	378

注：以上热量数据会因运动强度的不同而有所差异，仅供参考。

5.4.3　项目 3：测试你能否驾驭愤怒情绪

请如实对照表 5-7 中的问题及参考答案来计分，并根据测试分析结果来加以改进。

表 5-7　测试能否驾驭愤怒情绪表

序号	问题	A（0分）	B（3分）	C（5分）	计分
1	你经常发脾气吗	我不爱发脾气，从没有真的发怒过，而且每当别人有愚蠢的行为时，我都会感到非常可笑	我有时也发怒，可一旦事情过去，就会觉得有点惭愧	我经常发怒，甚至会因为很小的事情发怒；有时知道自己错了，但很难开口承认错误	
2	你对电影中的愤怒场面怎么看	我不喜欢电影中的愤怒场面，就像不喜欢生活中的愤怒场面一样	我欣赏电影中的愤怒场面，虽然自己不会去摔东西，但看这种场面使我满足	对此我有强烈的共鸣，事实上它教会我怎样表达愤怒	
3	你生气时的表现如何	默默走开	努力克制，但不管干什么心里都很烦	大叫大喊，让人们知道我有多么愤怒	
4	当你受到伤害时，你会怎样	伤害使我痛苦极了	当感到自己受到伤害时，我会几个小时都说不出话来	当感到自己受到伤害时，我会当场反击	

序号	问 题	A（0分）	B（3分）	C（5分）	计分
5	当对方发怒时，你会怎样	愤怒的人使我害怕，我总是想法与他们和解，或者躲开他们	别人和我翻脸时，我先听对方说完，然后设法使对方平静下来	我不怕别人发怒，事实上我喜欢吵架	
分数小计					
测试分析	5～10分	出于某种原因而害怕发怒，不仅怕自己发怒，也害怕别人发怒。如果你的分数低于7分，那么你可能属于那种"没脾气"的人			
	11～17分	你了解自己的愤怒并能适当地表达，你能克制自己尽量不发脾气			
	18分及以上	你发起脾气来无所顾忌，容易使他人感到威胁和敌意，有时自己的情绪会失去控制			
6	你是否会与家人或朋友吵架	从不	有时	经常	
7	你是否认为人们应该说真话	如果会引起麻烦，就不说真话	不，我宁愿将真话藏在心底	是的，永远要说真话	
8	在家里吵架时，你会摔东西吗	从没摔过东西	极度愤怒时会摔东西	是的，有时会摔东西	
9	你做了会激怒亲朋好友的事，但你认为没有错，你会怎么做	对此保持沉默	告诉他们，并由着他们愤怒	大胆地告诉他们	
10	你的家人一直就一个问题责骂你，你会怎么做	忍耐着，但会长时间生气	发脾气，然后很快平静下来	每次听到这个问题就吵架	
11	你是否认为争论会伤害友情	是的	不一定，取决于和朋友的关系深浅	不是，理智的争论能增进友情	
12	你在外面生了气，你会将愤怒发泄在亲友身上吗	从不	你试图克制，却无法控制	经常	
13	你买了一个很贵的东西，可很快就坏了，你会怎么做	尽一切可能要求赔偿	打电话给商店，温和且理智地要求退货	寄一封措辞激烈的信或打电话骂经理一顿	
14	由于前面有人在检票口问话，导致你没赶上车，你会怎么做	感到愤怒，但什么也不会表现出来	像以往那样耸耸肩了事	告诉对方，他误了你的事	

续表

序号	问 题	A（0分）	B（3分）	C（5分）	计分
15	凌晨你被邻居家的音乐吵醒，这已经是近两周来第三次了，你会怎么做	非常生气，但什么也不会做	从门缝中礼貌地塞张纸条	直接去大声叫他们安静下来	
16	当你看到一部极糟糕的电影时，你会怎么做	坐在那等到散场	中途退场	写微博抨击，或在影院表达你的不满	
17	当你排队时有人插队，你会怎么做	瞪着他，什么也不说	拍拍他的肩膀让他排队	大声抱怨	
18	餐馆的服务员不小心将汤洒在你身上，你会怎么做	很不情愿地说"没关系"	真心说一句"没关系"	愤怒地说"赔我衣服"	
19	在候诊时，你等了20分钟，你会怎么做	继续等	重约时间	抱怨并愤怒离开	
20	当售货员态度粗鲁时，你会怎么做	什么也没说，但不会再来购物	猜想他可能不顺心，忘掉这事	以同样粗鲁的态度对待售货员	
21	当你和一个惹恼你的陌生人吵起来时，你会怎么做	尽快从争吵中撤退	克制着不发脾气	告诉他你认为他有多坏	
分数小计					
测试解析	39分及以下	你属于压抑愤怒的一类人			
	40～59分	你属于能够控制愤怒的一类人			
	60分及以上	你属于释放愤怒的一类人			

注：问题1～5用于测试愤怒的程度；问题6～12用于测试个人关系中的愤怒；问题13～21用于测试社会关系中的愤怒。

拓展阅读

（1）邢群麟，李敏．哈佛教授给学生讲的200个心理健康故事[M]．北京：中央编译出版社，2007．

（2）吕秋芳，齐力．高职生心理健康与调适[M]．北京：华文出版社，2001．

（3）许湘岳，吴强．自我管理教程[M]．北京：人民出版社，2011．

（4）邹亚超，张传龄．高职大学生实用心理学教程[M]．广州：中山大学出版社，2004．

（5）吴甘霖，邓小兰．好员工就能自我管理[M]．北京：机械工业出版社，2019．

（6）安家璇．中国公民健康素养66条（图解版）[M]．北京：化学工业出版社，2010．

（7）范爱明．成功自我管理的29个工具[M]．北京：中华工商联合出版社，2012．

（8）鲁培俊．健康素养监测指南[M]．兰州：甘肃科学技术出版社，2017．

参考文献

[1] 宋贤钧，周立民．大学生职业素养训练[M]．4版．北京：高等教育出版社，2018．

[2] 庄明科，谢伟．职业素养入门与提升[M]．北京：北京理工大学出版社，2009．

[3] 李增光．新时期大学生自我管理研究——以津冀地区6所高校为例[D]．天津：天津医科大学，2016．

[4] 李文博．大学生自我管理体系构建研究[D]．南宁：广西大学，2011．

[5] 王甜甜．大学生自我管理能力培养研究[D]．保定：河北大学，2015．

[6] 任静．大学生健康素养现状及健康教育发展研究[D]．沈阳：沈阳航空航天大学，2019．

第**6**章

提高表达能力　达成有效沟通

【经典诗词】

南风作秋声，杀气薄炎炽。盛夏鹰隼击，时危异人至。

令弟草中来，苍然请论事。诏书引上殿，奋舌动天意。

兵法五十家，尔腹为箧笥。应对如转丸，疏通略文字。

经纶皆新语，足以正神器。宗庙尚为灰，君臣俱下泪。

崆峒地无轴，青海天轩轾。西极最疮痍，连山暗烽燧。

帝曰大布衣，藉卿佐元帅。坐看清流沙，所以子奉使。

归当再前席，适远非历试。须存武威郡，为画长久利。

孤峰石戴驿，快马金缠辔。黄羊饫不膻，芦酒多还醉。

踊跃常人情，惨澹苦士志。安边敌何有，反正计始遂。

吾闻驾鼓车，不合用骐骥。龙吟回其头，夹辅待所致。

——杜甫《送从弟亚赴河西判官》

　　培根说："读史使人明智，读诗使人灵秀，数学使人周密，科学使人深刻，伦理学使人庄重，逻辑修辞之学使人善辩；凡有所学，皆成性格。"良好的表达能力、有效的沟通，更容易得到别人的理解与信任。一句话说得好，就可能福从口入；一句话说得不好，就可能祸从口出。一句话可以化友为敌，引发一场争论甚至导致一场战争；一句话也可以化敌为友，冰释前嫌，带来非凡的荣誉和事业的成功。大学生要培养表达能力，学会有效沟通，融洽人际交流，达成信任而不轻信、坦率而不粗鲁、谦虚而不虚伪、谨慎而不拘谨、活泼而不轻浮、成熟而不世故。更长远地看，沟通在职场中无处不在，沟通能力的好坏将直接影响结果的成败，培养好的沟通能力对职场人士来讲尤为重要。

6.1　表达能力与有效沟通概述

读万卷书不如行万里路，行万里路不及阅人无数。随着社会的不断进步，信息交流越来越频繁，表达沟通的价值变得越来越明显，大学生提高表达能力与学会有效沟通是走向社会的重要素养。要学会表达和沟通，首先要理解表达和沟通的关系，树立"如何表，才能达，如何沟，才能通"的理念。表达是将思维结果用语言、语音、语调、表情、行为等方式反映出来的一种行为。简而言之，就是将自己想要表述的内容通过对方能接受的方式传达给对方，而不仅仅是将自己想说的话全部说完。沟通是人与人之间、人与群体之间思想和感情的传递及反馈的过程，以求思想达成一致和感情的通畅。沟的意思是分开，就像两块田中间有一道沟，人与人之间本身是有"沟"的，而通的意思是将两者连通起来，做到通畅。简而言之，沟通就是让双方思想和观念达成一致，通过沟通得到自己想要的反馈。表达要解决的问题是信息的传递，沟通的目的是连接；表达只需要确认对方是否接收到讲话者需要传递的信息，而沟通却需要接收到对方的回应。在现实中，表达和沟通存在的主要问题是：有表而没有达，有沟而没有通。大学生既要提高表达能力，也要学会有效沟通，才能在学习、生活、未来工作中，甚至在整个人生过程中，拥有和谐的人际关系。

6.1.1　学会表达的途径

表达能力又称为表现能力或显示能力，是指一个人善于把自己的思想、情感、想法和意图等，用语言、文字、图形、表情和动作等清晰明确地表达出来，并善于让他人理解、体会和掌握。表达能力包括口头表达能力、文字表达能力、数字表达能力、图示表达能力等形式。数字表达能力、图示表达能力属于专业范围内的基本技能，本书主要强调口头表达能力。口头表达能力也简称口才。一个人口才不佳，就像壶里有饺子倒不出来，对自己是非常不利的。大学生在求职过程中首先需要展示的才能就是"讲话"，用人单位经常问的问题就是"为什么要来我们单位应聘，说说你的想法和情况"。虽有才华但不善于表达，无论如何用人单位都会认为这是求职者的一个缺点。作为大学生，讲话要表达清晰、简洁、流畅、有条理，既要学会在不同的场合注意自己的语态，也要学会对不同的人使用恰当词语。

（1）言之有物，话语中肯。《易传·象传下·家人》曰："风自火出，家人；君子以言有物而行有恒。"人们在日常生活中最怕听到的演讲就是言之无物，不知所云。现实中的一些会议或讲座，尽管台上讲得很热闹，但下面的听众却困顿乏味，甚至有的昏昏欲睡，主要原因就是谈话者、演讲者没有很好地理解自己的演讲内容，使演讲显得过于空洞，虚无缥缈。因此，不论做讲座、报告、职场沟通，还是和周围的人聊天，都应避免言之无物、空洞乏味。当然，言之有物应当与语气中肯相辅相成，才能达到吸引听众的效果。古语所讲的"至诚足以感人",讲的就是这个道理。

（2）话要说到点子上。在日常生活中，有的人喜欢喋喋不休、滔滔不绝地高谈阔论，却又词不达意、语无伦次，让人听而生厌；有的人喜欢夸大其词、侃侃而谈，满嘴跑火车，讲话不留余地，这只会造成画蛇添足的恶果。如同吹笛要按到眼儿上、敲鼓要敲到点儿上一样，讲话也必须说到点子上。山不在高，有仙则名；水不在深，有龙则灵。讲话也是如此，并不在多，点到就行。尤其是在生活节奏不断加快的现代社会中，又有多少人愿意花大量的时间去听长篇大论呢？因此，言简意赅、一针见血，是好口才必须讲究的一个重要细节。说起话来千万不要东拉西扯、不知所云。

（3）讲话应注意场合，讲究分寸。一个人的话能否被别人所接受，主要取决于这个人的可信度。要提高可信度，除了要衣饰恰当、举止大方、谈吐自然得体、眼神专注、表情沉稳，还必须注意观察对方，注意谈话的场合和对象。这是因为不同的人接受他人意见的方式和敏感度都是不同的。只有知己知彼，才能对症下药，收到最好的讲话效果。一般来说，文化修养层次较高的人，不屑于听肤浅、通俗的话，讲话者应多用抽象的推理；文化修养层次较低的人，则对高深的理论不以为然，讲话者应多用典型事例；喜欢自夸的人，讲话者应多多诱导；生性沉默的人，讲话者应击其要害，令其激动；而对于思想顽固的人，讲话者就要了解他的兴趣爱好，耐心交流等。俗语"到什么山上唱什么歌"，讲的就是这个道理。

（4）控制好语调，搭配好肢体语言。讲话周到要比雄辩好，措辞适当要比恭维好。大学生要根据讲话内容调整语速语调，做到音量适中，声调有高有低，节奏分明，有轻重缓急，抑扬顿挫，强化语言表达的效果。此外，虽然眼神、手势、面部表情、姿态、位置、距离、肢体语言等都属于非语言因素，但对交往和表达具有重要意义，甚至可以起到"此时无声胜有声"的效果。非语言艺术讲究的是人体动作变化所传递的信息：和谐雅致的服饰、大方得体的姿态、柔和恬静的微笑、自然亲切的目光和简明有力的手势等，都可以给人以美的享受、美的熏陶，可以收到良好的表达效果。

6.1.2 表达能力的培养

语言是思想表达的手段，也是人们在实际工作中的基本工具，但并非任何人都能利用这一工具准确地表达自己的思想观点。有的大学生讲话如行云流水、简洁明快、通俗易懂，而且生动形象、趣味横生；而有的大学生心里明白，却说不出来，或者说出来的话词不达意，令人费解。在职场中，由于不善于讲话，没能出色完成任务的事例不胜枚举，因此大学生要注重培养自己的表达能力。表达能力的培养方法如下所述。

（1）博览群书，厚积薄发。知识是口才的基础，没有知识就没有口才。正如网上有个段子，同样一个场景，爱读书的人感叹"落霞与孤鹜齐飞，秋水共长天一色"，而知识贫乏的人只会说"好多鸟，都飞了"。一个知识贫乏、阅历浅薄的人，永远不会有口才。古今中外的演讲家、雄辩家的实践都证明了这一点。但对于口才而言，仅仅掌握相关的知识是远远不够的。出色的表达能力是由多种因素决定的，它需要冷静的头脑、敏捷的思维、超人的智慧、渊博的知识及一定的文化修养。"知有智，智有谋"，大学生要尽可能博览群书，努力学习和积累有关理论、知识和经验，如学习演讲学、逻辑学、论辩学、哲学、社会学、心理学等，提高自己的认识水平和分析能力。只有具备了多方面的知识，才能视野开阔，在表达时得心应手。

（2）掌握技巧，训练思维。强化语言表达，就必须勤学苦练。人一能之，己百之；人十能之，己千之。通过多次实践，就一定会锻炼出众的口才。通过掌握包括准备充分、以情感人、以理服人、注意概况、协调自认、表达准确、幽默生动、尊重他人等在内的表达技巧，以及多次训练，方可掌握纯熟的语言表达技巧和艺术。思维力是人智力的核心因素，人的一切活动都离不开思维。大学生首先要努力学习任何一门学科，因为任何一门学科都包含了对人思维力的培养；其次，要在实践中多思考、多提问，明确实践的目的、意义、价值，善于反思、总结，不断提高自己的思维水平；最后，还要把读书与培养思维结合起来，在读书时，不仅要学知识，更要学习别人是怎样思考的，启发自己的思维，将"学"与"思"结合起来，从而形成自己的见解。

【知识链接】

口才锻炼的小技巧

（1）每天至少训练 10 分钟深呼吸。

（2）抓住一切机会锻炼口才。

① 每天至少与 5 个人有意识地交流思想。

② 每天大声朗诵或大声讲话至少 5 分钟。

③ 每天练习一次"三分钟演讲"或"三分钟默讲"。

④ 每天给亲友、同事至少讲一个故事或完整地叙述一件事情。

（3）注意讲话的技巧。

① 讲话前，深吸一口气，平静心情，面带微笑，眼神交流一遍后，开始讲话。

② 勇敢地讲出第一句话，声音大一点，速度慢一点，说短句，语句中间不打岔。

③ 当出现紧张卡壳时，停下来有意识地深吸口气，然后随着吐气讲出来。

④ 如果表现不好，则自我安慰："刚才怎么又紧张了？没关系，继续平稳地讲"；同时，用感觉和行动上的自信战胜恐惧。

⑤ 在紧张时，可以做放松练习，如深呼吸或尽力握紧拳头又迅速放松，连续 10 次。

（3）把握机会，反复锻炼。大学生在校期间要多争取机会锻炼表达能力，积极参加各种能增强表达能力的活动，如演讲会、辩论会、班会、讨论会、文艺晚会、街头宣传、信息咨询等，要多讲多练。凡是老师在课堂上讲授的知识或者在书本中学到的知识，都尽可能用自己的话说出来，这有助于提高自己的表达能力。如果想要成为一个受人喜欢、有魅力的人，还要培养团队合作的意识。学校的社团也是学习处理人际关系的好地方，社团其实是一个"微社会"，从某种意义上来讲参加社团就是进入社会。此外，锻炼表达能力要有刻苦精神，要持之以恒。只要大学生勤于学习、大胆实践、善于总结、及时改进、反复锻炼，就一定能够不断提高表达能力。

6.1.3　有效沟通的方式

所谓有效的沟通，是指通过听、说、读、写等载体，通过演讲、会见、对话、讨论、信件等方式将思维准确、恰当地表达出来，以促使对方更好地接受。有效沟通是快速解决问题的方法，是人际交往的重要途径。实现有效沟通须具备两个必要条件：首先，信息发送者必须清晰地表达信息的内涵，以便信息接收者能确切理解；其次，信息发送者必须重视信息接收者的反应，并根据其反应及时改进信息的传递，以免产生不必要的误解。有效沟通能否实现的关键在于信息的有效性，信息的有效程度决定了沟通的有效程度。信息的有效程度主要取决于信息的透明程度和反馈程度。对于个人来说，要进行有效沟通，可以从以下几个方面着手：

（1）必须知道说什么，即要明确沟通的目的。如果目的不明确，就意味着讲话者不知道要说什么，也不可能让别人明白，自然就达不到沟通的目的。

（2）必须知道什么时候说，即要掌握好沟通的时间。例如，当沟通的对象忙于工作时，要求他与讲话者商量下次聚会的事情，显然是不合时宜的。要想实现良好的沟通效果，就必须掌握好沟通的时间，把握好沟通的火候。

（3）必须知道对谁说，即要明确沟通的对象。虽然讲话者说得很好，但如果选错了沟通的对象，那么也达不到沟通的目的。

（4）必须知道怎么说，即要掌握沟通的方法。即使讲话者知道向谁说、说什么，也知道该什么时候说，但不知道该怎么说，也难以实现良好的沟通效果。沟通是要用对方听得懂的语言（包括文字、语调及肢体语言），而讲话者要做的就是通过观察这些语言来有效地实现良好的沟通效果。

总之，人与人之间要达成真正的沟通，并非易事。例如，从前有一个秀才去街上买柴，他对卖柴的人说："荷薪者过来！"卖柴的人听不懂"荷薪者"就是"担柴人"，但是听懂了"过来"两个字，于是把柴担到秀才面前。秀才接着说："外实而内虚，烟多而焰少，请损之。"意思是你的木材外表是干的，里面却是湿的，燃烧起来会烟多火小，请减些价钱吧！卖柴人因为听不懂秀才的话，于是担着柴就走了。可见，有效沟通既要用简单的语言、易懂的言辞来传递信息，还要掌握沟通的对象和时机。这里面大有学问，善于沟通是必备的素养，甚至需要人们终身锻炼。

6.1.4　有效沟通的技巧

从某种意义上讲，工作过程就是沟通过程，作为一名未来的职场人士，大学生要掌握有效沟通的技巧，积极主动地与他人沟通，并善于发现他人的闪光点、学习他人的长处、听取他人的意见。有效沟通的技巧如下：

（1）相互信任，把握时机。信任是一种敞开的、充满友善的举动，是我们获得更多社会资源、人际资源的前提，是有效沟通的基础。如果沟通的双方彼此不信任，就无法做到有效沟通，沟通的结果自然是失败的。没有信任，与问题相关的种种信息就不能得到充分有效的传递，从而造成沟通双方对问题的理解始终一知半解，这对于解决问题、达成共识没有任何益处，甚至会把沟通推入不信任的"泥沼"中。沟通要以团队利益和大局为重，保持谦虚的态度，尊重他人想法，把主要精力放在解决问题上，并在双方的共同努力下找到最佳的解决方法。正确的沟通时机，是发现问题并充分了解问题的那一刻。在这个时候进行的沟通会更加顺畅、有效，问题才会得到及时解决。另外，在沟通时间上，建议在上午十点左右，或者在午休结束后的半个小时内，在较为轻松愉快的氛围中更容易实现有效的沟通。

（2）认真倾听，适当提问。在沟通中，听比说更重要，沟通对象的"听"决定了讲话者的"说"。认真聆听，这不仅仅是对讲话者的尊重，更是有效沟通的前提。不要让对方有被忽略的感受，听清对方的需求、了解对方的心意，有助于建立融洽的关系，彼此接纳，从而找到最恰当的解决方式。聆听不仅要用耳朵听，还应该用眼睛看，大脑也要随之思考。在对方倾诉的时候，要学会用理性的善感，忧他所忧、乐他所乐、急他所急。用眼睛接收对方的思想和情感，配合肢体语言，轻柔地看着对方的鼻尖，不时地点头示意。"问"不仅是为了了解问题、帮助理解，更重要的是要引导对方找到答案。怎样问会影响沟通的效果，怎样问也有技巧，准确发问能更好地探寻对方的意愿和想法。提问方式包括开放式提问和封闭式提问，需要根据不同的情形选择不同的提问方式。在沟通中，可通过建议来表达观点，比较两种或多种行为带来的结果，从而达成共识。

（3）简明扼要，重点突出。与人沟通时，不要使用晦涩难懂的词汇来阐述问题、发表意见，同时要尽量避免含糊其词，模糊的叙述不仅不利于沟通，也不利于问题的解决。因此，要把握逻辑性、精简性和准确性原则。在把握上述原则时需要注意以下几点：

① 用两种方法提升表达的逻辑性。第一种方法是凡事讲三点，就是把要说的话归纳总结成三句话来表达，这三点之间最好有先后顺序，如按照时间顺序或者结构顺序，这样能做到条理清晰，对方也很容易记住。第二种方法是根据金字塔原理（见图 6-1），先说出中心论点，再介绍分论点和论据。如果需要接着论述，则将论述放在"金字塔"的第 4 层、第 5 层……，这种方法能让别人迅速明白讲话者的意图。

② 用"一句话法则"快速提升表达的精简性，即用一句话来概括要讲述的中心内容。简明扼要地回答对方最关心的问题、最想了解的情况，以及最急于知道的结果，而不要东拉西扯、分散注意力。

③ 尽量避免使用模棱两可的词语，如职场及事务性沟通中的时间，要说就说 2 天内、5 个工作日后，如果拿不准时间就告知原因，并给出能够回复的最晚时间。

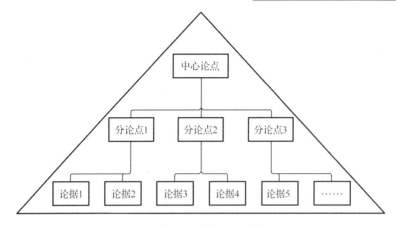

图 6-1　金字塔原理

另外，在与人沟通前，要尽可能地熟悉问题，拟订详细的沟通计划，准备具有说服力的佐证材料；要多想想对方的质疑，事先准备答案，并把沟通的重点找出来。这样沟通会更有效，成功的希望就会更大。

（4）肯定赞美，多维沟通。美国著名的心理学家威廉·詹姆斯说："人类本质中最殷切的需求是渴望被肯定。"赞美就是直接和深刻的肯定，它满足了人类的本质需求，因而会受到别人的欢迎。在沟通中，每个人都希望被赞美、被肯定、被尊重，而不希望被否定、被批评。在沟通中，要多肯定和赞美对方，尊重与注视对方，尤其是意见不合的时候，要听对方把话说完，然后用"您说得非常好，也很有道理，但我认为……"这样的方式开始沟通，拉近彼此的距离，在融洽的气氛中达成共识。此外，语言沟通侧重于信息的传递，而肢体语言侧重于人与人之间思想和情感的交流，即使还未开口，内心的感觉就已经通过肢体语言清楚地表现出来了。语言沟通和肢体语言的沟通是相辅相成、相互配合的，因此，要学会综合运用语言和肢体语言进行沟通，尤其是恰当的手势、表情、眼神、姿态等多维方式，从而达到预想的沟通效果。

有效沟通的框架如图 6-2 所示。

总之，学会表达和有效沟通是一种能力，是人际交往和获取资源的重要手段，是衡量一个人具有社会工作能力的素养。表面上看，学会表达和有效沟通只是一种能说会道的能力，可实际上却包含了一个人从穿衣打扮到言谈举止的个人素养。顾及对方的需求、设身处地为对方着想是有效沟通的关键，否则会陷入"你说的话都对，我就是不想照你说的话去做"的尴尬局面。一个具有沟通魅力的人，必定是一个具有较高涵养的人，因此大学生要从人格品质等方面提高自身修养，并掌握一定的沟通技巧，才能从根本上提高表达能力，达成有效沟通。

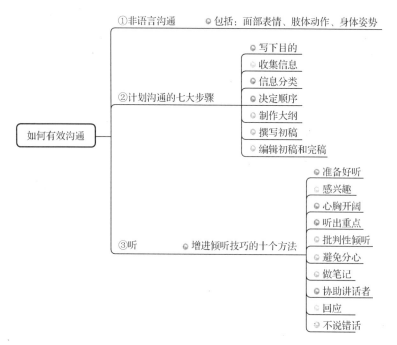

①非语言沟通　　○包括：面部表情、肢体动作、身体姿势

②计划沟通的七大步骤
- 写下目的
- 收集信息
- 信息分类
- 决定顺序
- 制作大纲
- 撰写初稿
- 编辑初稿和完稿

如何有效沟通

③听　　增进倾听技巧的十个方法
- 准备好听
- 感兴趣
- 心胸开阔
- 听出重点
- 批判性倾听
- 避免分心
- 做笔记
- 协助讲话者
- 回应
- 不说错话

图 6-2　有效沟通的框架

6.2 表达能力和沟通素养案例

　　表达能力和沟通能力是优秀人才必备的重要素质，更是现代职场人士必备的基本能力与素养之一。在大学的学习和生活中，大学生多多少少会碰到挫折、困难，也容易产生猜疑、冷漠、嫉妒，造成困惑、苦闷、孤寂的精神状态。人际交往是一剂心理的良药，它能使人处在一种舒畅、快慰、奔放的精神状态中，形成乐观、自信、积极的人生态度，使人的精神情操、心理环境得到净化，思想境界得到升华；使自己的大学生活过得更充实、更有意义；为将来职场人际关系的处理及有效沟通准备较高的表达能力与沟通技巧。

6.2.1　案例1：《超级演说家》第二季总冠军——北大才女刘媛媛

她因为表达而改变命运，实现人生逆袭

　　2014 年夏天，在《超级演说家》总决赛的舞台上，有这样一个选手，外表普通，感受不到丝毫强大的气场。可当她一上台，开口演讲不到 2 分钟，所有人的注意力就被她的精彩演讲深深吸引，整个现场都沸腾了。打动人心的细节，自然传神的演绎，普通的她，瞬间变成了这个舞台的焦点。凭借出色的表达能力和优秀的演讲能力，她最终夺得了《超级演说家》第二季总冠军。

她就是刘媛媛，一个靠表达逆袭人生的普通人。

为了报名《超级演说家》，她从零开始锻炼表达能力

你一定想象不到，身为《超级演说家》第二季总冠军的刘媛媛，曾经是个口拙木讷的人，在很多场合不会表达，生生被人误解，平白带来诸多困扰。

有多少人像当时的她？因为不会表达而屡屡受挫，不是沦为"背景板"，就是受尽误会和曲解。

直到有一次，她偶遇想要结识的人，却因口拙不敢上前讲话，机会就这样白白溜走了。自此她下定决心改变，坚持写讲话日记，每天记下自己讲过的话，一点点纠正自己的表达方式。

偶然得知《超级演说家》招募选手的信息，这个节目只要会讲话就可以参加。如果不去勇敢尝试，改变就永远只是挂在嘴上的一句话。她决心参加，虽然在此之前她唯一的一次演讲就是竞选班长的发言。

上天总是眷顾勇敢的人，最终，刘媛媛顺利拿到了报名成功的通知书。

初入海选，被人质疑；她抛下狠话，立志改变

真的来到比赛现场，才发现这个比赛根本不靠报名，大部分都是节目组请过来有着丰富经验的讲话高手。面对无数专业的选手，海选那一场，刘媛媛过关都过得很勉强：直到结束演讲的最后一刻，她才拿到一票。有的评委说她太过犀利，不适合自己的团队；有的评委说她音质差、用语俗，无法接受；还有的评委说她最致命的弱点是太紧张，表达得不够彻底，像夹生的饼干……

一个演讲小白怎么可能在短时间内超过那些成名已久、经验老到的讲话高手呢？刘媛媛没有退缩，铿锵有力地抛下一句"我会让你们都后悔的！"话一抛，所有人为她鼓掌，佩服她的勇气和决心。

她迫切想要强大起来，快速证明自己的实力。然而现实是，她毫无经验，也没有专业老师教导。面临重重困难：不自信，讲话紧张，不知道怎么克服恐惧心理，紧张到语无伦次；内容枯燥，没幽默感，也没办法吸引别人的注意力；讲话既啰唆又没重点，表达思路不清晰，语言不凝练……

从演讲小白到比赛冠军，她找到方法，表达能力得到快速提升

在台下，刘媛媛翻遍演讲表达相关的书籍，遇到不懂的问题就积极找同台选手请教，她像海绵吸水一样拼命地汲取养分。她发现在表达方面光靠努力是没有用的，这绝不是一个量变引起质变的过程。在快速学习表达技巧并内化成自己的东西过程中，刘媛媛意识到，表达其实是信息输入和观点输出的过程。在这个过程中，最关键的有四点：敏锐的洞察、敏捷的思考、清晰的逻辑和强大的穿透力。正确的方法比努力更重要。她转变观念，集中精力研究出了一套适合自己的表达训练法：如何快速克服紧张、怎么破解尴尬、怎么简练

表达自己、如何引起共鸣……

刘媛媛的表达能力在快速提高，两个月后，她获得了《超级演说家》第二季总冠军！

【案例点评】刘媛媛在大学期间并不活跃，日常生活和文艺活动、演讲、辩论等几乎和她没有一点关系，她靠表达能力逆袭人生，可见很多能力是可以训练出来的。美国成功学大师戴尔·卡耐基（Dale Carnegie）曾经说过："一个人的成功，15%是靠他的专业知识技能，85%是靠他的口才交际能力。"在当今社会，能言善辩、会讲话已经成为一种技能。口才对一个人的一生极其重要，是人才不一定有口才，有口才一定是人才。现在的社会更容易接受善于表达、善于表现自己的人。大学生要学会品读语言魅力，见证语言力量，绽放语言艺术，成就精彩人生！

6.2.2 案例2：巴菲特的四大讲话之道

在不了解沃伦·巴菲特（Warren E. Buffett）的人看来，这位"股神"应该是一个只善于和数字、股票、年报等打交道的"闷葫芦"，一定不善言谈。其实不然，巴菲特的性格虽然不算外向，但在讲话上，他的水平是很高的。姑且不说他年轻时曾经尝试过推销员的工作，单说他和大企业的高管之间，就少不了高效的沟通。如果没有一番说"动"人心的本领，其成功恐怕是要打折扣的。以下是巴菲特的四大讲话之道，看"股神"如何说"动"人心！

独特而高级的幽默感

尽管巴菲特并不像那些专业的演讲家那样能说会道，但其讲话时往往具有独特而高级的幽默感。一次，有记者采访巴菲特，问他："你有这么多钱，怎么不喜欢穿名牌衣服？"巴菲特幽默地回答道："不是我不喜欢穿名牌衣服，而是因为名牌衣服穿在我身上也不像名牌衣服。"巴菲特还曾幽默地调侃华尔街的投资者，说道，"一群旅鼠在意见分歧时，和华尔街那群利己的个人主义者没有两样。"此外，巴菲特一年一度的"致股东信"也一直都以智慧幽默著称投资界。例如，在1999年的"致股东信"中，巴菲特是这么说的："即使乌龙侦探克鲁索也能看出你们的董事长有罪。"他还说自己在1999年的投资成绩只能得个"D"。当然，巴菲特的投资技巧已经成为一种高超的艺术，所以他可以尽情地拿自己的投资水平开玩笑，没人会因此而看低他。

与人沟通，要多用赞美的话语

赞美在讲话艺术中占有很重要的位置，对现代人来说，赞美是非常重要的沟通技巧之一，直接关系到一个人生活、工作的优劣甚至成败。在赞美这方面，巴菲特尽管并不是极其擅长，但这并不代表他不重视，对该赞美的人，他从不吝啬赞美。他曾说，"我的父母告诉过我，如果我对一个人说不出什么美好的话，那就什么也别说。我相信父母的教导。"另外，在教导小儿子彼得·巴菲特时，他也曾多次告诫其要多赞美别人，多说别人的好话。在巴菲特看来，对于年轻人来说，赞美别人，其实是在抬高对方的同时为自己的未来铺路。

讲话不可太过直接

巴菲特的小儿子彼得·巴菲特是一个特别有个性的人，做人做事率性而为，不太考虑周围人的感受，所以有时候会不经意地说出伤害别人的话，由此引起一些误会，给自己的生活和工作带来了不小的麻烦。巴菲特尽管非常欣赏小儿子的个性率直，但他也深知真正在社会中获得巨大成功的人，往往都是比较内敛的，能将自己的个性、锋芒先掩藏起来，所以，他总是告诫小儿子要注意收敛个性，在讲话时不要毫无顾忌，特别在说反对意见时，一定不能太过直接。巴菲特对小儿子的这番忠告非常符合我们中国人的讲话智慧。在人际交往中，每个人都难免会遇到不喜欢的对象，这时一定要注意控制自己的话语，千万不要直来直去，不要在话语上伤害对方，否则就容易祸从口出。

懂得和善于倾听

倾听是所有话术中最美的语言，古希腊的伟大哲学家苏格拉底就曾说过："上天赐人以两耳两目，但只有一口，欲使其多闻多见而少言。"寥寥数语，就形象而深刻地说明了倾听的重要性。巴菲特对倾听也极为重视，在与人沟通时，他善于倾听并分析对方话语中的信息，而在对小儿子彼得·巴菲特的忠告中，他也指出，作为一个领导者，首先要懂得倾听，尽量让下属多讲话。

【案例点评】在上传于社交平台 LinkedIn 上的一段短片内，巴菲特亲自现身讲授投资方法。巴菲特说："有个简单的方法能让你的身价至少比现在增值 50%，就是改进沟通能力，包括书写及讲话能力。"巴菲特又说："如果你不懂沟通，就好像在黑暗中向女孩挤眉眼，结果什么事都不会发生。或许你拥有全世界的智慧，但你必须将其传递出去。"巴菲特把写作能力和表达能力当成年轻人增值的首要素养，值得大学生深思。

6.2.3　案例 3：别在无意间丢失自己的办公室沟通地图

与上级沟通时你会不会时常心里发怵？与下级沟通时，你会不会被指责颐指气使？在办公室沟通中，别人都达到了自己的"目的地"，你却在沟通中迷失了"方向"。糊涂的你是否在无意间丢失了自己的办公室沟通地图？

【沟通"迷路"案例】

年底，公司为了奖励开发部的员工，制订了一项海南旅游计划，名额限定为 10 人。可是 13 名员工都想去，部门经理需要再向上级领导申请 3 个名额。如果你是部门经理，你会如何与上级领导沟通呢？

部门经理向上级领导说："朱总，我们部门 13 个人都想去海南，可只有 10 个名额，剩余的 3 个人会有意见，能不能再给 3 个名额？"

朱总说："筛选一下不就完了吗？公司能拿出 10 个名额就花费不少了，你们怎么不多为公司考虑？你们呀，就是得寸进尺，不让你们去旅游就好了，谁也没意见。我看这样吧，你们 3 个做部门经理的，姿态高一点，明年再去，这不就解决了吗？"

【迷路原因】第一，只顾表达自己的意志和愿望，忽视了对方的感受；第二，切不可以自我为中心，更忌讳出言不逊，不尊重对方。

【沟通"达标"案例】

在同样的情况下，去找朱总之前用换位思考法，放低姿态，站在公司的角度考虑一下公司的缘由，遵守沟通规则，做好与朱总平等对话、为公司解决问题的心理准备。

部门经理："朱总，大家今天听说要去海南旅游，都非常高兴，也都非常感兴趣，觉得公司越来越重视员工了。领导不忘员工，让员工很感动。朱总，这事是你们突然给大家的惊喜，不知当时你们是如何想出如此妙意的？"

朱总："真的是想给大家一个惊喜，今年公司的效益不错，是大家的功劳。考虑到大家辛苦了一年，年终了，第一，该放松放松了；第二，放松后才能更好地工作；第三，这样可以增加公司的凝聚力。大家高兴了，我们的目的就达到了。"

部门经理："也许是计划太好了，大家都在争这10个名额。"

朱总："当时决定给10个名额是因为觉得你们部门有几个人工作不够积极。你们评选一下，不够格的就不安排了，就算是对他们的一个提醒吧。"

部门经理："其实我也同意领导的想法，有几个人的态度与其他人比起来是不够积极，不过他们可能有一些生活中的原因，这与我们部门经理对他们缺乏了解，没有及时调整也有关系，责任在我。如果不让他们去，对他们打击会不会太大？如果这种消极因素传播开来，影响不好吧？公司花了这么多钱，要是因为这3个名额降低了效果就太可惜了。我知道公司每一笔开支都要精打细算，如果公司能再多拿出3个名额的费用，让他们有所感悟，促进他们来年积极工作，那么他们多给公司带来的利益要远大于这部分的支出，不知道我说得有没有道理？公司如果能再考虑一下，让他们去，我会尽力与其他两位部门经理沟通好，在这次旅行中每个人带一个，帮助他们放下包袱，树立积极工作态度。朱总，您能不能考虑一下我的建议？"

【达标原因】

（1）看懂地图图例。东表示提问，南表示倾听，西表示欣赏，北表示建议。

（2）提问。提问题要有诀窍，提问有两种方式，一种是封闭式提问，另一种是开放式提问。封闭式提问只能回答或否，只应用于信息的准确传递。例如，我们开不开会？只能回答开或不开，信息非常明了，而不能问下午开会的情况怎么样。开放式提问用于了解对方的心态，以及对方对事情的阐述或描述。例如，我们的旅游怎么安排？你对近一段工作有哪些看法？在这种氛围下工作你有什么感觉？……每个人都有强烈的倾诉欲望，通过开放式提问，可让对方敞开心扉、畅所欲言，让对方感觉你在关心他，这也是关怀的一种艺术，就是要问寒问暖、问感受、问困难……

（3）倾听。在对方倾诉的时候，尽量不要打断对方的讲话，大脑思维紧跟着他的诉说走，要用脑而不是用耳听。要学会理性的善感，理性的善感就是忧他而忧、乐他而乐、急他所急。这种时候往往要配合眼神和肢体语言，轻柔地看着对方的鼻尖。如果明白了对方诉说的内容，要不时点头示意。在必要的时候，可以用自己的语言重复对方所说的内容。例如，你刚才所说的孤独，是指心灵上的孤独，所以你在人越多的时候，越感到孤独，不知道我对你理解得是否正确（要鼓励对方继续说下去）。

（4）欣赏。在倾听中找出对方的优点，显示出发自内心的赞叹，给予总结性的高度评价。欣赏可以使沟通变得轻松愉快，它是良性沟通不可缺少的润滑剂。

（5）建议。沟通的目的是达成共识，而建议是没有任何强加的味道，仅仅比较两种或多种行为所带来的结果，供对方自由选择。在提出建议时，最忌讳使用"你应该……""你必须……"。不论你的建议多么好，与你沟通的对方只要听到这两个词，就会顿时生厌、产生逆反心理，大多不会采纳你的建议。因为每个人都不愿别人把他当成孩子或低能儿，他们也不是"军人"，随时等着接收"将军"的命令。大多数人听到这两个词时往往会想"我要怎么做，还要你来告诉我吗？你以为你是谁？！"

（6）正确使用指南针的步骤如下。

① 对以前成绩的肯定（赞扬）。

② 这次事情如果这样做会有更好的结果（良性改进建议）。

③ 我相信你如果多加思考，肯定能把这件事做得非常出色（对批评者的期望与鼓动，以及暗中的施加压力）。

④ 需要我的帮助时请随时告诉我（告诉批评者你对他的所作所为是善意的，是在为他着想）。

6.3 提高表达能力训练

【训练目的】学会开口讲话，练就表达能力。

【训练内容】看进去的东西不是口才，讲出来的才是口才；吸收进去的不是口才，表达出来的才是口才。口才是一项能力，而能力一定是通过训练而形成的。通过朗读训练、表达训练和模仿训练，学会开口讲话。所谓"拳不离手，曲不离口"，锻炼表达能力，也要不断地开口、开口、再开口，并通过博览群书、日积月累，从而形成较强的表达能力。

6.3.1 项目1：根据"五步法"进行朗读训练

朗读训练不仅可以使我们逐渐掌握汉语语法规律，培养敏锐的语感，还可以使声带、发音、语气、语调、语势等得到全面锻炼，向声情并茂的境界攀登。朗读训练应采用循序渐进、由低到高的"五步法"进行。

第一步是基础训练。选用一百字左右的文章朗读，要求发音准确，声音洪亮，吐字清楚，不添字、丢字，不读错字，按标点符号进行恰当的停顿。

第二步是过渡训练。选用两三百字的文章朗读，在第一步的基础上，过渡到通顺流畅，且能读出陈述、疑问、感叹、祈使等不同语气、语调。

第三步是巩固训练。选用五百字左右的文章朗读，重点练习朗读技巧，并通过听范读来巩固前两步的训练成果。要求在前两步的基础上能进一步读出长句中的停顿和句中的轻重缓急，依据文章的思想内容，恰当而自然地带着感情去朗读。

第四步是综合练习。选用八百字左右的文章朗读，将分项训练中获得的各种技巧综合运用到朗读中，要求语言流畅、语气连贯，具有较强的感染力。

第五步是发挥训练。选用千字以上文章朗读，着重在感情运用上下功夫，感情表达准确丰富，声情并茂，使作品的深刻思想与朗读者的感情融为一体。

6.3.2　项目2：复述表达训练

锻炼表达能力，最简单的方法是复述。复述表达是把自己说过的话、别人说过的话或听过的材料用自己的语言重新组织后再讲述出来的一种表达方式。复述表达富有创造性，能把记忆、思考、表达有机地结合起来，使三者融为一体。复述表达训练可以培养大学生的理解记忆能力、有序表达能力、想象与创编能力。请根据以下步骤，进行复述表达训练。

（1）第1、2周：基本口头表达，锻炼你的讲话。

① 准备工作：挑选两部电影，分别截取正片60分钟的长度，每15分钟切成一个片段，一共8个片段，边看边复述。听过篮球比赛解说吗？随着电影的展开，你用自己的语言去复述电影的每一个情节或者细节。

② 频率：早晚各一个小时。使用可调整播放速度的视频播放软件，可以减少一些手动暂停视频的麻烦，因为在一开始的时候，你的口头叙述能力跟不上视频的播放速度。8个15分钟的训练片段其实已经足够你反复训练了，没必要换新的电影片段。电影片段的情节展开给你提供了丰富的、高密度的复述材料。

（2）第3、4周：强化阶段，锻炼讲话的逻辑性。跟前两周"边看边复述"不一样，这个阶段要求看完视频后再复述，你得对内容有所筛选、组织，因此这一阶段锻炼的是语言组织能力和逻辑性。

① 准备工作：挑选5部90分钟左右的电影，每15分钟切成一个片段，看完一个片段复述一个片段，直到可以轻松地在3～5分钟内复述完一个片段的主要情节为止。

按照每个片段30分钟切割电影，每个片段的复述时间为7～8分钟。

按照每个片段45分钟切割电影，每个片段的复述时间为10～12分钟。

② 怎么才能做到看完一个片段复述一个片段呢？在看每个片段的时候，可以用笔在纸上记下与情节相关的关键词，在复述的时候可以根据关键词进行复述。一个多月下来，你的复述表达能力就会有相当大的提高。

③ 建议：完成强化阶段的训练后，如果还想要精益求精，则可以使用类似的步骤，分别对"复述并且有细节""复述并且绘声绘色"等进行有针对性的训练。这种短期的方法，是相当有效果的。那长期的方法是什么呢？一种方法是写作，一个写作能力强的人来学习讲话，相对来说是比较容易的；另一种方法就是阅读，阅读可以增加人的见识和内涵，我们在讲话的时候会带着刚看过的某本书的影子，阅读对语言系统的长期作用是大有好处的。

6.3.3 项目 3：口才模仿训练

口才模仿训练是指根据被模仿对象的谈吐表现进行模拟学习。人人都会模仿，并且从小就开始模仿，模仿的过程也是一个学习的过程。我们才也可以利用模仿来锻炼口才。以下几个方法都是很有效的口才模仿训练方法，坚持下去会得到显著效果。

（1）专人模仿训练：在生活中找一位表达能力强的人，请他讲几段精彩的话，录下来，供自己模仿。你也可以把喜欢的又适合模仿的播音员或演员的讲话录下来，然后进行模仿。据说林肯为了锻炼口才，徒步 30 英里到一个法院听律师的辩护，看他们是如何辩护、如何做手势的，他一边倾听一边模仿。

（2）专题模仿训练：几个好友在一起，请一个人先讲一段小故事，然后大家轮流模仿，看谁模仿得像。这个方法简便易行，且有娱乐性，可随时随地进行，只要有三四个人就行。但是，每个人讲的小故事不仅要新鲜有趣，大家爱听爱学，而且要讲得准确、生动、形象。

（3）随时模仿训练：每天从广播、电视或电影里模仿播音员、演播员或演员，注意他们的声音、语调、神态、动作，边听边看边模仿，不仅可以提高自己的表达能力，还可以增加自己的词汇量，增长各方面的知识。这种模仿训练方法的要求是：尽量模仿得像，要从被模仿对象的语气、语速、表情、动作等多方面进行模仿，并在模仿中创新，找到适合自己的方式。

6.4 达成有效沟通训练

【训练目的】掌握沟通技巧，达成有效沟通。

【训练内容】通过沟通游戏，明确交流沟通的方式；通过沟通技能自测，了解自己的沟通技能；通过电话沟通训练，体会沟通的要领。

6.4.1 项目 1：沟通游戏——撕纸

游戏步骤：

（1）全体同学分别坐在自己的位置上。

（2）老师给每位同学发一张 A4 纸。

（3）老师讲述要求：

① 请大家闭上眼睛。

② 游戏的全过程不许提问题。

③ 按照老师讲述的动作进行操作。

（4）开始游戏，老师发出指令：

① 把纸对折。

② 第二次对折。

③ 第三次对折。

④ 把右上角撕下来。

⑤ 把纸转 180°，再把左上角也撕下来。

⑥ 请大家睁开眼睛，把纸打开。

（5）请每一位同学在全班展示自己撕的纸，会出现不同的图案。

（6）老师给每位同学再发一张 A4 纸。

（7）老师重复相同的指令，再做一遍上次的游戏。唯一不同的是，这次同学们可睁开眼睛并提问。

（8）请每一位同学在全班展示自己撕的纸，并讨论以下问题。

① 第一次游戏，大家听到的指令是一样的，为什么会有不同的结果？

② 第二次游戏的结果又是怎样的？反馈在游戏中起到了什么作用？

③ 相同的游戏，为什么两次的结果会有如此大的差别呢？

④ 通过这个游戏，你有什么感悟？

（9）老师总结。交流沟通是人类行为的基础。沟通就是信息的传递与接收，是发送者凭借一定的渠道，将信息传递给接收者，并寻求反馈以达到相互理解的过程。然而，许多问题都是由于沟通不当或缺少沟通而导致误传或误解，从而影响人际关系的。通过上述的游戏，同学们要明确矛盾产生的原因——沟通的误读，体会沟通的重要性并学会有效沟通。在沟通过程中，效果会在传递中衰减（漏斗原理）；不要以为自己说什么，别人就一定会理解成什么。沟通需要反馈，确认沟通的对象已经明确了解你所传递的信息；在单向沟通（下达指令）时，不能出现沟通盲点（没有说清楚而又有关键影响的点）。

游戏注意事项：

（1）游戏中的纸张由老师统一发放，保证纸张大小一致，这样游戏的效果会比较明显。

（2）在游戏过程中要强调同学们不能偷偷睁开眼睛，以保证游戏的准确度与说服力。

（3）在进行第二次游戏时，可以请一名同学发出指令，从而加深体验。

6.4.2 项目 2：沟通技能自测

请根据表 6-1 进行沟通技能的自测，并根据测评说明进行沟通技能的训练。

表 6-1 沟通技能自测表

序号	自测项目	非常不同意（1分）	不同意（2分）	比较不同意（3分）	比较同意（4分）	同意（5分）	非常同意（6分）	计分
1	我能根据不同对象的特点提供合适的建议或指导							
2	当我劝告他人时,更注重帮助他们反思自身存在的问题							
3	当我给他人提出反馈意见,甚至是逆耳的意见时，能坚持诚实的态度							
4	当我与他人讨论问题时,始终能就事论事，而非针对某个人							
5	当我批评或指出他人的不足时,能以客观的标准和预先期望为基础							
6	当我纠正某人的行为后,我们的关系常常能得到加强							
7	在我与他人沟通时,我会激发出对方的自我价值和自尊意识							
8	即使我并不赞同,我也能对他人的观点表现出诚挚的兴趣							
9	我不会在比我权力小或拥有信息少的人面前表现出高人一等的姿态							
10	在和与自己持有不同观点的人讨论时,我将努力找出双方的共同点							
11	我的反馈是明确而直接指向问题关键的,避免泛泛而谈或含糊不清							
12	我能以平等的方式与对方沟通,避免在交谈中让对方感到被动							
13	我以"我认为"而不是"他们认为"的方式表示对自己的观点负责							
14	讨论问题时,我通常更关注自己对问题的理解,而不是直接提建议							

序号	自测项目	非常不同意（1分）	不同意（2分）	比较不同意（3分）	比较同意（4分）	同意（5分）	非常同意（6分）	计分
15	我会有意识地与同事和朋友进行定期或不定期的私人会谈							
	分数总计							
测评说明	自测分数为15分（沟通技能最差）到90分（沟通技能最好），分数越高，表示个人沟通技能越强。80～90分表示具有优秀的沟通技能；70～79分表示沟通技能略高于平均水平，有些地方尚需要提高；70分以下表示需要通过严格的训练来提高沟通技能							

6.4.3 项目3：电话沟通训练

通过自我检查，结合小组电话沟通训练，相互查找不足，共同提高沟通能力，涵育沟通素养。

（1）对照表6-2，分项列出自己在接听和拨打电话时的实际表现。

（2）对照表6-3，找出自己哪些要点没有做到，并写出改进措施。

（3）以小组为单位，在自我检查的基础上，分角色训练接听、拨打和转达电话的基本技巧，并相互纠错，讨论总结。

表6-2 电话沟通中的一些不良习惯

问 题 情 境	不 良 表 现	你 的 表 现
接听电话时	电话铃响得令人不耐烦时才接听	
	对着话筒大声地说："喂，找谁啊？"	
	一边接听电话一边嚼口香糖	
	一边和旁人说笑一边接听电话	
	遇到需要记录某些重要信息时，总是在找笔和纸	
拨打电话时	抓起话筒却不知从何说起，语无伦次	
	使用"超级简略语"，如"我是艺术学院的×××！"	
	挂完电话才发现还有问题没说到	
	电话接通时粗声粗气地说："喂，找一下×××！"	
转达电话时	抓起话筒向着整个办公室喊："×××，你的电话！"	
	态度冷淡地说完"×××不在！"就挂断电话	
	让对方稍等，然后不再过问	
	答应替对方转达某事却未告诉对方你的姓名	

续表

问 题 情 境	不 良 表 现	你 的 表 现
遇到突发事件时	向对方说完"这事儿不归我管"就挂断电话	
	接到客户索赔电话时，态度冷淡或千方百计狡辩	
	接到打错了的电话很不高兴地说："打错了！"，然后就挂断电话	
	电话受噪声干扰时，大声地说："喂，喂，喂！"，然后挂断电话	

表 6-3　电话沟通中需要注意的要点

序号	需要注意的要点	要　点	具体改进措施
1	电话旁应备有记事本和铅笔	是否把记事本和铅笔放在随手可及的地方 是否养成随时记录的习惯	
2	先整理电话内容，后拨电话	时间是否恰当 情绪是否稳定 条理是否清楚 语言能否简练	
3	态度友好	是否微笑着讲话 是否真诚面对通话者 是否使用平实的语言	
4	注意自己的语速和语调	谁是信息的接收者 获得接收者的注意 发出清晰悦耳的"喂"音	
5	不要使用简略语、专用语	用语是否规范准确 对方是否熟悉公司的内部情况 是否对专业术语加以必要的解释	
6	养成复述习惯	是否及时对关键性字句加以确认，并善于分辨关键性字句	

拓展阅读

（1）人力资源和社会保障部职业技能鉴定中心. 与人交流能力训练手册[M]. 北京：人民出版社，2011.

（2）李子涓. 董卿——做一个会说话的女子[M]. 南昌：百花洲文艺出版社，2019.

（3）戴尔·卡内基. 沟通正能量：卡内基谈沟通的艺术[M]. 张雪莹，编译. 北京：中国青年出版社，2013.

（4）张薇. 沟通的素养[M]. 北京：经济管理出版社，2017.

（5）戴尔·卡内基. 商务口才训练[M]. 徐建萍，编译. 西安：陕西师范大学出版社，2011.

参考文献

[1] 宋贤钧，周立民. 大学生职业素养训练[M]. 4版. 北京：高等教育出版社，2018.

[2] 庄明科，谢伟. 职业素养入门与提升[M]. 北京：北京理工大学出版社，2009.

[3] 张松才，张连绪. 高职院校学生干部培训教程[M]. 广州：暨南大学出版社，2011.

[4] 李彩英. 再谈大学生演讲能力的培养[J]. 教育艺术，2011(1):33-34.

[5] 杨倩. 大学生表达与表现能力培养与测评研究[D]. 济南：山东大学，2013.

第 **7** 章
注重统筹兼顾　强化应变素养

【经典诗词】

长驱到处积人头，大旆连营压上游。

建业乌栖何足问，慨然归去王中州。

天生杰异固难驯，应变摧枯若有神。

夷甫自能疑倚啸，忍将虚诞误时人。

——唐代吕温《题石勒城二首》

我国的传统文化饱含着丰富的统筹兼顾思想，主张为人处世要恰如其分、兼顾大局、懂得变通。《论语》中提到："巧言乱德。小不忍，则乱大谋。"这句话强调的就是做事不能冲动，要善于谋划。"人无远虑，必有近忧。"这句话告诫我们做事要考虑长远。《周易·系辞下》中提到："穷则变，变则通，通则久。"这句话告诉我们做事要懂得变通。《韩非子·五蠹》中提到："世异则事异，事异则备变。"这句话体现了做事要因时因地因人而异，考虑各种变化。

7.1　统筹兼顾与应变素养概述

作为新时代的大学生，在生活和学习中不可避免地会遇上各种问题与矛盾，例如，如何处理学与干的关系、如何协调各门课程的学习、如何保持个性与融洽的人际关系、如何看待现实与理想的差距等。这些问题的解决与矛盾的协调，要求大学生学会用统筹兼顾的科学方法促进自己的全面发展。《荀子·非相》中提到："不先虑，不早谋，发之而当，成文而类，居错迁徙，应变不穷，是圣人之辩者也。"当今社会，每个人每天面对的信息量是过去的数倍，如何迅速分析这些信息，是人们把握时代脉搏、跟上时代潮流的关键，亟须大学生具备良好的应变能力。

7.1.1　大学生统筹兼顾的主要内容

统筹兼顾最早出自清代刘坤一的《书牍一二·复松峻帅》："同属公家之事，误望统筹兼顾，暂支目前。"统筹是指通盘筹划；兼的本义为一手执两禾，引申为同时进行几桩事情或占有几样东西；顾是指照顾。统筹兼顾就是要总揽全局、科学筹划、协调发展、兼顾各方。大学生是未来职业的生力军，从长远发展来看，学好专业知识和提高学习能力是主要任务，这个角色定位及发展方向决定了大学生要注重统筹兼顾，要特别注意调解学与干的矛盾、妥善处理学习与恋爱的关系，以及树立科学的义利观，在不断地统筹各种关系、协调各种矛盾中强化应变能力，从而促进职业素养及学习生活的协调发展。

（1）调解学与干的矛盾。大学的课业比较灵活自由，大多数的大学生都有较多的课外时间。选择做一份兼职或者参加学生组织、社团活动来充实自己都是不错的选择。但大学生的主要任务是学习，所以无论有多少任务，都必须将学习排在第一位。兼职确实可以缓解大学生的一部分经济压力，甚至有些同学确实需要在外做一份兼职。但是关键时期还是要平衡好工作与学习。在不耽误学习的前提条件下，再分出部分精力去做别的事情，例如尽量做一些有助于未来发展的兼职。另外，要弄明白兼职的目的不仅仅是赚钱，还要增添自己的社会阅历。任何计划都要从长远的角度去考虑，不要厚此薄彼，不能为了眼前的利益放弃宝贵的学业。参加学生组织和社团活动也同样如此，虽然可以锻炼组织策划能力与交际能力，但如果因为参加学生组织和社团活动而荒废学习就得不偿失了。业精于勤荒于嬉，学习上的获得与付出的时间成正比，大学生必须抓住学习这一根本，在学有余力的基础上通过学生组织、社团活动和社会实践来拓展综合素质，但不能舍本逐末。大学学得好，是职业干得好的基础。

（2）妥善处理学习与恋爱的关系。大学阶段是人生最美好的时光之一。爱情这朵艳丽的花朵，需要精心照料才会绽放得更加绚烂多彩。对大学生来说，如果在大学阶段与爱情相逢，那就要用心呵护，倍加珍惜。学习是大学生的主要任务，大学生应把爱情作为奋发学习的动力，把是否有利于促进学习作为衡量爱情价值的一个重要而特殊的标准。同时，恋爱双方不应把自己禁锢在两人世界中。脱离集体，疏远同学，会妨碍自身的全面发展与进步。此外，爱的内涵非常丰富博大，不仅有对恋人的爱，还有对父母的爱、对兄弟姐妹的爱、对社会和国家的爱。只专注于对恋人的爱而忽视其他方面的爱，会使爱情显得自私和庸俗；相反，对他人和社会的爱会使爱情变得高尚和稳固。因此，大学生不仅应充分认识到爱情是人生重要的组成部分之一，不必刻意回避，还要学会处理好学习与恋爱的关系；明确爱情有道德责任和法律法规的约束，爱情的真谛是理解、信任、责任、奉献。你是什么样的人，就会找到一个什么样的人。大学生应当将主要精力放在学业上，涵养较高的品质、塑造良好的形象，静待花开，是大学生应然作为。

（3）树立科学的义利观。大学阶段是大学生世界观、人生观、价值观形成和巩固的关键时期，形成正确三观的基础和核心是科学义利观的培养与形成。利益和道德的关系是构成义利观的基本内容。一方面，利益决定道德，道德为利益服务，有什么样的利益，就需要有什么样的道德与之相适应；另一方面，利益的实现也需要道德的规范和约束，不受道德规范和约束的利益，是非正义的、危险的、不能持久的利益，利益必须取之有道。大学生不仅要注重利益的获取手段和途径，更应当注重利益的正当性、合法性、合理性。因此，大学生要正确处理利益和道德的关系，坚持义利并重。同时，注重个人利益和集体利益的辩证统一，个人利益和集体利益的关系问题是义利观的核心内容。个人利益和集体利益是相互依存的，必须辩证地处理好个人利益与集体利益的关系，既尊重个人利益的实现，又主张在个人利益的实现过程中把集体利益放在首位，把个人利益和集体利益结合起来。个人利益的实现不能损害集体利益，也不能损害他人利益。大学生要懂得先有付出后有收获、吃亏是福的道理，不能计较一时的得失，要懂得换位思考，树立大局意识。

7.1.2 大学生学会统筹兼顾的途径

每个人都不能只顾低头拉车，而不抬头看路，最终忘了自己的主要目标。这一原则对于大学生在设立有效目标时同样具有借鉴意义。大学生学会统筹兼顾的途径如下：

（1）培养统筹兼顾的思维方式。培养统筹兼顾的思维方式就是要培养战略思维、辩证思维、系统思维。战略思维就是关于实践活动的全局性的、长远的、根本性的重大问题的分析、综合、判断、预见和决策的思维过程，其实质就是在处理实践活动中统筹全局，兼顾各方面、各阶段和各个环节之间的关系，以达到最佳的实践效果。大学生活的丰富性和过程性决定大学生应具有把握大学生活乃至人生的战略思维能力，只有正确处理目标、重点、步骤、保障和转变等问题，才能有正确的学习生活规划和行动。辩证思维是以变化发展、普遍联系的视角认识事物的思维，在对立统一中把握事物的本质。只有坚持辩证思维，才能对感性材料进行思维加工，通过归纳和演绎、分析和综合、抽象和具体、历史和逻辑相统一的方法达到理性认识的飞跃。系统思维是以系统论为基本的思维形态，把待认识和处理的事物作为一个系统来对待，在系统和环境、系统和要素、要素和要素的相互联系与作用中考察待认识和处理的事物的思维。大学生培养系统思维能力，是培养统筹兼顾能力的基础。

（2）把握统筹兼顾的运思过程。统筹兼顾的运思是指运用统筹兼顾的方法来总揽全局统筹规划、立足当前着眼长远、全面推进重点突破、兼顾各方综合平衡。全局是事物诸要素相互联系、相互作用的发展过程。从空间上来，全局具有广延性，是关于整体的问题；从时间上来说，全局具有延续性，是关于未来的问题。统筹兼顾，就是要以辩证思维来分析全局，顺势而为、因势利导；以系统思维来谋划全局，瞻前顾后、统筹安排。大学生要坚持以学习为中心，坚持勤学、修德、明辨、笃实，为提高统筹兼顾能力打下坚实的基础。具体应做到：一要勤于学习，只有通过丰富的知识积累才能形成统筹兼顾能力，拥有渊博的知识和开阔的视野，才能以战略的高度来分析和解决问题，才能立足现实、审时度势、总揽全局，使统筹兼顾的方法在实践中得到更好的体现；二要转变学习方法，提高学习效率，大学生要形成放射状的思路方式，要富于创造性、灵活性，从不同的角度去寻找问题的形成原因和解决方法；三要坚持以宽广的胸怀把握全局，要学会审时度势，与时俱进地以辩证的思维分析碰到的问题，从而切实提高统筹协调的能力。

（3）突出统筹兼顾的重点。认识到位是基础，大学生要认识到德育、智育、体育、美育是一个有机的整体，树立整体意识、全局观念，自觉用统筹兼顾的方法把德、智、体、美全面发展的要求贯穿于学习和实践的每个环节，重点统筹协调好文化知识学习与思想品德修养，知识、能力与素质，理论学习与社会实践，全面发展与个性发展等方面的相互关系，使之互相结合、互相促进。

首先，要统筹文化知识学习与思想品德修养的关系。一方面，大学生要打牢思想道德基础，树立崇高的理想和远大的志向，学习才会有动力，前进才会有方向，成才才会有保障，并最终成为对社会有用的人。另一方面，也要掌握业务知识和本领，如果文化知识素质差，缺乏服务社会的本领，就难以适应社会发展的需求。

其次，要统筹知识、能力与素质的关系。学习知识是基础，培养品质和能力是关键，提高素质是根本。大学生要培养勇于探索的创新精神，运用知识创新的实际能力，从而深刻掌握知识，将知识内化为能力与素质，促进自己的全面发展。

再次，要统筹理论学习与社会实践的关系。社会实践是将理论知识转化为实际能力的桥梁，是大学生成才的阶梯。大学生既要重视书本知识的学习，也要积极参与社会实践，自觉地把"读万卷书"与"行万里路"结合起来，在实践中丰富阅历、汲取营养，继续求得真知、增长才干；在改造客观世界中自觉改造主观世界，在基层一线磨炼意志、砥砺品质，在同人民群众的密切联系中锤炼作风，做到求真务实、知行统一，提高善于解决问题的实践创新能力。

最后，要统筹全面发展与个性发展的关系。全面发展是指个人的全面发展，全面发展的过程既是社会化的过程，同时也是个性形成的过程。大学生既要注重全面素质的提高，使自己在品德素质、智力素质、身体素质、心理素质、审美素质等诸方面都得到自由发展，实现思想成长、学业进步、身心健康的有机结合；又要在此基础上注重个性的发展，培养自己的兴趣、爱好、特长、自主性和创造性，做到全面发展和个性发展的有机结合。

7.1.3 大学生应变素养的内涵

《孙子兵法·虚实篇》中的"夫兵形象水，水之形，避高而趋下；兵之形，避实而击虚。水因地而制流，兵因敌而制胜。"强调的就是根据变化而取胜。2019 年 9 月 12 日，剑桥大学校长斯蒂芬·托普与上海中学生面对面进行交流，提出在人工智能不断发展的今天，越来越多的职业将被人工智能取代，因此他最看重应变能力。应变能力是指相关人员采取行动迎接即将面临的挑战，或提前思考以适应未来机遇和挑战的能力。应变能力的分级行为表现如表 7-1 所示。强化应变能力，对大学生的在校生活、未来的职场工作，乃至人生都具有重要的意义。

表 7-1 应变能力的分级行为表现

分　级	行　为　表　现	备　注
1 级	能够意识到环境的变化，并对变化有所准备；面对变化较为冷静，没有明显的不适应。 能够找到变化的原因，并能根据经验改善自己的工作流程和工作方法。 清楚自身应对变化所需的资源，并能借助这些资源应对变化，克服困难，并达成目标	
2 级	充分了解环境的变化特点，清楚该变化会对个人、团队或企业造成的影响。 能够根据变化适时对自己及整个团队的工作流程、方法及资源分配做出有效调整。 能够指导团队和下属正确认识调整过程中出现的问题，并能够有效地控制问题的负面影响，确保在尽可能降低成本的前提下达成目标	
3 级	能够正确预见变化发生的可能性，并能够在变化发生时快速地认识到客观环境的变化给团队或企业带来的机会，并对如何把握该机会提出自己的建议。 能够充分把握变化背后的根本原因，并能够提前采取行动以降低不利因素出现的可能性，从而有效降低变化带来的负面影响。 能够指导团队或下属制订有效的调整计划，并能够采取必要的行动合理调配资源来支持调整计划的实施	

7.1.4　大学生培育应变素养的方法

知道变，才能应万变。应变能力表现为：能在变化中产生应对的创意和策略；能审时度势，随机应变；能在变化中辨明方向，持之以恒。对于职场人士而言，能力越强，可以展示自己的机会就越多，得到的成绩也越多。大学生要想让自己的能力变强，就需要不断培养各方面的能力，其中也包括培养自己的应变能力。培养应变能力的主要方法如下。

（1）在潜意识中强化应变能力。首先，大学生要发自内心地培养应变能力。人的潜意识是很重要的，潜意识会支配很多行为。当一个人想要培养应变能力时，一定要发自内心地去改变，让潜意识支配自己去改变。其次，大学生要加强自身的修养。应变能力高的人往往能够沉着应对复杂的环境，而不是紧张和莽撞从事。在工作、学习和日常生活中，遇事要沉着冷静，学会自我检查；要学会自我监督、自我鼓励，这有助于培养良好的应变能力。最后，大学生要注意改变不良的习惯和惰性。如果一个人遇事总是迟疑不决、优柔寡断，则要主动锻炼自己分析问题的能力，迅速做出决断；如果一个人总是因循守旧、半途而废，则要从小事做起，努力控制自己，不达目标不罢休。只要下决心锻炼，人的应变能力就会不断得到增强。

（2）在社交中培养应变能力。无论家庭、学校还是其他团体，都是社会的一个缩影，只有学会应对各种各样的人，才能推而广之，应对各种复杂环境；只有提高自己在较小范围内的应变能力，才能推而广之，应对更为复杂的社会问题。在社交的过程中，每个人都会不自觉地受到他人的影响。如果经常与那些应变能力强的人在一起学习和工作，就会不断提升自己的交际与应变能力。此外，多看看名人传记，多学习优秀人士处理生活和工作中突发状况的方法，借鉴别人的经验和教训，也可以不断提高自己的应变能力。

（3）在读书中培养应变能力。大学阶段是最好的读书时光，大学生要多花时间和精力读书，增长自己的见识。没有见识，是无法提高应变能力的。当遇到问题时，所有的应变能力都是脑海里知识对于外界的反应。大学生在平时要多读书、多学习，让自己获取更多的知识和技能，从而在未来的职场中更好地运用应变能力。

（4）在实践中训练应变能力。在实践活动中必然会遇到各种各样的问题和困难，努力解决问题和克服困难的过程，就是增强应变能力的过程。锻炼快速思考的能力，比较流行的方法就是头脑风暴。无论课堂上的头脑风暴，还是团体中的头脑风暴，大学生都应当积极参与。在辩论赛中，人的应变能力是最重要的，对方给出什么难题，能马上想到解决方法，因此要多参加辩论赛，看看别人都是从哪些方面解决问题的。通过一些小游戏也可以培养自己的应变能力，不管手机上的益智游戏，还是日常生活中团队的项目游戏和个人游戏，都能间接培养一个人的应变能力。此外，还可以参加一些专业的培训，从而获得更多的专业指导，应变能力会提高很多。

（5）在日常生活中运用应变能力。在日常的生活和学习中，要多动脑、多分析和多思考。一个人动脑多了，应变就会快一些，就更能更理性地处理问题。分析和思考也一样，时间久了，自己的应变能力就会变强。同时，要多做事，不管学习上的事，还是学生组织中的事，经历多了，人就会变得更机警，积累的经验多了，对于提高应变能力也是有利无害的。此外，要有意识地训练自己针对一个问题尝试寻找多种解决问题的方法，设想几种结果，学会转化思路，不断锻炼自己的应变能力，并在实践中提高自己的应变能力，验证自己的设想是否正确。

古语云：不谋万世者，不足谋一时；不谋全局者，不足谋一域。作为科学发展观的根本方法，统筹兼顾也是促进大学生全面发展的根本方法。面对复杂多变的就业形势与职场环境，大学生必须学会统筹兼顾的方法，把握统筹兼顾的思维高度，冷静面对自我角色和所处环境的博弈，强化应变能力，实现从象牙塔到职场的顺利过渡和转换。

7.2　统筹兼顾和应变素养案例

《道德经》的第 73 章写到："天之道，不争而善胜，不言而善应，不召而自来，繟然而善谋。天网恢恢，疏而不失。"告诉我们自然界的规律是：不用争斗却能取胜，不善言辞却能应酬，不挖空心思、处心积虑却有谋略，不用强迫命令却会自动归顺，全在善于运用灵活应变的谋略。在本节给出的案例中，统筹兼顾和应变素养在优秀大学生、职场精英人士身上体现得特别突出，值得大学生借鉴与学习。

7.2.1　案例1：中国大学生自强之星申报人——逯超

逯超，男，汉族，中共党员，曾担任山东理工大学学生会副主席、校自律会副主席、《家园报》主编、学生会自律委员会主席、团支部书记、人民网特邀学生记者；性格开朗活泼，善于交际和组织大型活动，热爱创新创业，热衷社会实践；曾获得国家奖学金多次、国家专利一项、2013年大学生社会实践全国先进个人、第七届"邮储银行杯"全国大学生网络商务创新应用大赛华东区一等奖等荣誉和奖项。

在大学期间，逯超是多角色的扮演者，如《体育风》编辑、团支书、校学生会副主席、校自律会副主席……一路走来，他用荣誉诠释着这一过程的精彩，多项科技创新的入围、多次社会实践的证书、多类奖学金的获得等。逯超给大学生活下了一个丰富多彩的定义，用一份踏踏实实的态度不断地向前奔跑。

逯超有一种充实的生活节奏，在每一项科技创新和每一次社会实践中都会让自己全身心地投入。对逯超来说，最终完成一件作品，所收获的喜悦其实远远超过了获奖时的喜悦。参与科技创新，使得逯超在拓宽自己知识面的同时，也让每个人在团队中都能有所付出继而有所收获。逯超带领团队成员一次次开会讨论，一次次修改计划书，从不抱怨。而在社会实践中，一次次发现问题，再去解决问题。

2013年，共青团湖北省委学校部副部长徐本禹在社会实践后给逯超的评价是："山东理工大学的小伙子，好样的，继续加油！"看似一句简单的评价，让逯超更加坚定了自己参加社会实践的决心，也更加明确了自己参加社会实践的目的，让自己在成长的同时也帮助了更多的人。作为学生干部的逯超，在学习上对自己有着更高的要求。每一次社会实践活动，他都会保证在不影响学习的前提下进行，因为"学习是第一要务"始终是他不变的信条。而每每在年终捧回的奖学金就是给予他的最大肯定。"不要把工作当成影响学习的借口"，他始终践行着这个承诺。

（1）自立、自强他先行，穷人的孩子早当家。

逯超出生在沂源县大张庄镇的一个小山村里，父亲长年在外打工，他从小和母亲一起长大，也正因为如此，他身上带有沂蒙山人的吃苦耐劳品质。6岁的逯超就跟着母亲下地劳作，当别的孩子还哭闹着不去上学的时候，7岁的他就开始徒步几千米去上学。曾经放学路上的一次车祸让他母亲很自责，但是他坚持自己上学。学习刻苦的他一直都是第一名，但只有小学二年级文化程度的母亲却从来都不知道，所以在他的学习上没有得到父母的表扬和奖励，有的只是自己的默默努力。初中时期的生活费只有每月10元钱的他，都是回家后把钱原封不动地还给母亲。逯超为人和善，做事认真负责，是同学心中不折不扣的"老班长"，深沉、睿智是他给"90后"增加的特点。

（2）大学不懈怠，驰骋趁年华。

逯超把四年的大学生活当成锻炼的舞台，并在锻炼的过程中广交益友、竭诚协作，一起参与社会实践、科技创新、公益活动、学生工作创新，以及高校媒体联盟、高校正能量联盟等。

谈到梦想，子美之言"会当凌绝顶，一览众山小"道尽了有志之士的心声。而对于逯超而言，周总理的"为中华之崛起而读书"更是时刻萦绕在他的心头。大学让逯超懂得了踏实做事、老实做人的道理。大学是逯超的人生新起点，同时也给了他实现梦想的舞台，社会实践充实着逯超的大学生活。以前的逯超可能无法理解，也不太重视为什么要参加社会实践，可是经过寒暑假的社会实践活动之后，不仅让他重新认识了自己，也更加坚定了在未来道路上的信心。在逯超的努力下，通过大学生公益晚会向社会各界筹集了 16 万元的助学金，圆了沂蒙山区贫困孩子的大学梦。科技创新让逯超享受到了知识的快乐，感受到了一个由一群不同专业不同年级同学组成的团队在一起讨论，最终完成一份作品的喜悦，那种参与的喜悦远远超过了获奖时的喜悦。对逯超来讲，能完成一份创业计划书，能完全模拟一个公司的运作，这就是成功。他相信，只要坚持自己的信念，坚持自己的梦想，不轻言放弃，就没有做不到的事。

逯超在学习中丰富自己，他是个热爱钻研的人，遇到一个问题，如果本专业的知识解决不了，他就阅读其他专业的书籍来寻找答案。逯超的学习成绩一直名列前茅，他对自己说："学习不好的学生不是好学生，不管别的方面做得多好。""驽马十驾，功在不舍；一分耕耘，一分收获"，是逯超在大学里学到的最为深刻的东西。收获并不是有多少荣誉与奖励，不断成长与进步才是向梦想迈进的重要因素。大学里，逯超一直在不断思索、努力、创新，其中的艰辛如人饮水冷暖自知，但他依然坚信，只有努力才有收获。踏踏实实做事、老老实实做人，趁年华正好，以梦为马驰骋人生。

（3）感恩、奉献。

逯超离开大山赴大学求学的目的很明确，就是在自己长本事以后，为家乡父老做点有用的事情。逯超告诉我们，每当他遭受挫折时都会想一想家乡、想一想父母，这时候他又全身充满了能量。他带领山东理工大学的大学生艺术团已经为家乡奉献了六场晚会，后来不断创新，将晚会与公益活动相结合，为贫困大学生筹集助学金，得到了家乡父老的称赞。

（4）公平正义，敢于直言。

逯超是个敢于说真话的人，也是一个疾恶如仇的人。在他眼里，"人生自古谁无死，留取丹心照汗青"的文天祥、"我自横刀向天笑，去留肝胆两昆仑"的谭嗣同都是大英雄，他敢于和社会上不公平的现象做斗争。

（5）顶天立地，诚挚待人。

"仰不愧于天，俯不怍于地"是逯超的人生准则，这也造就了他纪律性强、性格刚毅的特点。他的性格也让他结识了很多好朋友，有校内的也有其他高校的，扬州大学还将他的事迹放到了校报上，作为学习的榜样。逯超心胸宽广，对于向他使坏的人，他都是以"君子坦荡荡，小人长戚戚"一笑处之。

逯超的自强不息事迹引起社会的反响，他通过自身的不懈努力，用自己的人生经历去感染、激励更多的人，发扬新时代大学生自强不息的精神。

（案例来源：山东理工大学理工青年全媒体中心，https://lgqn.sdut.edu.cn/）

【案例点评】驰骋趁年华的逯超，自强不息，厚德载物，尤其是那句"不要把工作当成影响学习的借口"，作为学生干部的他，在学习上对自己有着更高的要求。现在，逯超依然在工作和学习的统筹兼顾中不断奔跑前进。"驽马十驾，功在不舍；一分耕耘，一分收获"，而这一路的耕耘，也终将作为逯超实现梦想的基石。希望逯超的事迹能给大学生启发，学会处理各种矛盾和协调各种关系，在运筹帷幄中提升应变能力。

7.2.2 案例2：电影《中国机长》故事原型——刘传健

2019 年国庆假期，电影《中国机长》掀起观影热潮。这部以"中国民航英雄机组"的真实故事为原型的电影，再次将观众的思绪拉回到一年多前，3U8633 航班在万米高空的生死时刻。

在电影《中国机长》热播的同时，一段当时的真实录音也在网上热传。

"四川 8633，收到请回答！"

"四川 8633，成都叫你！"

"四川 8633，四川 8633！"

……

有网友评价：这是我们听过的最令人揪心的安静，平静之下全是紧张和揪心！

近万米高空，风挡玻璃突然爆裂。2018 年 5 月 14 日 6 时 27 分，从重庆飞往拉萨的 3U8633 航班在重庆江北机场正常起飞，载有包括机长刘传健在内的 9 名机组人员和 119 名旅客。7 时 06 分左右，飞机抵达青藏高原东南边缘，飞行高度 9800 m。此时，驾驶舱的风挡玻璃突然爆裂。

生死时刻果断返航，嘈杂声中航班失联。民航客机的风挡玻璃通常有外层、中层和内层，而且其韧性和抗压能力是普通玻璃的两三千倍。理论上，即使内层玻璃破裂，中层和外层玻璃仍能抵挡机舱内外两倍的压差。但出于职业敏感，刘传健还是迅速做出决定：立即返航最近的成都双流机场。7 时 08 分，刘传健向管制台报告情况，地面的管制台记录下了当时的对话。

"成都成都，四川 8633。"

"请讲。"

"我现在有点故障，我申请下高度。"

"我要返航，现在风挡玻璃裂了。"

"风挡玻璃裂了，对吧。"

"对的。"

"四川 8633 是返航重庆吗？"

"返航成都。"

"四川 8633 先下 8400 保持。"

管制员刚发出下高度的命令，随着一阵嘈杂的巨响，3U8633 航班失联了。

风挡玻璃三度爆裂，副驾驶半身被吸出机舱。而就在刘传健调转机头，抓起话筒向地面管制台发出"风挡玻璃裂了，我们决定返航成都"的信息时，整个驾驶舱右前座风挡玻璃突然爆裂，机舱内外巨大的压力差，瞬间把副驾驶上半身吸出了舱外。

刘传健事后说："我根本没有想到会爆裂，一共爆了三次。我想伸手抓他，但飞机的速度非常快，我一是过不去，二是确实够不着。我当时都不敢想，只是想着把飞机状态控制好，不要让飞机掉下去。"

满屏都是故障显示，舱外零下 40 多度。驾驶舱失压后，狂风吹翻了飞行组件控制面板。控制面板被破坏，就相当于飞机从智能汽车变成了手扶拖拉机，自动驾驶已没有可能，必须依靠手动来操纵。

刘传健事后说："强风吹着，脸上有撕裂感。我当时感觉我整个人都变形了，整个机身也在抖动，仪表看不太清楚，在晃动。风挡玻璃爆裂了后很多设备都不工作了，两个屏幕全是故障。"近万米的高空，驾驶舱破了一个大洞，将迅速导致两个致命后果，一是低温，二是驾驶舱内缺氧。理论上，9800 m 的高度，舱外的温度为零下 40 多度。

刘传健事后说："前期我太紧张了，肌肉是非常紧张的，我真的没有感觉到冷。有氧气面罩，但是我戴不上，因为风太大了。当时一心想把飞机操纵好，没想到缺氧的问题。"

刘传健驾驶的飞机下面，是冰山耸立的青藏高原。一旦遵循常规操纵下降，势必撞上冰山，后果不堪设想。在刘传健的操纵下，飞机继续飞行。幸运的是，风挡玻璃爆裂二三十秒后，被吸出驾驶舱的副驾驶徐瑞辰回到了驾驶舱。意外发生后，正在客舱休息的第二机长梁鹏立刻进入驾驶舱，并提醒副驾驶发出代码"7700"。代码"7700"表示遇到紧急状况，这个代码可以使飞机在空管的雷达系统中以红色标识区分，提醒空管人员和其他航班注意避让。

梁鹏事后说："我直接看到驾驶舱门爆开了，很大的风声。进到驾驶舱后，看见飞机在转弯，下边全是山。我坐下系好安全带，把氧气面罩给机长戴上。我拿出电子飞行包，翻出拉萨的失压程序。我负责导航通信，他负责操纵飞机。"

乘务员专业镇定，全力维持客舱秩序。在千钧一发之际，客舱内陷入一片混乱。乘务长毕楠在慌乱中意识到必须保证旅客的安全。在呼吸困难的情况下，她通过广播器一遍又一遍地安抚旅客的情绪。客舱内，正在分发早餐的乘务员因为失重，和手推车一起飞到半空中又跌下来。但为了不让餐车失控伤害到旅客，乘务员在身体受伤后，依然本能地去把餐车刹车按住。面对紧张到抽筋的旅客，乘务员不停地帮他们按摩放松。

7时10分，西南空管局收到了3U8633航班发出的代码"7700"，全体值班管制员立即进入紧急工作状态。他们指挥空中6架飞机紧急避让，成都双流机场跑道外的8架飞机在管制台的指挥下全部停止起飞，一切只为3U8633航班的紧急迫降提供最优的空域环境。7时11分，飞机开始平稳下降。7时20分，飞机逐渐被控制，刘传健终于把飞机带出了青藏高原山区。此后，飞机继续平稳下降。事故发生34分钟后，3U8633航班降落在成都双流机场。

第二机长梁鹏回忆说："见到跑道之后，自己心里不再恐惧。"在他们看来，只要能看见跑道，就能把飞机平安降落。飞机降落后，机长刘传健侧过身握着他的手说："我们都还活着。"

这是专业性的体现，更是中国民航的奇迹。电影《中国机长》中的一句台词令人印象深刻——从飞行员到乘务员，我们每个人都经历了日复一日的训练，就是为了能保证大家的安全，这也是我们这些人为什么在这架飞机上的意义。这不是属于一个人的胜利，这是整个机组人员工作专业性的体现，也是中国民航的奇迹。

中国民用航空局和四川省决定，授予3U8633航班"中国民航英雄机组"的称号，授予机长刘传健"中国民航英雄机长"的称号，副驾驶和第二机长等均获表彰。

事故发生七个月后，经过了一系列心理和身体的康复治疗，机长刘传健和整个机组重回蓝天。用他的话说："我们是在和人的生命打交道，一定要敬畏生命，敬畏职责！"

（案例来源：央广网，2019-10-21）

【案例点评】电影《中国机长》故事原型刘传健在生死关头，临危不乱、正确处置，确保了飞机上旅客的生命安全。这不仅仅是责任之中统筹兼顾的表现，更是在专业技能基础上的灵活应变。正如"感动中国"授予刘传健的颁奖词："仪表失灵你越发清醒，旅客的心悬得越高，你肩上的责任就越重。在万米高空的险情中如此从容，别问这是怎么做到的，每一个传奇背后都隐藏着坚守和执着。"在颁奖典礼现场，当主持人再次谈及那次飞行任务时，刘传健并没有过多地描述当时的壮举，而是向观众讲述当时同行机组人员的故事，"他们在关键时刻让旅客放心，一个乘务员在帮助旅客系安全带后，发现自己没有安全带可以系，就叫旅客从后面抱住她，飞机落地后，她发现后背是冰凉冰凉的，才发现是旅客流的眼泪把她的衣服打湿了。"面对鲜花和掌声，刘传健说："大家的掌声是对我的鼓励，希望大家以后每次坐飞机，都是安全的。"

7.2.3 案例3：既能拿国奖又能当学生会主席的同学，究竟强在哪儿

先来问3个问题。

学生组织会不会占用你的时间？会。

会不会影响你的成绩？不一定。

那些以学生组织占用学习时间为由退出学生组织的同学最终都在学习上傲视群雄了吗？反正我知道的不多。

那么问题来了？个人学习与学生组织工作能统筹兼顾吗？那些既能拿国奖（国家奖学金）又能当学生会主席的同学究竟是怎么做到的？他们身上有哪些值得我们学习的地方？

（1）强大的目标管控能力。学生小苏，某大学某学院学生会主席，国家奖学金获得者，每次成绩几乎都是年级前三，发表过多篇高水平论文，还在一个知名企业实习，被保送到某 985 高校读研。为什么小苏既能搞好学习，又能在多个方面崭露头角呢？

其中一个很重要的原因是小苏有强大的目标管控能力，知道学生组织要什么，知道自己要什么，知道自己如何去达到这些目标。通过自己的努力，不断往那些目标前进，即使道路是曲折前进，也不放弃自己的目标。

明确地知道自己想要什么，是我们很多人所欠缺的能力。有目标的，想想怎么实现；没有目标的，想想怎样给自己树立一个科学的目标。

（2）强大的时间管理能力。学生小花，某高校学生会主席。她的辅导员曾经在 QQ 空间写过她的故事：学生会那么忙，她的成绩还是全年级第一，这不合理呀！学习与社团工作，应当是鱼翅与熊掌，不可兼得的啊。

除了忙学生会的各项工作，小花每天都几乎是在教室里待的时间最长的学生。没有课的时候，忙完学生会的工作，就在教室自习。即使到了大四，她要么奔跑（注意是奔跑）在宿舍到图书馆的路上，抱着一堆日语考级材料，要么和日本外教在一起，在协助外教工作的同时，也很好地锻炼了自己的口语。

优秀的学生总感觉时间过得太快，时间对他们来说始终都不够用。没事的同学觉得晚上在宿舍熬到睡觉的时间也是一件痛苦的事情。有个学生组织的负责人，每天都打卡背单词（注意是每天），利用碎片时间来学习。

（3）强大的个人心理素质。学生小雪，某大型社团主席。在某次活动前，遇到点问题，某个重要设备突然出故障了，其他学生干部都慌了，怎么办呢？离活动开始只有 20 分钟了。虽然小雪的内心也很焦急，但仍然安慰大家，做好其他环节的工作，积极协调外部资源，并临时把其他环节提前到开场，作为缓冲时间，终于在活动开始前解决了设备故障。只有具有强大的个人心理素质，才能在碰到紧急情况时，统筹兼顾地处理问题。

（4）太多你看不到的努力。学生小 D，某学生组织主席。平时大家看到的小 D，都是非常积极阳光的，但周末很少看到他。小 D 的家庭比较贫困，除了平时的学习与工作，还利用周末时间做一些兼职。在做兼职回来的时候，通常会在公交车上看会儿书，有时会因为太困而睡着了，往往被拉到终点站，最后还是被公交司机喊醒。小 D 靠自己拿奖学金和做兼职的收入，维持了自己的大学生活。

7.3 注重统筹兼顾训练

【训练目的】运筹帷幄，决胜千里。

【训练内容】通过训练，学会统筹兼顾，朝着自己的目标前进。

7.3.1 项目 1：统筹安排你的闲暇时间

华罗庚在《统筹方法平话及补充》中提到，统筹方法是一种为生产建设服务的数学方法，其应用范围极为广泛。在国防、工业的生产管理，以及关系复杂的科研项目的组织与管理中，皆可应用统筹方法。

怎样应用统筹方法呢？主要是把流程安排好。例如，泡茶的主要工作包括洗水壶、烧水、洗茶壶、洗茶杯、拿茶叶。不同的流程安排对应着不同的方法，如以下三种方法。

方法甲：洗水壶后烧水；在烧水的同时，洗茶壶、洗茶杯、拿茶叶；等水烧开后就可以泡茶了。

方法乙：先做好一些准备工作，如洗水壶、洗茶壶、洗茶杯、拿茶叶；一切就绪后再烧水；最后泡茶。

方法丙：洗水壶后烧水；等水烧开后再拿茶叶、洗茶壶、洗茶杯；最后泡茶。

显然，方法甲是最好的。泡茶是个很简单的例子，但可以引出统筹方法。水壶不洗，就不能烧水，洗水壶是烧水的前提；没有开水、没茶叶、不洗茶壶、不洗茶杯，就不能泡茶，这些又是泡茶的前提。因此可以得到泡茶的流程（方法甲），如图 7-1 所示。

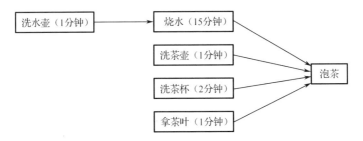

图 7-1 泡茶流程图（方法甲）

从图 7-1 可以看出，方法甲需要 16 分钟。如果采用方法乙和方法丙，则需要 20 分钟。如果要缩短时间、提高效率，应当关注烧水环节，而不是拿茶叶、洗茶壶和洗茶杯等环节。

例如，周末要和同宿舍的同学一起包饺子，请采用统筹方法来安排流程。包饺子的主要工作及所需时间为：做饺子馅需要 40 分钟，买饺子皮需要 15 分钟，包饺子需要 30 分钟，洗锅需要 2 分钟，烧水需要 15 分钟，煮饺子需要 10 分钟。请参考图 7-2 所示的包饺子流程，画出自己的流程图。

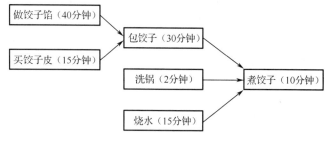

图 7-2 包饺子流程

【训练总结】运用统筹方法，可以提高工作效率，在相同的时间里处理更多的事。在工作中应当如何运用统筹方法呢？首先，要明确目标，也就是要清楚自己当日、当月、当季、当年的任务；其次，要对实现目标过程中的各个组成部分之间的关系进行深入分析，要分清轻重缓急，找准主次；再次，要厘清工作思路，科学安排、优化组合，把工序排好、排精；最后，要制订一个切实可行的工作计划。

7.3.2 项目2：绘制一个活动的统筹策划思维导图

请根据本节提供的统筹策划思维导图模板，为即将策划或参与的一个活动绘制统筹策划思维导图，实现活动的统筹兼顾，保证实现活动目标。

活动策划之现场筹备思维导图如图 7-3 所示。

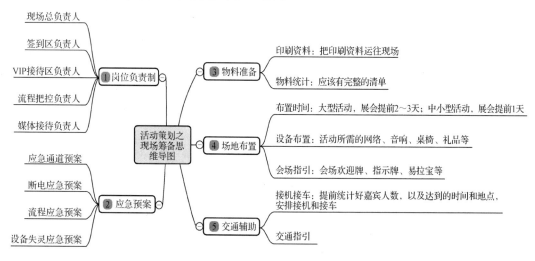

图 7-3 活动策划之现场筹备思维导图

活动策划之招商宣传思维导图如图 7-4 所示。

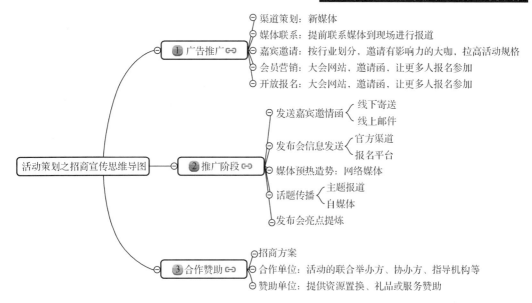

图7-4　活动策划之招商宣传思维导图

活动策划之商务活动思维导图如图7-5所示。

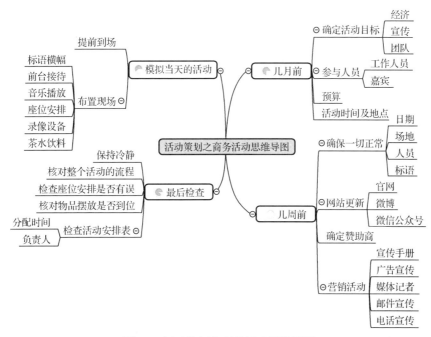

图7-5　活动策划之商务活动思维导图

7.3.3 项目3：统筹安排实例训练

按照统筹类问题的处理原则，训练统筹兼顾的能力，并参照参考示例，修改处理方式。

【处理原则】分清事情的轻重缓急；对事情的处理要符合流程；合理安排和调节时间。

【训练题目】早上8点，你正在为第二天的会议起草一份发言稿，写这份发言稿大约需要6小时。突然接到一个电话，一个朋友重病住院，需要5000元的住院押金，你有能力帮他筹到这笔钱，但做这件事约需要2小时，这笔钱需要在下午3点前送到。刚放下电话，领导又交给你一个任务，有一个外地客户需要你去火车站接一下，客户在上午11点到达，去车站来回约需要1小时。你打算如何处理这几件事？

【训练技巧】上述训练题目考察的是统筹组织能力和具体办事能力。要根据事情的轻重缓急，确定哪些事情是紧急的，哪些事情可以缓办。如果某些事情不立即处理就会造成不良影响，则将这些事情放在第一位，并按照影响的大小排列事情。

【参考示例】在工作和生活中，难免会遇到需要自己办理的几件事在时间上发生冲突的情况。当遇到这种情况时，应沉着应对，不急躁、不慌乱，分清事情的轻重缓急，以及事情对自己的依赖程度，统筹兼顾，分别把几件事处理好。例如，正在起草发言稿时，朋友重病住院需要帮助，虽然自己没时间去亲自办理，而且这件事也很急，可以立即打电话给自己的家人，请他们帮忙办理此事，不能因工作忙而不伸出援助之手，并向朋友说明不能亲自来的原因。领导叫自己去火车站接人时，只需要1小时，这关系到单位之间的礼节问题，需要亲自去接客户。如果上班时间内没完成发言稿，就利用休息时间写好。完成发言稿后，再抽时间到医院看望朋友。

7.4 强化应变能力训练

【训练目的】强化应变训练，提高应变能力。

【训练内容】选取常见的公务员招考面试题目、日常生活和工作中可能遇到的事件，使大学生学会处理职场及现实中出现的类似事件，提高应变能力。

7.4.1 项目1：两难类问题应变训练

按照两难类问题的处理原则，训练两难类问题的应变能力，并参照参考示例，修改处理方式。

【处理原则】以大局为重，舍小我保大我；在坚持原则的同时，顾全亲情友情；坚持原则，公私分明；措辞严谨，考虑周全。

【训练题目】如果你的亲友为一名违反政策的当事人说情，让你左右为难，你该怎么办？

【训练技巧】第一步是说明做人的原则；第二步是谈具体方法；第三步是在发生冲突时自己怎么办。

【参考示例】

原则：在工作中难免会遇到两难情况，无法回避，关键是我们怎么正确应对。在任何情况下，都要坚持原则不动摇，这是公务员的职业道德底线，同时要把做好思想政治工作和坚持原则结合起来。

方法：认真了解情况，看看该工作是否在自己的职责范围之内。在职责之内，就热情接待亲友；若不符合政策，就会耐心做好思想工作，晓之以理、动之以情，争取亲友对自己依法行政的理解和支持。同时，请其他的亲友帮助自己做工作，并尽量使找自己办事的亲友能理解自己的工作是履行国家职责，必须按政策规定办事。若不在自己的工作职责范围之内，就按照职责分工，并坚决支持相关同事的独立工作，不干扰正常的工作程序。

怎么办：如果二者发生冲突，则必须清醒地区分工作和亲情之间的关系，严格按照国家的相关法律、规定、政策办事，一定要秉公执法，不能以权谋私，要在群众中树立良好的公务员形象，同时还要和亲友保持良好的关系。

公务员的职责之一是全心全意为人民服务，对于任何人的正当要求，都必须按照工作程序予以答复，对违反规定的要求必须坚决抵制。

7.4.2 项目2：应急类问题应变训练

按照应急类问题的处理原则，训练应急类问题的应变能力，并参照参考示例，修改处理方式。此外，还应当根据提供的日常情境进行应变训练，在日常生活中强化应变思维。

【处理原则】明白事情的紧急性和艰难性，对于刻不容缓的事情，必须立即做出反应；当事情有一定的难度时，如突发情况导致工作无法进行，要理智、冷静地分析问题；处理步骤的八字方针是冷静、控制、对策、反思。

【训练题目】在一次招商引资的签约现场会上，正要和外商签合同时，却找不到已经准备好的合同，这时应当怎么办？

【训练步骤】本题目考察的主要是在发生突发事件时的反应能力和解决问题的能力。当发生突发事件时，一要保持冷静，二要迅速做出反应。虽然合同找不到了，但自己一定要确信最后能解决问题，之后还要进行反思，对自己的准备不足做出反省。

【参考示例】如果自己遇到这种情况，一定要冷静、不能急躁，应想清楚原因，巧妙应对，保证签约正常进行。

一时找不到合同，可能有两种情况：一是合同已经带到现场，因忙中出错没找到，在生活中有时会出现"背着娃娃找娃娃"的情况；二是忘在办公室了。如果是第一种情况，则找到合同后立即给上司，双方正式签约；如果是第二种情况，那么立即悄悄告诉上司，可以谈谈合作的细节问题，利用这个时间，请同事火速把合同送来，巧妙应对，保证顺利签约。

事后反思，吸取教训。

不能因此而影响了以后的工作。

【日常情境】在大街上，突然有人拉住说你是小偷，你该怎么办？报警后，警察来了之后发现被偷的钱包就在你口袋中，你又该怎么办？

【应对参考】保持镇定，明确表示我不是小偷，同时建议到路边沟通，避免群众围观。如果这个人别有用心，就可以先稳住他；如果这个人确实遭受损失，就要平复他的情绪，不要发生正面冲突。

报警，让警察处理这件事情，向警察亮出自己的工作身份，排除嫌疑，同时保留指纹，积极寻找目击证人，还要和被偷钱包的人进行沟通，让他回忆丢东西时的细节。

事后反思，以避免再发生类似的事情，同时积极配合警察做好后续工作。

7.4.3　项目3：压力类问题应变训练

按照压力类问题的处理原则，训练压力类问题的应变能力，并参照参考示例，修改处理方式。

【处理原则】镇静自若，表情自然；有理有据，娓娓道来；表扬制度，欣赏别人。

【训练题目】公务员考试的考官对你说："有人说你考试作弊了。"

【训练技巧】可以和考官说，由于考试太紧张没有听清楚问话，请再说一次。如果能赢得气氛的缓和，就可以接下来做自我介绍。你可以回答，从公务员考试的制度来看自己不可能作弊，从自身素质来看自己不可能作弊，从考场的纪律来看自己不可能作弊。

【参考示例】很感谢各位考官给了自己一个解释的机会，针对这个问题，想做以下几点说明：

第一，自己的确非常重视这次公务员考试，在考试前自己做了认真的准备，在进入面试后，希望能够尽自己最大的努力来获得这次机会。虽然如此，但自己从来没有作弊的念头。

第二，不可能通过作弊的方式进入公务员队伍。通过参加这次公务员考试，感觉到考试是公平的，程序是公正的，制度是严密的，相信任何违反考试纪律的行为都会受到应有的惩罚。

第三，自己不愿意通过作弊的方式获得这个机会。作为一名中共党员和大学生，自己受到的教育和道德理念都不允许自己通过作弊的方式进入公务员队伍。

第四，自己没有作弊的必要。自己是一个勤奋且自信的人，相信天道酬勤，一定能够凭借自己的实力通过这次考试。

拓展阅读

（1）艾里希·弗洛姆. 爱的艺术[M]. 刘福堂，译. 上海：上海译文出版社，2018.

（2）程平．应变力——人生应学会的 9 种应变能力[M]．北京：北京工业大学出版社，2012．

（3）董振华．提升统筹兼顾的能力[M]．北京：中共中央党校出版社，2009．

（4）李践．高绩效人士的五项管理[M]．北京：机械工业出版社，2009．

（5）这么远那么近．你必须　非常努力，才能看起来毫不费力[M]．北京：中国青年出版社，2015．

参考文献

[1] 本书编写组．思想道德修养与法律基础（2018 年版）[M]．北京：高等教育出版社，2018．

[2] 张松才，张连绪．高职院校学生干部培训教程[M]．广州：暨南大学出版社，2011．

[3] 王萍．试论当代大学生科学义利观的培养[J]．经济与社会发展，2007(9):198-201．

[4] 龚文静．用统筹兼顾方法引领大学生全面发展[J]．高教论坛，2011(11):52-55．

[5] 廖邦标．统筹兼顾方法论研究[D]．长沙：中共湖南省委党校，2011．

[6] 何灵．科学发展观的统筹兼顾思想解析[D]．沈阳：东北大学，2010．

[7] 王君霞．"统筹兼顾"方法论的价值哲学探析[D]．北京：中共中央党校，2012．

[8] 刘思佳，潘敏．大学生应变能力状况调查与教育对策研究[J]．辽宁师专学报（社会科学版），2012(4):36-37, 40．

[9] 王瑞奇．毛泽东统筹兼顾思想及其当代价值研究[D]．郑州：河南农业大学，2014．

[10] 李晶．"变"与"应变"：大学生生涯适应力构建研究[J]．社会科学战线，2020(2):276-280．

第8章

涵育信息素养　提升就业能力

【经典诗词】

胡公清德人所难，谋同德协心志安。　脱衣已被汉恩暖，离歌不道易水寒。
皇天久阴后土湿，雨势未回风势急。　车声辚辚马萧萧，壮士懦夫俱感泣。
闾阎嫠妇亦何知，沥血投书干记室。　夷虏从来性虎狼，不虞预备庸何伤。
衷甲昔时闻楚幕，乘城前日记平凉。　葵丘践土非荒城，勿轻谈士弃儒生。
露布词成马犹倚，崤函关出鸡未鸣。　巧匠何曾弃樗栎，刍荛之言或有益。
不乞隋珠与和璧，只乞乡关新信息。　灵光虽在应萧萧，残虏如闻保城郭。
嫠家父祖生齐鲁，位下名高人比数。　当时稷下纵谈时，犹记人挥汗如雨。

——李清照《上枢密韩公、工部尚书胡公三首并序》

　　早在唐代诗人李中的《暮春怀故人》中就有"梦断美人沉信息，目穿长路倚楼台"，这里的信息指消息。在日常生活中，人们常常将信息（Information）与消息（Message）混用，对信息的认识是比较宽泛和模糊的，通常把信息看成消息的同义词。随着以计算机技术、网络技术、通信技术为代表的信息技术的迅猛发展，计算机和互联网在当今社会各个领域中得到了广泛的应用，信息在人类社会的发展中占据着越来越重要的地位，日益成为社会各领域最活跃、最具决定意义的因素之一。信息素养也成为大学生适应社会需求的一项基本能力，更是进行自我教育、终身教育的必备素质。大学生只有具有较高的信息素养才能对信息做出正确的分析、判断，才能理解并吸收有用的信息，拓展自己的视野，提高自己的综合素质，从而根据自身的职业生涯规划与目标提高就业能力，成为适应社会发展需求的人才。

8.1　信息素养与就业能力概述

　　信息时代的来临给社会带来了巨大的变革，使社会对人才的要求越来越高，信息素养成为重要的生存本领之一。对于肩负国家未来建设重任的大学生来说，良好的信息素养更加关键。信息素养的培养关系到大学生创新能力的提高、自主学习能力的培养、未来的职业发展。据调查，当今一些大学生存在信息意识不强、信息知识不足、信息能力偏低、信息道德缺乏等问题，这是因为大学生对自身要求不高，尤其是求知欲明显不足，只有在作业任务或者论文的驱使下，才会真正主动地去搜索文献、查阅资料。在通常情况下，大学生可以迅速得到相关的信息，却不去深究这些信息需求和信息本身存在的联系，因此不能充分利用所获得的信息资源。大学生应该通过多种途径涵育信息素养，学会从海量的信息中获取自己学习、生活、工作所需的信息。

8.1.1　大学生信息素养的要素

信息素养是从传统的图书馆检索技能演变而来的，最早在 1974 年就被提出，当时美国信息产业协会主席将信息素养定义为：利用大量的信息工具及主要信息资源来解决问题的技术和技能。信息素养是指运用现代信息技术获取信息、选择信息、处理信息、传递信息的基本技能，以及在网络环境下独立自主学习、终身接受教育的能力。信息素养包括获取信息、评价信息、处理信息、生成信息、创造信息、传递信息等能力，同时具备高尚的信息道德，有一定的信息意识和法律意识。

信息素养的构成如图 8-1 所示。

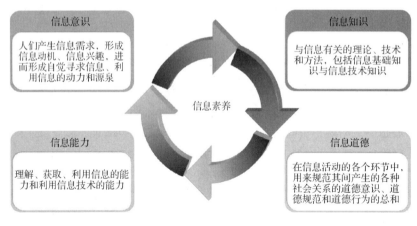

图 8-1　信息素养的构成

（1）信息意识。信息意识是信息在人脑中的集中反映，即社会成员在信息活动中产生的认识、观点和理论的总和，是人们凭借对信息及其价值所特有的敏感性和洞察力，主动利用现代信息技术获取、判断、整理、利用信息的意识。信息意识主要包括：①能够认识到信息的重要作用，确立尊重知识、不断创新、终身学习的观念；②有积极的信息需求意识，既包含个人自身对信息的需求，也包含个人将社会要求内化之后的信息需求；③对信息具有敏感性和洞察力，善于从看似微不足道的信息中发现信息的内在价值，善于将信息与实际生活联系起来，用信息解决实际问题。在信息迅猛增长的时代，大学生最重要的是学会如何学习，形成信息意识，不断培养自己对信息的敏感性和洞察力，培养对信息的搜集、判断、创造等能力，成为全面发展的人才。

（2）信息知识。信息知识是指一切与信息有关的理论、技术和方法，包括人们在信息交流过程中所积累的经验。概括而言，信息知识包括信息基础知识和信息技术知识两大部分。信息基础知识主要包括信息的概念、内涵、特征，信息源的类型、特点，信息组织的理论和基本方法，信息搜集和管理的基础知识，信息分析方法和原则，信息交流的形式、类型、模式等。信息技术知识主要包括信息技术的基本常识，信息系统的工作原理，信息系统的结构与各个组成部分，信息技术的作用与影响，以及有关信息技术的法律法规等。大学生要扩充和丰富自己的信息知识，学会利用信息技术工具来拓展信息传递的途径、提高信息交流的效率。

（3）信息能力。信息能力主要指通过对信息的搜集、处理、利用和评价，进而创造新信息和新知识的能力。信息能力包括使用信息系统的能力、获取信息的能力、理解信息的能力、处理信息的能力，以及表达信息的能力等。信息能力是人们从事信息活动必须具备的一种综合能力，为了适应信息社会的发展，大学生必须充分利用信息技术为自己服务，具有信息获取、分析、加工、评价、组织、创新等能力。现代信息的来源日益多元化，大学生必须学会在信息的海洋中取其精华、去其糟粕，以正确的价值导向筛选自己所需的信息，并将处理、吸收和转化后的信息融入自己的知识结构中，提高自己的信息选择、整合与创新的能力。

（4）信息道德。信息道德是指在信息活动的各个环节中，调节信息创造者、服务者和使用者之间关系的行为规范，如保护知识产权、尊重个人隐私、抵制不良信息、维护信息安全等。在日益复杂的现实和虚拟的信息环境中，大学生接受信息道德及法制法规教育，是信息素质教育的重要组成部分。大学生要遵循信息隐私权、信息准确性、信息产权以及信息资源存取等方面的伦理和道德标准，提高守法意识、自律意识；要明确哪些事情可以做，哪些事情不能做，遵守与信息相关的法律法规，增强个人的道德责任感，规范自身的信息行为和活动，承担相应的社会责任和义务，自觉抵制信息活动中的违法行为，尊重他人的知识产权，维护自己的正当权益，推进信息化社会的健康发展。

8.1.2　大学生信息素养的涵育

自我教育是涵育信息素养的一种主要方式。在互联网大背景下，大学生应积极适应时代的要求，自觉培养理性思维意识、不断提升自主学习能力、强化网络道德修养。

（1）自觉培养理性思维意识。理性思维意识是指有明确的思维方向、有充分的思维依据，以及对事物进行观察、比较、分析与思辨的一种思维方式。培养理性思维意识，首先要增强学习意识，善于学习。在互联网时代，大学生要具有运用网络技术、通信技术等手段有效查找信息、筛选信息和使用信息的能力。其次要理论联系实际，努力投身实践。大学生要在实践中培养自己的理性思维意识，对于获得的信息不仅要仔细思考，还要学会通过查阅资料来验证信息的真伪，并谨慎对待信息的传递与发布，在实践中养成良好的习惯。最后要勤于总结，善于思考。思想是人类思考的成果，思考的过程也是理性思维意识得以培养的过程。大学生要开动脑筋，积极思考，使理性思维意识得到升华。

（2）不断提升自主学习能力。大学阶段的时光十分宝贵且易逝，是大学生努力学习文化知识、增长见识和提升自我能力的重要时机，大学生应当树立责任意识，积极利用互联网为个人的全面发展服务。学习的自主性是涵育信息素养的前提条件，一旦有了较强的学习自主性，就具备了提高信息素养的内在动力，"我要学"比"要我学"更能达到良好的效果。首先要积极提升自我管理能力，明确努力目标，合理安排时间，切实处理好上网与学习的关系。其次要积极发挥主观能动性，在培养自主学习能力的同时，还要学会质疑，提升信息的选择能力与批判意识，不被不良信息所影响。最后还要学会举一反三、触类旁通，灵活掌握所学，在不断创新中提升自主学习能力。

（3）强化网络道德修养。绿色健康的互联网空间，是互联网健康发展的客观基础和保障。在他律因素相对较少的网络中，大学生要提高自律，即自我约束能力。首先要努力增强自律意识。通过学习并内化相关的互联网法律道德知识，认清互联网的本质，坚守道德底线，规范网络行为，培养良好的网络习惯。其次要慎信、慎传。当发现相关的网络谣言时，要及时通过合理和合法的途径进行澄清并举报，切不可人云亦云、随波逐流，要自觉抵制互联网中的低俗、媚俗等不良风气，敢于承担网络责任，做新时期维护网络道德的表率。最后要经常审视与约束信息行为，做到三思而后行。尤其是通过网络搜索引擎或网络数据库进行信息搜集时，一定要提前为自己设定好任务，确保自己只关注任务范围内的信息，不要被网络上的其他信息吸引而忘记原本的搜索目的。通过反省之前的信息行为是否得当，以便有意识地加强约束。

8.1.3 大学生就业能力的构成

大学生就业能力是指为了实现个人理想和价值目标，在求职时表现出的能力、素质与社会需求的相适应程度，包括身体素质、思想品质和文化科技素质三个方面。大学生就业能力是指其在校期间通过学习和实践获得工作的能力，包括保持工作以及工作晋升的能力。大学生就业能力是一个由不同要素构成的复杂系统，包括基础层能力、求职层能力和发展层能力三个层次，共 19 个指标。三个层次的能力分别体现在大学生求职前、求职中和求职后三个阶段。大学生就业能力的构成如图 8-2 所示。

（1）基础层能力。基础层能力是相对静态的能力，具有明显的可判别性，是保证求职成功的根本能力。大学生就业能力的基础层能力包括专业技能、外语和计算机应用能力、实践动手能力，主要是指从学校教育中获得的能力，用于衡量大学生的知识水平、专业技能及其实际运用能力等。对基础层能力的测量和考评相对比较直观，如一些与专业相关的等级考试，全国大学英语四、六级考试，全国计算机应用水平考试等，这些考试可以直观反映大学生的基础层能力。

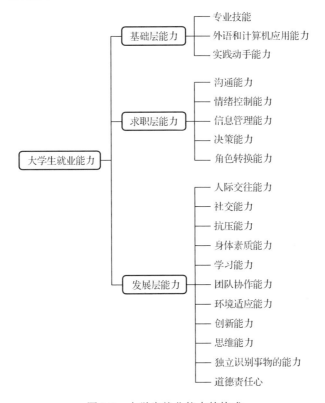

图 8-2 大学生就业能力的构成

（2）求职层能力。求职层能力是指大学生能抓住应聘机会，同时在应聘中得到用人单位认可，成功取得应聘职位的能力素质。求职层能力主要体现在获取就业信息、把握就业机会，是在应聘过程中表现出来的一系列能力，包括沟通能力、情绪控制能力、信息管理能力、决策能力和角色转换能力。

（3）发展层能力。发展层能力主要指大学生在工作期间取得成就和进步的能力，包括人际交往能力、社交能力、抗压能力、身体素质能力、学习能力、团队协作能力、环境适应能力、创新能力、思维能力、独立识别事物的能力和道德责任心。发展层能力往往是通过不断实践活动来培养的，如社交能力、抗压能力、环境适应能力等是通过工作中的待人接物来提高的。发展层能力的提升是潜移默化的，通常没有直观的方法来测量和考评发展层能力。发展层能力是可以培养的，随着工作经验的增加，从业人员可以提高自我的环境适应能力和团队协作能力，增强独立识别事物的能力，培养高水平职业道德和专业素养等。

8.1.4　大学生提升就业能力的途径

大学生就业能力会直接影响就业质量，关乎职业发展与人生幸福。就业能力的高低在求职过程中会得到充分的体现，持久的就业能力可以有效应对就业市场的变化和不确定性。大学生应当重视就业能力的培养，在学习—领悟—行动中不断提升自己的就业能力，实现自我价值和社会价值的统一。提升就业能力的主要途径如下：

（1）主动提升就业能力。大学生要认识到自己是个人职业生涯的建设者、规划者和实施者，要充分发挥自主性和责任意识，从整个职业生涯的角度来看待就业能力对个人发展的重要意义，主动提升就业能力。首先要进行全面的自我认知、职业认知和职业定位，并根据实际情况进行评估调整，加强职业生涯规划能力，立足职业兴趣、职业能力、自身特质，树立正确的职业价值观。其次要对社会环境和职业环境有充分的认识，做好充分的准备。最后要处理好学业与人生的关系、学业与专业的关系和学业与就业的关系。学业生涯以专业学习为主，专业知识是就业和事业发展的基础。只有积极建构自身对就业能力的理解和认知，主动求知，树立合理的学业观和就业观，才能适应未来的社会需求。

（2）塑造科学的就业人格。就业人格是大学生就业能力的核心要素，大学生应在充分进行自我认知的前提下，合理设计自我培养方案，做好规划，有重点、有目标地进行自我完善，塑造科学的、社会认可的敬业责任感，以及积极乐观的科学就业人格。敬业不仅是吃苦耐劳、任劳任怨，更需要在职业中感受到幸福和快乐，认同所从事职业的价值，体会职业荣誉感和职业幸福感。有责任感才能处理好自己和职业、自己和他人的关系，才能创造更大的社会价值，才能体会职业成就感并实现职业目标，才能在物质层面和精神层面实现自我价值的最大化。只有积极乐观的人，才能克服生活和工作中遇到的各种困难，才能坚持个人理想，才能在平凡的岗位上做出不平凡的业绩，才能在职业中完善自我、激发潜能、增长才干。

（3）端正就业心态。就业是大学生由学生向社会人转变的过程，应该正确评估自己在就业环境中所处的位置。在校期间，大学生应该通过丰富的校园活动、各种比赛、实训实习等来锻炼个人的综合能力。在求职中遇到困难和挫折时，要学会调整心态，明白求职过程就是竞争的过程，应当不怕风险和挫折，提升抗压能力；要学会在求职过程中总结失败的教训，磨炼自己的意志力，正确看待挫折，理性地分析自己的优势和劣势，扬长避短，学会展示自己。当面临就业的心理压力时，要正确处理理想与现实之间的关系，合理定位自己的目标和价值，调整自己的就业心态，以良好的应变能力与顽强的意志积极面对困难。

中共中央、国务院在第三次全国教育工作会议上做出了"关于深化教育改革，全面推进素质教育"的决定，指出要让学生感受、理解知识产生和发展的过程，培养学生的科学精神和创新思维习惯，重视培养学生搜集处理信息的能力、获取新知识的能力、分析和解决问题的能力。2018年4月13日，教育部印发了《教育信息化2.0行动计划》，标志着我国的教育信息化从1.0时代正式迈入2.0时代，提出到2022年要基本实现信息化应用水平和师生信息素养的普遍提高，推动从提升信息技术应用能力向全面提升信息素养的转变、从融合应用向创新发展的转变。大学学习期间是一个人全面提升自我、完善自我的重要时期，对这一时期把握得好坏将直接影响大学生未来的职业发展。因此，大学生应当从知识经济和信息社会的新时空去探寻信息产生、传递和利用的规律，培养和提高获取、加工、利用和创造信息的能力，涵育较高的信息素养，利用信息技能为自己的就业添砖加瓦，提升就业质量与积蓄职业发展后劲，实现自己的职业价值和目标。

8.2　信息素养与就业能力案例

职业生涯活动通常会伴随一个人的大半生，拥有成功的职业生涯才能实现完美人生。大学生要尽早树立职业目标、进行职业生涯规划，进校就想出门事，让职业生涯规划从进入大学生活的第一天就开始，逐步完成大学生到职业者的角色转换。要想获得成功的职业生涯，必须明白行动比规划更重要、识比知更重要、技能比学历更重要、社会认可比获取金钱更重要。

8.2.1　案例1：毕业入职华为、年薪201万元的左鹏飞

2019年12月左鹏飞正式签约华为，得到年薪201万元的岗位。左鹏飞到底是谁？为何如此厉害？

拒绝300万元年薪，选择去华为。

1992年出生的左鹏飞是华中科技大学的14级直博毕业生，在武汉光电国家研究中心就读计算机科学与技术专业，2019年11月底完成博士论文答辩。2019年9月，华为就给左鹏飞发了offer，左鹏飞得到了年薪201万元的岗位。

当被问及获得这个工作机会的心情如何时，他表示，心里比较平静，就觉得是水到渠成的事情。左鹏飞介绍，自己总共投了4家简历，华为、腾讯、阿里、深信服，4家公司均向他抛来了橄榄枝，薪资也很可观，其中一家公司开出了年薪300万元的条件，税后收入比华为高40%左右。

考虑了岗位匹配、业界口碑等多个因素后，左鹏飞选择了入职华为云的存储预研部门，他特别提到：华为可以满足自己的一些其他诉求，如保持跟学术界的接触等。

"华为提供了与我想做的研究方向非常契合的岗位，另外华为有很多经验丰富的技术专家，我去了会有很多学习机会，可以进一步提升自己。"

一年前，自己还未毕业就被华为盯上了。"去年，我还没毕业他们就联系我了。"左鹏飞说，由于在校期间表现优异，华为早早地就盯上了他。

2019年8月，左鹏飞进行了华为线上面试，由于在面试中表现优异，他被推荐到了华为"天才少年"项目，又接受了华为首席技术官的面试。

"天才少年"是华为发起的一个用顶级的挑战和顶级的薪酬吸引顶尖人才的项目。2019年7月，华中科技大学校友钟钊以第一名的傲人成绩入选首批"天才少年"项目，当时该项目全国仅入选8人。

"我工作的内容是在华为云的存储预研部门做技术创新和突破。"左鹏飞说。

左鹏飞在校期间有多厉害？网友说：可望而不可即。在攻读博士学位期间，左鹏飞以第一作者发表了10余篇高水平论文，其中，以第一作者的身份在OSDI'2018和MICRO'2018上发表了两篇论文，分别刷新了华中科技大学在相关领域顶级会议零论文的纪录。

OSDI是计算机操作系统的顶级学术会议之一，而MICRO是计算机体系结构的顶级学术会议之一，论文被这两个会议录用，其含金量甚至超过了在国际顶级期刊发文的含金量，难度相当于生物、医学领域在Nature、Science、Cell等期刊发文的含金量。

关于什么是天才，左鹏飞的回答仿佛现代版鲁迅：哪里有天才？我把别人打游戏时间都用在实验室了。左鹏飞的日常时间表是这样的：早上8点起床，8点30分之前到达实验室，11点30分吃中饭，下午2点多到5点30分在实验室，晚饭后，晚上6点30分到9点30分在实验室，有时会待到晚上10点多才回寝室休息。一周7天，5年几乎天天如此。

左鹏飞是一个十分自律的人，他善于时间管理，对不同的事情设立截止时间，还会做一些偏短期的规划，如一个月、半年、一年。"秘诀就是充分自律，把每件事情都按时完成，让这种时间观念形成一种习惯，自然就没有了惰性。同时，我会保证充足的睡眠，这样才能有效地工作。"左鹏飞分享了远离拖延症的秘诀。

左鹏飞给自己定下的目标是到博士研究生毕业时，相对于同龄人一定要做到非常非常优秀。左鹏飞以此不断驱动自己，并逐渐在研究中找到了乐趣。就像有的人喜欢弹钢琴、有人喜欢唱歌一样，做科研就是我的爱好，也是我的事业。每一个新想法、新发现都让左鹏飞兴奋，从未感到懈怠。

左鹏飞说："我的理想就是能够在企业界做出更多技术创新和突破，推动我们国家乃至全世界计算机技术的发展。以一些获得图灵奖的大师为目标，也希望自己的技术能够服务于社会，让广大民众受益，感受到技术发展带来的力量。"

（案例来源：中国青年报，2019-12-12）

【案例点评】左鹏飞具有非常高的信息素养和就业能力，在面试前做了大量的准备工作，也几乎收到了头部互联网企业的邀请，华为、阿里、腾讯、深信服都向他抛来了橄榄枝，薪资也都很可观。纵观左鹏飞的求学经历以及工作现状，我们不难发现，一个人的成功绝不是一蹴而就的。每一个强大的人，都曾熬过一段不为人知、挣扎、痛苦的日子。过去了，这就是你的成人礼；过不去，求饶了，这就是你的无底洞。你有多努力，就有多幸运。对于学习，规划和目标的重要性是不言而喻的，没有方向的努力都是徒劳的，所以一定要有具体的规划，确立各种中长短期目标，并逐个实现这些目标。另外，还要有自律性，避免拖延症，按时完成每一件小事，最后才能做好大事。正如左鹏飞的导师华宇教授的评价：左鹏飞是一个想法很多、创新能力特别强的学生，他的执行能力和自我驱动力也很强，5 年来，他一直都让我很省心。

8.2.2　案例 2：中央广播电视总台 "2019 主持人大赛" 新闻类冠军邹韵

历时半年的激烈角逐，中央广播电视总台举办的 "2019 主持人大赛" 于 2020 年 2 月 2 日晚正式落下帷幕，记者型主持人邹韵众望所归，以 98.312 的高分成为本届大赛新闻类的冠军。

邹韵有着近 9 年的工作经验，其中包括近四年的驻外报道工作经验。每当发生重大国际事件时，邹韵的身影就会出现在电视荧屏上。"2019 主持人大赛" 总决赛最后一轮对决，是以 "我是主持人" 为主题进行 3 分钟的自我展示，舞台上的邹韵表达了自己作为一个记者出身的主持人的底气来自哪里。"我不属于那种站在舞台上特别打眼的人，我也不是科班出身。我的底气来自过去的 9 年，我的报道是一条一条跑出来的，是一个字一个字敲出来的，是一个画面一个画面编辑出来的，是一场直播接一场直播完成的。" 邹韵说："生命见证过多少真实，付出过怎样的努力，我就会有怎样的底气。"

最终，邹韵经过总决赛现场的 3 轮角逐，一举夺得新闻类冠军。节目播出之后，"邹韵好稳" 的话题也登上了热搜榜。

在 "2019 主持人大赛" 的舞台上，邹韵谈到，中国在全球化的进程中越来越强大，而她的梦想就是向国际观众呈现一个更加客观的中国形象。过往工作的经历让邹韵更加清晰地明白，只有深刻而广泛地了解中国，才能给国际观众讲明白、说清楚，才能在国际话语体系中为中国加分。她希望通过自己的话筒，向世界传递来自中国的声音。

（案例来源：北京晚报）

【案例点评】"邹韵好稳" 这个话题在 2020 年 2 月 2 日晚上了热搜榜。"稳" 是邹韵从初赛到决赛的一个显著特征。正是 9 年奔波在重大国际事件的一线，让邹韵在面对节目中的各种难题和考验都能够不慌不忙、从容应对，而且在每次比赛答题中都具有开阔的国际视野、缜密的逻辑思维和稳健的表达，展现了记者的深厚积累和信息组织能力。邹韵的夺冠来自十足的底气，绝不仅是简单的运气。越努力，越幸运，或许不仅是邹韵的经验之谈，更是大学生应有的座右铭。谁的成功都不是偶然的，都在背后付出了常人难以想象的努力。正是台下的十年功，才成就了台上的十分钟。

8.2.3　案例 3：信息处理与发展决策

三个年轻人一同结伴外出寻找致富的机会。在一个偏僻的小镇，他们发现了一种又红又大、味道香甜的苹果。由于地处山区，信息、交通等都不发达，这种优质苹果仅在当地销售，并且非常便宜。

第一个年轻人立刻倾其所有，购买了 10 吨最好的苹果运回家乡，以比原价高两倍的价格出售。这样往返数次，他成了家乡的第一个"万元户"。

第二个年轻人用了一半的钱，购买了 100 棵最好的苹果树苗运回家乡，承包了一片山，栽种苹果树苗。整整 3 年时间，他精心看护果树，浇水灌溉，没有一分钱的收入。

第三个年轻人找到果园的主人，用手指指着果树下面，说："我想买些泥土。"果园的主人一愣，接着摇摇头说："不，泥土不能卖。卖了还怎么长果树？"他弯腰在地上捧起满满一把泥土，恳求说："我只要这一把，请你卖给我吧，要多少钱都行！"主人看着他，笑了："好吧！你给一块钱拿走吧。"

第三个年轻人带着这把泥土返回家乡，首先把泥土送到农业科技研究所，化验分析出泥土的各种成分、湿度等；然后承包了一片荒山，用整整 3 年的时间，开垦、培育出了与那把泥土一样的土壤；最后在上面栽种了苹果树苗。

10 年过去后，当年这三位结伴外出的年轻人命运迥然不同。

第一位购苹果的年轻人现在依然每年购买苹果运回来销售，但由于信息和交通已经很发达，竞争者太多，所以赚到的钱越来越少，有时甚至会赔钱。

第二位购买苹果树苗的年轻人拥有了自己的果园，由于土壤不同，长出来的苹果有些逊色，但仍然可以赚到相当的利润。

第三位购买泥土的年轻人，他种植的苹果十分美味，和小镇的苹果不相上下，每年都会引来众多的购买者，并能卖到很好的价格。

【案例点评】对于同样的信息，由于三个人具有不同的信息处理能力而产生了不同的结果。信息素养中的信息处理与分析能力特别重要，对信息的处理与分析可以看成对搜集到的信息进行去伪存真、去粗存精、由表及里、由此及彼的加工过程。在这个过程中要根据特定的需要，对相关的信息进行深层次的分析研究，形成有助于解决问题的、新的、增值的信息产品，最终为不同层次的决策服务，从信息的处理和分析中获得更有价值、更有利于信息需求方使用的增值信息。在开拓职场和市场时，从业者和经营者的思维认识通常是有局限性的，往往浅尝辄止，会留下诸多机会，谁善于对信息进行深加工，谁就有可能赢得发展和市场。

8.3　涵育信息素养训练

【训练目的】树立职业目标，成就精彩人生。

【训练内容】在自我认知的基础上，确定较为适合的职业，树立有效的职业目标。

8.3.1　项目 1：信息意识强弱程度评测

参考表 8-1 进行信息意识强弱程度的评测，很不符合计 1 分，基本不符合计 2 分，不太确定计 3 分，基本符合计 4 分，非常符合计 5 分，请根据最后的计分来分析测评结果。

表 8-1　信息意识强弱程度评测表

序号	命　题	很不符合	基本不符合	不太确定	基本符合	非常符合	得分
1	新信息很容易吸引你的注意力						
2	你能主动查阅、搜集本学科和本专业的最新发展动态						
3	在图书馆查不到所需的资料时，能主动求助于图书馆工作人员或同学						
4	你认为信息也是创造财富的资本						
5	你能独立判断信息资源的价值						
6	你能认识到信息对个人和社会的重要性						
7	面对所需的重要信息，愿意接受有偿信息服务						
8	遇到问题时有使用信息技术解决问题的能力						
9	在学习遇到困难时，你能立即想到去图书馆或上网查资料						
10	你会利用图书馆所购买的各种数据库来帮助你的学习						
11	你有强烈的求知欲望						
12	你参加过校外 IT 培训						
13	你善于从司空见惯、微不足道的现象中发现有价值的信息						
14	面对浩如烟海、杂乱无序的信息，你能去粗取精、去伪存真，做出正确的选择						
15	不论何时何地，从工作到日常生活，你都能积极地去关注、思考问题						
16	你有强烈的紧迫感和超前意识						
17	你有需要增强情报系统能力的愿望和行动						
18	你有高度自我完善以适应形势要求的自觉性						
19	当需要某一资料时，你清楚地知道应该去哪里获取该资料						

续表

序号	命　题	很不符合	基本不符合	不太确定	基本符合	非常符合	得分
20	你对非法截取他人信息、非法破坏他人网络或在网上散发病毒等行为持坚决反对的态度						
21	你认识到信息泄露会造成危害						
22	在信息活动中，你能严格遵守与信息相关的法律法规						
23	你认为知识只有得到传播才能显示价值，发挥作用，推动人类社会的进步与发展						
24	你认为信息资源共享有利于实现信息资源的合理配置，能发挥信息资源的价值与作用						
25	你有对知识或已知信息进行分析、研究、创造的愿望						
计分							

测评结果	25～58 分	较差	你的信息意识比较差，处于初级水平，还需要进一步加强信息意识。如果你想适应信息社会，就必须针对自己的不足进行改进
	59～92 分	中等	你的信息意识较强，处于中等水平。若加强信息意识方面的锻炼，就会成为信息意识极强的人，你的事业也会开创新局面。你需要从信息安全、信息知识创新等方面来提高自己的信息意识
	93～125 分	优秀	你具有极强信息的意识，处于高等水平，你的事业也在蒸蒸日上，继续充实自己，可以把工作做得更好

8.3.2　项目 2：搜集和整理就业信息

在互联网未普及的年代，找工作往往需要到招聘会现场。随着互联网的快速发展，除了传统的三大招聘网站（智联招聘、前程无忧、中华英才网），还出了招聘网站"新三贵"——拉勾、猎聘和 BOSS 直聘。这些招聘网站都非常关注用户体验，受到了广大求职者的青睐。就业信息是指通过各种媒体传递的有关就业的信息，如就业政策、供需双方的情况及用人单位信息等。在求职时，首先要搜集和整理就业信息。搜集和整理就业信息的原则包括：准确性、真实性原则；主动性、及时性原则；适用性、针对性原则；广泛性、连续性原则；计划性、条理性原则；选择性、重点性原则。其次要处理就业信息，要通过有价值的就业信息来选择适合自己的工作，根据就业信息的要求及时调节自己的知识和技能结构，提高自己的就业能力。

就业信息的主要内容如图 8-3 所示。

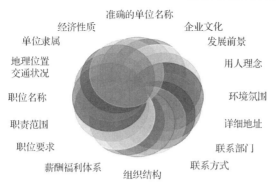

图 8-3　就业信息的主要内容

搜集就业信息的模式如图 8-4 所示。

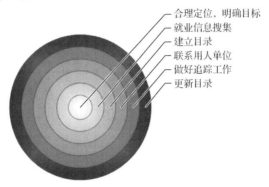

图 8-4　搜集就业信息的模式

　　请坚持每个月搜集和整理 5 条本专业的就业信息，做好如图 8-5 所示的就业信息搜集目录，尤其要注意分析招聘要求，并以此来要求自己，使自己满足招聘要求。

就业信息搜集目录

公司名称：

职位名称：

招聘要求：

联 系 人：

联系方式：

单位地址：

图 8-5　就业信息搜索目标

8.3.3 项目3：对照职业准备8个指标进行训练

北京零点有数数据科技股份有限公司董事长袁岳博士提出了职业准备的8个指标，请对照这8个指标进行有针对性的训练。

（1）至少实习3次或者做3次兼职。大学生通过实习不仅可以了解真实的社会需求，还可以了解自己比较喜欢的工作。建议大学生在大一到大三的3个暑期参与实习，也可以在平时寻找无须坐班的兼职或实习机会，例如很多创意类和设计类的工作是不需要坐班的。建议每次的实习或兼职不要选择同一类工作，也不要限于与自己专业对口的岗位。

（2）在大学期间要至少认识150个可以联系的人。建议大学生印自己的名片，在当今这个规模社交社会中，名片是可以与他人保持联系的途径之一。据相关统计数据，每给出100张名片就可以收回30张左右的名片，你可以和其中约10%的人保持联系。在校期间，通过听讲座、参加志愿活动、与朋友交往，可以认识其他朋友。因此，在校期间，要至少给出500张名片，大致可回收150张名片，可以和其中15人保持联系，将其中的4~5人发展为你的良师益友。

（3）组织、参与3个以上的学生社团、社会实践活动或者社会公益活动。当你代表组织或者作为组织成员的身份时，与个人是两个不一样的形象，虽然未必每个人都是团队活动的能手，但不要放弃发展自己组织能力的机会，而且上述社团或活动往往会提供更多的社交机会，并获取更多的信息。

（4）读240本书。按照普通人一个半月读一本书的速度，一辈子可以读500本左右的书。因此要学会快读法，在大学期间读完240本书，平均每年读60本书，大约每周读一本书。有很多快读法，其中较好的一种方法是与朋友一起分工读书，然后通过邮件分享读书要点。

（5）至少到三个未去过的地方考察。这里说的考察是指了解一个地方的风土人情，而不仅仅是旅游，了解一个地方的风土人情也是增长见识的一种方式。

（6）尝试掌握10条人情世故。袁岳博士总结了36条人情世故，大学生只要尝试掌握10条人情世故，就会让其他人感到我们特别容易相处，从而得到大家的认同。

（7）坚持每周写一篇博客。既可以把博客当成自我总结与反思的工具，也可以把博客当成观察社会生活与周围人群的工具，通过写博客可以锻炼我们的笔力与思维分析能力。

（8）尝试一次创业。建议大学生在校期间尝试一次创业，既可以在淘宝网上开个小店，也可以在自己感兴趣或者擅长的领域创办公司，还可以尝试创办一个致力于服务社会的公益团体。

如果完成了上述8个指标中的一个，那么你就会有个不错的开端，而且可显示出自己的特长；如果完成了3~5个指标，那么你就会表现得很突出；如果完成了8个指标，那么你就会变得非常优秀，在走出校园时就已经非常接近于一个成功的职场人士。

8.4　提升就业能力训练

【训练目的】强化就业训练，提升就业能力。

【训练内容】学会准备求职的简历、撰写求职信；模拟面试场景，让自己具备就业意识与就业能力，并以此来进行在校期间的规划。

8.4.1　项目 1：设计一份亮眼的简历

请读者按照以下的建议，设计一份亮眼的简历。

（1）意识到简历在求职中的重要作用。在求职时，简历的重要性是不言而喻的，简历不仅仅是一页纸，一份亮眼的简历还可以帮助求职者争取到面试机会。

（2）了解用人单位所需，投其所"好"。用人单位的 HR 每天都要处理大量的简历，因此需要根据用人单位的需求，制作一份专业、细致的简历，让用人单位的 HR 感受到你的诚意。

（3）在制作简历时，要把握以下三条原则：

① 简洁有力。很多时候，我们会把简历做得很花哨，如整个封面等，但用人单位的 HR 查看每份简历的时间往往只有 10 多秒，有时候将简历做得太花哨反而会显得华而不实。对于有工作经历的人来说，应当尽量将简历控制在两页以内；对于应届毕业生来说，应当尽量将简历控制在一页内。

② 突出重点。这里的重点是指能够抓住用人单位 HR 眼球的内容，在制作简历时，应根据自己的求职意向，突出自己的能力。例如，可以用数字来凸显自己工作成绩，通过一些关键的字眼来抓住 HR 的眼球。

③ 有的放矢。在求职时，有的人往往会用同一份简历来应聘不同的岗位，如在应聘销售岗位和客服岗位时，使用的是同一份简历。这样会显得简历的目的性不强，而且也无法把自己的能力凸显出来，建议针对自己的意向岗位，多制作几份有针对性的简历，这样可以大大提高就业的成功率。

（4）掌握制作技巧。制作简历是有技巧的，需要注意以下几个方面：装点简历往往从"头"开始，建议放一张职业照；要非常重视简历中的求职意向，如果不写明求职意向，则很难获得面试机会；简历中的实习经历，并不是有什么就写什么，而是要有取舍地写。例如，对于大学生而言，实习经历或社团经历是大学生简历的主要内容之一，但并不是要写所有的实习经历或社团经历，一般写 2～3 个实习经历或社团经历即可；实习的时间不要过短，2～3 个月的实习经历更有说服力。

（5）选用适合的简历模板。在制作简历时，选取的模板是越漂亮越好，还是越简洁越好呢？对于艺术设计专业的大学生，可以选择漂亮、花哨的简历模板；对于其他专业的大学生，建议选择简洁的简历模板。常用的简历模板有以下三种类型：

① 表格式简历模板。表格式简历模板一般适用于应届毕业生，对于有工作经历的人，即使是实习经历，也尽量不要使用表格式简历模板，因为这种类型的简历模板看起来是一模一样的，显得非常死板，给人的第一感觉不是很好。

② 方案密集型简历模板。方案密集型简历模板适合有工作经历的人在简历中介绍工作经历，可以使用大量的文字，但该简历模型的缺点是文字太多，看上去不够清晰明了。虽然可以使用字体加粗的方式来突出关键字或数据，但给人的感觉上还是差一点。

③ 左右排版式简历模板。建议在求职时使用左右排版式简历模板，这种类型的简历模板是比较常见的，左边介绍的是求职人的信息情况，右边介绍的是工作经历等，整体显得一目了然，看起来更舒服。

请读者根据上面给出的建议，以及自己的实际情况，制作一份亮眼的简历。

8.4.2 项目 2：撰写一封打动人心的求职信

一份好的简历能够给用人单位 HR 留下良好的印象，但要想应聘成功，还需要一份"加分资料"——求职信。求职信通常附在简历后面，用于介绍个人的经历，表达个人的愿望。在撰写求职信时，需要注意以下要点：

（1）说明个人的基本情况和就业信息来源。首先要介绍个人的基本情况，如姓名、性别、年龄、政治面貌、就读学校和专业等，注意详略得当，最好能附有近期全身照片。其次要说明就业信息的来源。如果没有就业信息，也不知道某单位是否要招聘人员，而你又非常希望到该单位工作，那么就写封求职信来投石问路，但必须说明你对该单位的印象，以及愿意到该单位从事某种工作的强烈愿望。

（2）说明胜任某项工作的条件。这是求职信的核心部分，主要介绍你的知识、经验、专业技能，表明你具有胜任某项工作的特长、性格和能力。特别要突出你胜任工作的特长，要做到不落俗套，起到吸引和打动对方的目的。

（3）介绍自己的潜能。在求职信中，可以向用人单位介绍自己曾经从事过的社会工作，以及取得的成绩，表明自己有发展和培养前途。例如，当应聘会计岗位时，可以介绍自己能够熟练使用和操作算盘、计算机，表明自己可以承担会计电算化的工作；又如，在向宣传部门或公关部门推荐自己时，可以介绍自己在文艺、绘画、摄影或书法等方面的特长，表明自己可以承担多项工作任务。

（4）附上有关材料。在自荐信中，应当说明所附的有关资料，如毕业证书、学位证书、获奖证书或已发表作品的复印件，以及学校的推荐信或毕业生推荐表等，以便给用人单位留下办事认真、考虑周全的印象。

（5）表达面谈的愿望。在求职信的最后还要表达出希望得到面试机会的意愿，要写清楚自己的详细联系方式，必要时还可说明何时打电话较为合适等，以便用人单位联系自己。

请读者选取一条本专业的招聘信息，并根据自己的专业与实际情况，撰写一封打动人心的求职信。

8.4.3　项目 3：模拟一次面试

请从以下 5 个方面进行面试模拟。

（1）自我介绍。不同性质和规模的企业，对面试的要求并非完全相同，建议在面试时至少准备 3 个版本的自我介绍，分别是 1 分钟版、2 分钟版、3 分钟版，以应对各种面试场景。如果要去外企面试，则需要准备好英文的自我介绍；如果是跨行业求职，则要充分考虑行业属性，准备符合行业风格的自我介绍。准备好自我介绍之后，你可以反复练习，力求表达得精准、清晰、富有逻辑。

（2）问题预演。根据简历和就业信息，预测在面试时可能会被问到的问题，并准备好相应的答案。在面试中，各种问题基本上都是有套路可循的，通常有以下几类问题：与个人信息相关的问题，如你有什么缺点；与工作经验相关的问题，如你在实习中做什么工作、有什么收获；与性格爱好相关的问题，如你认为自己是个怎样的人；与应聘岗位相关的问题，如你为什么要选择本企业；与时事热点相关的问题，如你对××问题怎么看；有时还会问到离职原因、薪资要求等。通过预测面试时可能会被问到的问题，可以帮你厘清思路，让你在面试中心里有底。

（3）全方位考察。在模拟面试时，你可以照着镜子对自己进行立体化、全方位的观察。例如，观察自己的衣着是否端庄得体，观察自己的表情是否从容自信，观察自己是否有一些小动作。在面试时，面试官通常会通过上述几个方面的观察，来评估你的经验是否可以匹配岗位，评估你的性格是否符合团队风格，评估你是否对岗位充满热情等。

（4）找人扮演面试官。建议找 1 名或者多名有职场经验的人（如资深人士或者 HR）充当面试官，在模拟面试结束后，可以请面试官对自己的表现进行评价，以便自己进一步改进。在面试前，通常无法确认面试官属于哪种风格，是逻辑严谨型还是激情洋溢型，是滔滔不绝型还是惜字如金型，同样的面试表现在不同风格的面试官那里得到的评价和反馈也不尽相同。因此建议多找一些人来充当面试官，学会和不同风格的面试官进行沟通的技巧和方法。

（5）练习讲话技巧。在模拟面试时，回答问题的时间应控制在 30 秒到 3 分钟，需要详细回答的问题，应当在 3 分钟内阐述清楚；可以简要回答的问题，应当在 30 秒内做出一个精彩、明确的回答。同时，在面试中，应遵循"70-30 原则"，用 70%的时间说，用 30%的时间听，以便和面试官进行良性的互动。说得太多容易跑题，给面试官的印象是没有逻辑、没有重点；说得太少又容易让面试官误解自己的表达能力差、经验不够丰富。在面试中，要经常使用"首先、其次、最后""第一、第二、第三"之类的词，这样可以使面试官容易清楚你所描述内容的顺序和逻辑。

拓展阅读

（1）人力资源和社会保障部职业技能鉴定中心．信息处理能力训练手册[M]．北京：人民出版社，2011．

（2）杨莘先，张有明，万泓楷，等．这些道理没有人告诉过你：迄今最实用的求职工具书[M]．北京：北京联合出版公司，2012．

（3）段班祥，陈红玲，张广云．信息素养概论[M]．西安：西安电子科技大学出版社，2019．

（4）翁菊梅．大学生信息素养[M]．广州：华南理工大学出版社，2004．

（5）李俊琦．职业素质与就业能力训练[M]．北京：清华大学出版社，2009．

参考文献

[1] 宋贤钧，周立民．大学生职业素养训练[M]．4版．北京：高等教育出版社，2018．

[2] 董冰蕾．大学生网络信息素养培育研究[D]．哈尔滨：哈尔滨理工大学，2017．

[3] 朱珍珍．大学生信息素养教育研究[D]．桂林：广西师范大学，2011．

[4] 陈勇．大学生就业能力及其开发路径研究[D]．杭州：浙江大学，2012．

[5] 郭欣．中国当代大学生就业能力培养研究[D]．长春：吉林大学，2017．

[6] 王倩．大学生就业能力及其培养研究[D]．武汉：武汉理工大学，2015．

第9章

学习职场礼仪 塑造良好形象

【经典诗词】

瞻彼淇奥，绿竹猗猗。有匪君子，如切如磋，如琢如磨。瑟兮僴兮，赫兮咺兮。有匪君子，终不可谖兮。

瞻彼淇奥，绿竹青青。有匪君子，充耳琇莹，会弁如星。瑟兮僴兮，赫兮咺兮。有匪君子，终不可谖兮。

瞻彼淇奥，绿竹如箦。有匪君子，如金如锡，如圭如璧。宽兮绰兮，猗重较兮。善戏谑兮，不为虐兮。

——佚名《国风·卫风·淇奥》

中国素有"礼仪之邦"之称。从西周的制礼作乐到北京人的"老礼儿"，以及各行各业的服务规范，都包含了仪容仪表、言行举止、为人处世等内容。不学礼，无以立。有礼仪的人，往往能得到重用，受人尊敬，甚至成为别人的榜样。礼仪是尊重他人、展示个人文化涵养和品德素质的重要形式，礼仪素养是职场竞争与社交中不可或缺的一部分，是个人职业素养的重要组成部分。作为企业形象的重要组成部分以及企业的无形资产，员工的礼仪素养也越来越被企业重视。在国际交往日趋频繁、经济发展更加社会化的今天，面对日益国际化的职场环境、激烈的工作竞争，不仅要求大学生掌握专业知识，也要求具有德、智、体、礼全面均衡的职业素养。大学生学习职场礼仪与塑造良好的职场形象，对大学生个人形象的涵育、职场竞争力的提升和良好社会风气的形成都具有十分重要的意义。

9.1 职场礼仪与形象塑造概述

学习礼仪，可以强化修养、塑造形象。在人际交往中，有道德才能高尚，讲礼仪才能文明。大学生要想在社会上立足、事事顺达，就必须学礼、知礼、守礼、讲礼，做任何事都要把礼字摆在前面。在现代社会的商业活动中，市场竞争异常激烈，企业与个人的形象作为一种软实力,起着越来越重要的作用。树立良好的职场形象是每一个职场人士的必修功课。每一个职场人士都需要塑造并维护自我的职场形象,规范和践行职场礼仪是塑造职场形象的重要环节,受到人们越来越多的关注和重视。因此,大学生学习职场礼仪,塑造良好的职场形象,是步入职场的必要素养。

9.1.1 职场礼仪的构成

所谓礼仪,是指人际交往的基本准则、行为次序,是人类文明进步的普遍特性之一。荀子曰:"人无礼则不生,事无礼则不成,国无礼则不宁。"管子则把礼仪视为立国之本,指出:"国有四维,一维绝则倾,二维绝则危,三维绝则覆,四维绝则灭。倾可正也,危可安也,覆可起也,灭不可复错也。何谓四维?一曰礼,二曰义,三曰廉,四曰耻。"我国是一个具有悠久历史的文明古国,中华民族素有崇尚礼仪、讲究文明的优良传统,作为炎黄子孙,大学生要继承和发扬中华民族的传统美德,做一个讲文明、懂礼貌的人。职场礼仪是人们在职业生活和商务活动中要遵循的礼节,是在职业生活和商务活动中对人的仪容仪表与言谈举止的普遍要求。职场礼仪包含一系列约定俗成的行为规范,可分为个人形象礼仪、日常交际礼仪、办公礼仪、商务活动礼仪等。礼仪素养是职业素养的重要组成部分,在求职就业、职业发展、人际交往中是不可或缺的。

(1)个人形象礼仪。个人形象是一个人外貌的呈现形式,如仪容仪表、着装、仪态等,反映的是一个人教养和素质的高低。在初次见面时,个人形象会给其他人留下最直观、最深刻的感受,形成"刻板效应"。尤其是在面试时,几乎所有的用人单位面试测评表中都会有仪容仪表这一项。整洁端正的仪容仪表一方面体现了个人的良好修养,另一方面也表达了对其他人的尊重和礼貌。在人际交往和商务活动中,良好的个人形象能够给其他人留下良好的印象,获得他人的信赖。个人形象礼仪,无论仪容仪表、着装,还是仪态,均要遵循 TPO 原则,即时间(Time)、地点(Place)和目的(Objective),要做到因时而变、因地制宜、顺势而为。仪容仪表和着装礼仪如表 9-1 所示。

表 9-1　仪容仪表和着装礼仪

	男士(整洁)	女士(整洁、美观、恰当)
仪容仪表	发型:干净整洁,不宜过长,不得剃光头;前部头发不能遮住眉毛;侧部头发不能盖住耳朵;不留过长、过厚的鬓角;后面的头发不超过衬衣领子的上部。 面部修饰:剃须修面,保持清洁;保持口气清新	发型:根据脸型与身材选择恰当的发型,圆脸适合柔顺的长发、长脸适合蓬松的发型、方脸与三角形脸适合卷曲的发型、椭圆形脸适合任何发型,发型以中分、左右均衡为佳。体型高瘦的人适合长发、直发;体型矮小的人适合短发或盘发;体型高大的人适合直发或大波浪卷发;体型短胖的人适合运动式发型。 化妆:坚持淡妆,根据性格、气质、职业与场合选择妆容。嘴唇显得有润泽感,唇线不可画得太深;眼睛可以描一下睫毛,眼睛小的人可以轻轻描上眼圈;香水要与自身的气质相配,香味宜淡

续表

	男士（整洁）	女士（整洁、美观、恰当）
着装	遵循三色（全身着装的颜色不能超过三种）原则、三一定律（鞋子、腰带、公文包应该为一个颜色，首选黑色）。 西装：拆除商标，熨烫平整，正确系扣（单排两粒纽扣的西装只系上面的纽扣、单排三粒纽扣的西装只系中间的纽扣或中间和上面的纽扣，双排纽扣的西装要求系上所有的纽扣），避免卷挽，少装东西，避免鼓鼓囊囊，慎穿毛衫（如需，可穿 V 领毛衫）。 衬衫：选择单一颜色，白色最好，没有任何图案，系好衣扣、收好下摆，衬衫大小要合身。 领带：领带要打得挺括、端正，外观呈倒三角形；深色西服要配华丽的领带和纯色衬衫；淡色西服要配素雅的领带。 其他：袜子的长度要保证在坐着的时候不会露出小腿，其颜色不浅于裤子；鞋面保持干净、明亮，鞋跟要结实，鞋带系紧	遵循合身原则，含蓄而自然。要注意工作环境的要求，在比较艰苦的环境中，衣饰应朴素大方，穿深色工装配同色长裤；办公室文职应穿着素雅干练，可穿西装套裙，可根据个性和流行因素选择质地精良、颜色恰当的服饰。 西装、套裙：应选择同一质地、同一色彩（上下深浅搭配要合适），以冷色调为主，应当清新、雅气而凝重。套裙大小要适度，着装端正。上衣要平整、挺括、贴身，较少使用饰物和花边，最短可以齐腰；以窄裙为主，裙长要到膝盖或过膝盖，下摆恰好抵达小腿肚子最丰满的地方。上衣的领子要完全翻好，衣袋的盖子要拉出来盖住衣袋，衣扣一律全部系上，不能随便脱下上衣。 鞋子：应和整体相协调，其颜色和款式要与服装相配，在面试时，中跟船式或盖式皮鞋是最佳选择。如果选择靴子，则要注意裙子的下摆要长于靴端。袜子不能有脱丝，肉色为佳。 饰物：随身携带一个公文包或手提小包（一个即可），包内物品不宜过满；帽子与服饰相配，不宜戴过于复杂或鲜艳的帽子；尽量少戴首饰，耳环应当小巧且不引人注目，不发出声响；选用适合自己脸型的镜框，式样以新为好，镜片无色干净；围巾和丝巾要与全身服饰协调，如藏青色西服，则可选用一条纯白的围巾；花色丝巾可配素色服饰，素色丝巾适合艳丽的服装

例如，IBM 公司将商务着装看成企业文化的一部分，要求员工遵守公司的着装规定，以维护公司的形象。在周一到周四，规定男员工以长袖衬衫、领带、西装、长裤、皮鞋为主，衬衫主色以白、蓝、灰为佳，虽然不要求穿西装套装，但上下衣应搭配适当；女员工应以裙装或裤装为主，可穿单件式上衣，外套要和上衣搭配适当，上衣可搭配非休闲式的衬衫、针织衫等，女员工也不要求穿西装套装，但上下衣应搭配适当。在周五，男员工的上衣可选择长袖或短袖衬衫、罩衫、有领 T 恤，裤子可选择工装裤、卡其裤或灯芯绒裤，以及皮鞋；女员工的上衣可选择长袖或短袖衬衫、罩衫、有领 T 恤，下装可选择工装裤、卡其裤、灯芯绒裤或过膝的裙子，可选择皮鞋或有襻凉鞋。不适宜的着装有无袖装、无领 T 恤、牛仔裤、四袋以上裤装、运动裤、短裤（膝盖以上或七分裤）、短于膝盖的裙装（女士）、运动鞋或无襻凉鞋、紧身装、透视装、帽子等，着装颜色不能过于艳丽，不能印有攻击性语言等。

（2）日常交际礼仪。大学生的日常交际礼仪主要包括课堂礼仪、宿舍礼仪、交谈礼仪、社交礼仪等。课堂礼仪主要指尊重老师、积极发言、与小组合作、认真学习等。宿舍礼仪主要指遵守宿舍规定、保持宿舍整洁、体谅与帮助宿友、营造和谐温馨的宿舍环境、与宿友和睦相处。交谈礼仪主要指在与老师或同学交谈时，要谦虚礼貌、注意讲话的语气，与老师交谈时要全神贯注、表达清晰、言之有物；与同学交谈要热情友好。社交礼仪主要指着装礼仪、通信礼仪、造访和接待礼仪，在社交中要讲究礼貌，注重场合、时间与措辞，尤其是造访，要选择适当时间、提前预约、谈吐文明、举止大方，在接待时要注重细节，处处体现出对来访者的重视。

（3）办公礼仪。在工作中，往往会与很多人打交道，彼此之间以各种方式进行问候、介绍、交流、沟通。办公礼仪主要包括称呼、介绍、握手、名片、办公室等礼仪。

① 称呼礼仪。在职场中，如果知道对方的职位和职业，则可以根据行政职务、技术职称、学位、职业来称呼，如王总、陆局长、李教授、吴工、张博士、刘医生、黄律师等；如果不清楚对方的职位和职业，则根据惯例，称男性为先生，称未婚女性为小姐，称已婚女性为女士、夫人或太太。

② 介绍礼仪。自我介绍需要在不妨碍他人工作和交际的情况下进行，要先向对方问好后，再介绍自己的姓名、身份和单位。如果对方感兴趣，则可以简要介绍一些相关情况。在介绍他人时要讲究顺序，把职位低者、晚辈、男士、未婚者分别介绍给职位高者、长辈、女士和已婚者。在商务活动中，还要注意客户优先，先为客户介绍己方的人员。

③ 握手礼仪。在握手时，要面带微笑、目光接触、上身前倾、伸出右手、四指并拢、虎口相对、用七分力度，握手时间以三秒为宜。握手的顺序是长辈、上级、女士伸手后，晚辈、下级、男士才能伸手。

④ 名片礼仪。将名片放在左侧口袋或西装的内侧口袋中，保持清洁、平整；递名片的次序是由下级或拜访者先递名片；递名片时，要用双手的食指和拇指分别夹住名片的左右两端，双目注视对方，面带笑容，并可欠一下身，说"请多关照"；接名片时应起身站立，用双手接过对方名片，并说"非常荣幸"。

⑤ 办公室礼仪。办公室礼仪主要包括：遵守上、下班时间，一般提前5～10分钟上班；进入办公室时要微笑着跟上级和同事打招呼；中途临时需要离开办公室时，要和身边的同事说一下去向和大概时间；下班前要清理桌面、分类收拾好文件和办公用品，关闭电源或门窗后跟上级或同事告别；在进入其他办公室时，一定要敲门，获得同意后方可进入；不要动别人办公桌上的私人物品，除非是工作需要；不要在其他办公室停留过久，离开时应向对方告别或打招呼，将门轻轻关上。

（4）商务活动礼仪。商务活动往往会涉及不同的场景，不同的情景有着相应的商务活动礼仪，常见的有电梯礼仪、乘车礼仪、餐饮礼仪、礼品馈赠礼仪等。

① 电梯礼仪。使用自动扶梯时，主人应走在前面并引导客人；如果扶梯较宽，应靠右侧站立，且不能和前面的人靠得太近。使用直梯（升降电梯）时，如果电梯内人多，不

要强行挤人，应等待下一趟电梯；遵循先出后进的原则，进入电梯后，应该给别人让地方；在引导客人时，接待人员应先进入电梯，等客人进入后关闭电梯门；到达时按住开电梯按钮，让客人先出电梯；不在电梯里面大声谈论。

② 乘车礼仪。乘车礼仪主要包括乘车时的座次与礼待他人。以常见的五座轿车为例，右为上、左为下、后为上、前为下。如果主人亲自开车，那么副驾驶位则是尊位。如果和客人、上司、女士、长辈一同乘车，应请对方先上车，用手挡住车门上沿，以防对方碰到头；下车时，自己先下车为对方打开车门。女士上车时，应先背对车座，轻轻坐在座位上，合并双脚并一同收入车内；下车时，也要双脚同时着地，不可跨上跨下。

③ 餐饮礼仪。餐饮礼仪分为中餐礼仪和西餐礼仪。中餐礼仪讲究干净、尊重和文明的原则，主要包括使用公筷，喝汤或嘴里有食物时尽量不要发出声音，敬酒时不要高于对方的杯子，不将筷子架在杯子上或插在饭碗菜盘里，不要翻来覆去挑拣，夹菜时不滴汤，剔牙时用手遮掩，嘴角和脸上不留食物残余，餐巾叠好不要揉成一团。西餐礼仪主要包括正确使用餐具、坐姿端正、说话文明、衣着得体等。

④ 礼品馈赠礼仪。在馈赠礼品时要掌握好规则和火候，要将礼品的价格标签去掉，用适合的方式包装（不要选用纯白色、纯黑色）；由最高职位的人代表己方向对方人员赠送礼品，赠送应从地位最尊的人开始，先赠女士、长辈，双手奉送。馈赠礼品的最好时机是在分别的时候，且回赠的礼品价值不应超对方礼品馈赠的价值。

9.1.2　大学生职场礼仪培养

职场礼仪是一般礼仪在职场中和商务活动中的运用和体现，其核心是人与人之间的相互尊重。职场礼仪通常会对职业发展起到非常重要的作用。在职场中，熟练掌握各种职场礼仪，能够使自己在面对不同对象、身处不同场合时，举止得体、游刃有余，体现出专业且自信的职业精神。作为将来要走上工作岗位的大学生，在校期间培养良好的职场礼仪是非常必要的。职场礼仪的养成不是一朝一夕的事情，需要大学生持之以恒的训练。在平日的学习生活中，要增强职场礼仪意识，培养日常礼仪习惯，注重实地观察和专业训练，开展形式多样的职场礼仪模拟训练。

（1）增强职场礼仪意识。有些大学生，由于从小养成的习惯，平时根本不注意礼仪，举手投足都比较随便、散漫。例如，走姿、站姿、坐姿不规范，说话不知道用文明用语，不知道轻拿轻放物品，随手开关门，穿着打扮不分场合身份等。虽然这些都是"小事"，但是到了特定的职场就会成为影响个人职业发展的"大事"。因此，大学生要意识到职场礼仪的重要性，在平时的学习生活中，多学习一些职场礼仪知识，可以通过选修职场礼仪课程来了解并理解职场礼仪知识，使遵守职场礼仪成为自觉的行为。

（2）培养日常礼仪习惯。俗话说"习惯成自然"，培养日常礼仪习惯，不仅是提升自身竞争力、提高就业能力所需，也是时代发展的要求。大学生应当从培养最基本的日常礼仪习惯做起，例如做到站如松、行如风、坐如钟，不随便丢垃圾，见到老师要问好，和同学老师谈话要面带微笑，随时记得用"请、谢谢、对不起"等文明用语，穿着打扮要自然大方等。同时，同学之间要互相监督，随时纠正不良的日常礼仪习惯，要经常反问自己"我的语言美不美？我的行为美不美？我的心灵美不美？"经过每一天、每一件事的历练，一段时间过后，日常礼仪习惯就自然而然地养成了。

（3）注重实地观察和专业训练。日常礼仪习惯的养成，可为职场礼仪的培养打下良好的基础。但不同的行业对职场礼仪的要求是有区别的，因此要培养与本行业有关的职场礼仪，必须注重实地观察和专业训练。例如，旅游专业的同学可以去旅游公司感受导游的职场礼仪，亲身体会专职导游的专业用语和文明用语，以及接待游客的方式等；汽修专业的同学可以去看看正规 4S 店的员工是如何接待顾客、如何文明服务的；酒店管理专业的同学可以去星级酒店看看前台服务的职场礼仪。培养职场礼仪，进行专业训练是最根本的途径。大学生除了要从专业课中获取专业理论的讲解和技能的训练，还要运用各种资源和关系获取本行业的职场礼仪训练，让自己尽早进入职业角色，也为日后的职业发展打下良好的基础。

（4）开展形式多样的职场礼仪模拟训练。在了解各行业的职场礼仪后，还要开展各种形式的职场礼仪模拟训练。大学生既可以自己进行模拟训练，也可以参与各行业的训练，如银行柜台、宾馆前台、景点解说、商场柜台等。在进行职场礼仪模拟训练时，要从表情、服饰、姿态、礼貌用语、接待服务等多方面进行考察和训练，并听取同学、老师和职场人士的点评，纠正自己的不足并演示正确做法，进一步感受行业气氛，熟悉并学会各行业的职场礼仪。相对于职场人士而言，大学生在职业选择时有很多劣势与不足，要想弥补这些劣势与不足，除了要学会基本的专业知识和技能，培养职场礼仪、提升职业素养也是求职成功的重要砝码。

9.1.3　职场形象的构成

个人形象是综合素质的外在表现形式，大学生个人形象的塑造，无论对个人职场竞争力的提高，还是对国家形象和民族形象的构建都具有重要意义。现代社会的竞争在很大程度上是一种形象竞争，大学生的个人形象是国家形象和民族形象的重要组成部分。个人形象是一个人展现在别人面前的整体风采，它显示的是一个人的容貌、气质、修养与个性，对一个人的生活、工作和人际交往都会产生很大的影响。一个人的形象是由他的修养、为人处世、谈吐等诸多方面综合体现出来的，美好的外在形象固然会在社交中对一个人有所帮助，但最终决定一个人形象的关键因素是其内在品质，正如德国诗人歌德所言："外貌美只能取悦一时，内心美方能经久不衰。"良好的个人形象需要后天的塑造。职场形象（Occupational Image）是指职场人士在职场中的印象，具体包括外在形象、品德修养、专业能力和知识结构四大方面。大学生职场形象塑造内容包括仪容仪表、职业理念、职场社交和商务礼仪常识、职场个人行为举止等。

（1）仪容仪表。仪容仪表主要包括职业发型设计、化妆造型、制服着装规范等。对于即将进入职场的大学生来说，掌握一些仪容仪表的知识，对于提高就业率是非常关键的，因此大学生要从发型、妆容、服饰、仪态、礼仪、语言等方面进行全面准备，为自己的求职和职业发展做好准备。

（2）职业理念。职业理念反映的是一个人的专业修养与职场态度，这是职场形象设计由内到外的升华过程，也是整个职场形象塑造的核心，更需要职场新人在平日的学习与工作中锻炼、充实自己。

（3）职场社交和商务礼仪常识。职场社交和商务礼仪常识主要包括见面礼仪、致意礼仪、次序礼仪、商务活动礼仪和谈判礼仪等。语言形象不仅是形象和魅力的重要组成，更是让魅力由内而外散发出来的重要途径。在职场社交中应遵循自然、友善、亲切、随和等原则，语气要自然、语速要正常、语音要清晰，同时要正视对方的双眼，显得胸有成竹、不慌不忙。

（4）职场个人行为举止。职场个人行为举止包括站姿、坐姿、手姿、行姿等仪态；表情应自然得体、真诚友善；在进行沟通时，要措辞恰当、语调随和。面试礼仪是一个人素质的重要表现形式，一个人面试时的言行举止都尽收面试官的眼底。大学生在平时要多注意自己的行为举止，培养自己的优雅气质与修养。

常用的仪态礼仪如表 9-2 所示。

表 9-2 常用的仪态礼仪

仪 态	正 确 要 点	错 误 行 为
站姿	挺胸、收腹、抬头、双肩放松；双臂自然下垂或在体前交叉，眼睛平视，面带笑容	双手或单手叉腰，手插入裤袋，双臂交叉抱在胸前，身体不停晃动等
坐姿	腰背挺直，肩放松；女士应两膝并拢；男性膝部可分开一些，但不要过大，一般不超过肩宽	猛起猛坐，双腿分开，伸出很远；双手扣腿，晃动脚尖；身体不直、不正等
走姿	轻而稳，胸要挺，头要抬，肩放松，两眼平视，面带微笑，自然摆臂	走路时双手反背于身后或插入裤袋，步子太大或太小，身体乱晃等
谈话姿势	双方要相互正视、相互倾听	东张西望、看书看报、面带倦容、哈欠连天

9.1.4 塑造良好的形象

塑造良好的形象，对于大学生在未来职场中的发展是非常重要的，不仅要求大学生对未来要从事的行业或组织的文化氛围、职业特点、工作环境、区域习俗等有一个深刻的认识，还要求大学生根据自身的性别、年龄、性格特征、心理倾向、文化水平、文明程度、表现能力、接受能力、责任感、道德感、气质、风度、欣赏品位等因素来设计、塑造良好的形象，从而使其形象符合行业或组织的标准和要求。

（1）个人形象的塑造。大学生要想在毕业时成功获得就业机会，除了应具备敏锐的头脑、睿智的眼光、较高的文化修养，还应具有良好的个人形象。这就需要大学生不仅掌握相关的专业知识，还要掌握职场礼仪，通过言谈、举止、仪表和服饰反映自己的思想修养、文明程度和精神面貌。个人形象是指仪容仪表和仪态等方面的形象。仪容仪表的基本要求是整洁干净，仪态主要指行为举止，如站姿、走姿、坐姿、蹲姿、手势等。优雅的仪态会反映出良好的礼仪修养，可增加不少的印象分，容易被人接受，进而获得更多的机会。大学生的个人形象是其精神面貌的外在体现，与思想修养、道德品质、文化底蕴、文明程度和生活情调密切相关，只有加强内在修养、提高审美情趣，才能具备良好的个人形象。

（2）气质形象的塑造。大学生的良好形象不仅表现在着装上，更多表现在气质上。良好的气质是以人的文化素养、文明程度、思想品质，以及他对生活的态度为基础的。要想塑造良好的气质形象，首先要拥有丰富的内心世界；其次要培养大方、自重、豪爽、刚强、谦虚、认真等富有吸引力的性格特征，注重修养，待人宽容，理解同情别人，有主见但不乱发言论；最后还要具有较高的文化素养，不仅要精通专业技能，还要有高雅的兴趣爱好、优雅的言谈举止。

（3）能力形象的塑造。学识渊博、文化修养和智慧才华是个人形象的基础，大学生要多看与修养有关的书籍，多吸收新鲜的知识，培养创新、管理、社交、表达、执行、学习、应变等方面的能力，适时表现自己的特长，树立能力形象。在学习、生活中，大学生要掌握口头表达的规律和艺术，能充分借助面部表情、肢体动作等辅助语言，增强口头表达的说服力、亲和力和感染力；恰当地使用敬语，注意各种场合的谈话、发言、讲话等，较好地掌握和运用与职业有关的语言表达形式，增强语言表达的艺术效果；锻炼和提高自己的社交能力、社交艺术，在各种社交中能应对自如；在遇到各种意想不到的突发事件和问题时，要能做到镇定自若、头脑清醒、正确判断、机智应变。

（4）精神形象的塑造。精神形象是一种内在动力，其塑造的过程是一个长期的学习过程。大学生需要培养与塑造强烈的敬业精神，要充满自信、富有激情和活力。首先要充分相信自己的实力，只有将满腔的热情投入工作，在工作中拼搏、努力，才可能在常人认为不可能的情况下创造出不平凡的业绩。其次不论工作是否顺利，都要保持良好的心态，以极大的热情投入工作，以洒脱、乐观、大方的态度对待生活。最后要在学习与工作中学会克制、学会忍让、学会冷静、学会理解，搞好各方面的关系，保持组织与组织之间、组织与员工之间、员工与员工之间的融洽关系。

（5）道德形象的塑造。在塑造道德形象时，要坚持顾全大局、爱岗敬业、遵纪守法、团结协作等原则。首先要正确处理个人利益与组织利益、当前利益与长远利益的关系，做到个人利益服从组织利益、当前利益服从长远利益。其次要具有爱岗敬业的精神，热爱本职工作，认真履行工作职责，钻研业务，学习新知识和新方法，自觉维护组织的信誉。再次还要诚实守信、遵纪守法，具备团结协作精神，互相帮助、照顾，处理好上下级关系、客户之间的关系和同事之间的关系。最后要做到处事公正、廉洁奉公、不谋私利。

良好的形象不仅是展现自己的人格魅力、构建和谐的人际关系、丰富职业意义、成就事业的资源和保证，也是社会精神文明建设的一个重要方面。大学生应领会职场礼仪和良好形象的内涵，通过不断学习、反复实践与训练，塑造完美、专业、优秀的职场形象和专业素养，获取用人单位与客户的信任，赢得社会的认同与尊重，获得事业上的成功。

9.2 职场礼仪和形象塑造案例

随着社会文明的不断发展，良好的职场礼仪和形象不仅能让大学生在未来的职场上建立独特的个人魅力，还能提高社交能力和沟通能力，从而为职业发展增添成功的筹码。尤其是在当今高科技竞争的时代，大学生要确立成才目标，塑造德智体美全面发展的崭新形象，注重才华和品格的养成，构建合理的知识结构，较强的实际办事能力，在强化生存能力的同时塑造新时代大学生的良好形象。

9.2.1 案例1：珠澳大学生形象选拔赛

"在最好的青春，邂逅最酷的自己"——历时数月，近千名珠澳大学生经过海选、初赛、复赛的激烈角逐，进入16强的珠澳大学生选手于2018年4月22日19点在珠海富华里中央舞台隆重进行决赛。选手们以真情的演唱、优美的舞蹈、振奋人心的朗诵、精彩的武术表演等来展示自我。作为新时代大学生的典范，他们的阳光形象和良好风貌获得了各方的称赞。经过激烈的比拼，最终，北京理工大学珠海学院的李天祥斩获冠军，遵义医科大学珠海校区的李明翰荣获亚军，北京师范大学珠海校区的衣凯嘉摘得季军。

本次决赛在由复赛选拔出来的16强选手之间进行。现场节目丰富多彩，包括舞蹈、演唱、配音、演讲、朗诵、武术表演等多种形式，全面展示了珠澳大学生的健康风貌和极高的综合素质，也展示出了珠澳地区的人才实力和良好的教育水平。参赛选手多才多艺，给观众带来了一场视听盛宴，现场观众呼声不断，高潮迭起。

为了给参赛的大学生鼓励，传授比赛经验，2017年亚洲小姐全国总决赛亚军吴安琪亲赴大赛现场，向选手们提出了舞台展示、语言表达等方面的建议。据组委会介绍，大学生是人才战略的第一步，大赛的目的是展示珠海和澳门的教育水平和大学生风采，打造两地人才信息平台，为用人单位提供人才资源；加强高校与高校间的联系与合作，展示高校特色，为高校招生与社会形象宣传搭建平台。大赛的主题明确，旨在传播正能量，引导大学生积极参与社会公益活动，播撒爱心，为社会注入更多的青春活力。同时，通过大赛来宣传珠海和澳门的旅游文化，实现人才发展、文化传播、社会公益的多赢。

（案例来源：北京理工大学珠海学院学生工作处）

【案例点评】礼仪是中华民族的传统美德，本次比赛传承礼仪美德，绽放美丽形象，展示了大学生礼仪素养，彰显了新时代大学生健康、智慧、向上的青春风采。大学生是社会上最富有朝气、充满活力的群体之一，良好的形象不仅是大学生成才的一个重要方面，也是社会对大学生的要求。大学生应当在不断提升礼仪素养的同时，塑造良好的形象：理想远大、热爱祖国，追求真理、善于创新，德才兼备、全面发展，视野开阔、胸怀宽广，知行统一、脚踏实地。

9.2.2 案例2：腹有诗书、气质若兰——董卿的形象塑造

《中国诗词大会》与其他综艺类节目截然不同，在该节目中，文学界的专家会对每个问题进行细致的解读，这就要求主持人具有较高的文学素养。主持人董卿以自身的深厚文学素养与慧中秀外的形象，成为该节目的一道风景线。

（1）"慧中"的内涵形象。观众看电视的过程其实就是一个审美的过程，节目主持人的形象能否获得观众的认同，取决于她给观众留下的印象。董卿的美是由内而外散发的。所谓"腹有诗书气自华"，主持人不仅要有"秀外"的外在形象，更要有"慧中"的内在涵养。"慧中"的内在涵养主要体现在以下几个方面：

① 执着的敬业精神。董卿自小就非常喜爱文艺，不顾家里的反对报考了艺术类院校的播音主持专业，通过自己的不断努力成为浙江电视台和上海电视台的节目主持人，在当地小有名气。最终凭借自己实力，获得了主持界最高荣誉——金话筒奖，并成为中央电视台春节联欢晚会的主持人。时至今日，她依旧保持着对工作的热情。董卿身边的工作人员曾说："在主持《中国诗词大会》这档节目时，她的背包里始终备着新华字典，趁着每次化妆的时间翻阅字典，对生僻字进行认真标注，反复、仔细准备稿子是极其常见的事情。"董卿做事的认真程度和敬业精神让所有人敬佩，每次都字斟句酌地准备主持稿，其目的就是希望自己能够在主持的过程中做到言之有物，希望能通过自己的语言，恰到好处地将节目的情感和思想表达出来，能够给观众留下身临其境的感觉。

② 深厚的知识功底。首先，董卿具有深厚的文学功底，对自我修养的提高尤为重视。董卿本科毕业于上海戏剧学院、硕士研究生毕业于华东师范大学，后来又获得了上海戏剧学院的艺术硕士学位。在很多采访中，董卿都曾经说过自己对校园的向往、对知识的渴望，她说："学习能够给你一个缓冲，让你有时间反思自己，进行能量的补充。"作为央视的主持人，平均每三天就会录制一次节目，但不管工作多忙、多累，董卿都保证每天抽出一到两个小时来阅读。其次，董卿具有沉着灵活的控场能力。对于综艺类节目主持人来说，他们素质结构中最重要的部分就是控场能力。无论电视录播还是直播节目，主持人控场能力的强弱在某种程度上决定着节目的精彩与否。对于直播节目，对主持人控场能力的要求就更高了，但董卿却能很好地把握这个分寸。

（2）"秀外"的外在形象。《中国诗词大会》节目的宗旨是"赏中华诗词、寻文化基因、品生活之美"，节目中董卿"秀外"的外在形象主要表现在以下几个方面：

① 时尚得体的服饰妆容。作为电视节目信息的传达者、作为电视审美的传播主体，主持人的服饰妆容是否得体，能够直接引起观众的视觉效果。董卿在服饰的选择上下了很大的功夫。《中国诗词大会》是一档和中国古典文化联系相当密切的节目，每期节目

的服饰风格都要展现古典文化之美，因此董卿在每期节目都选择有古典文化印痕的服饰。

②温暖亲切的副语言。主持人的表情和体态在自身形象塑造与传播中占有很大的比重，在摄像机前的每一个动作和一颦一笑，都能够深切反映主持人的心理活动，同时也可起到传播信息，和与观众交流的作用。董卿在节目主持中使用的语言都是平实简约的，但这些打动人心的语言都是来自她平常对生活的总结，以及对未来的期待。

③柔和且有辨识度的声音。董卿的声音温婉、柔和，而且非常富有感染力。在《中国诗词大会》这档对主持人文学素养和控场能力要求相对较高的节目中，董卿那种细腻、情感丰富的声音非常适合诵读节目中的古诗词，不同背景、不同风格、不同作者的作品都能给人带来身临其境的感觉，让人们仿佛回到了作者创作作品时的那个时代。董卿具有柔和且有辨识度的声音，以及知性的语言，这往往可以迅速抓住观众内心潜在的感情需求，及时唤起人们的内心感情。

（3）主持人与节目完美地融为一体。在《中国诗词大会》节目中，董卿会经常采访"百人团"的成员。例如，在其中的一期节目中，董卿即兴采访了来自突尼斯的混血儿王子西，因为年纪小，王子西误把"白云千载空悠悠"中的"悠悠"说成"愁愁"，这就使得他在回答问题时出错。对于将这样一首耳熟能详的诗词说错了，现场气氛显得有点尴尬，但董卿却说："小朋友是外国人，你爸爸在家是不是不经常说中文啊？"虽然王子西说"爸爸会说中文"，但董卿的话还是给了小朋友一个台阶下，缓解了小朋友不知道该怎么回答问题的窘境，并且现场还播放了王子西爸爸和妹妹给他加油的视频。董卿还说："王子西因为录节目，要在北京待一段时间，不能经常见到爸爸和妈妈，我们应该给他鼓鼓掌。"

董卿如朋友、如亲人的形象，使她成为观众的知心人，她的这种朋友型的主持人风格得到了无数观众的认可和欢迎。

（案例来源：搜狐网）

【案例点评】董卿的气质来自她孜孜以求的学习和追求完美的性格。在父母的熏陶下，董卿小的时候就喜欢读书，后来在华东师范大学进修了中国古典文学。在她看来，读书远比逛街有意思。有次中秋晚会，需要主持人说些描述月亮的古诗词，唯独董卿从容不迫，信手拈来。古典文学是中国文化的精髓，有取之不尽、用之不绝的知识宝藏，学习古典文化就犹如站在巨人的肩膀之上，在那里可以望得更远。

如今，即便工作再忙，董卿每天都会保证一个小时的阅读时间。关于读书，她的名言是——假如我几天不读书，我会像一个人几天不洗澡那样难受；读书，能让人学会思考，让人在不知不觉中变得安静下来；读书让人快乐。

9.2.3　案例 3：商务礼仪形象案例及分析

某照明器材厂的业务员金先生按照计划，手里拿着企业新设计的照明器样品，兴冲冲地登上六楼，脸上的汗珠都未擦一下，便直接走进了业务部张经理的办公室，正在处理业务的张经理被吓了一跳。

"对不起，这是我们企业设计的新产品，请您过目。"金先生说。

张经理停下手中的工作，接过金先生递过的照明器，随口赞道："好漂亮啊！"并请金先生坐下，给金先生倒了一杯茶，然后拿起照明器仔细研究了起来。

金先生看到张经理对新产品如此感兴趣，如释重负，便往沙发上一靠，跷起二郎腿，一边吸烟一边悠闲地环视着张经理的办公室。

当张经理问他电源开关为什么装在这个位置时，金先生习惯性地用手搔了搔头皮。

虽然金先生做了比较详尽的解释，但张经理还是有点半信半疑。谈到价格时，张经理强调："这个价格比我们预算高出很多，能否再降低一些？"

金先生回答："我们经理说了，这是最低价格，不能再降了。"

张经理沉默了半天没有开口。

金先生却有点沉不住气，不由自主地拉松领带，眼睛盯着张经理，张经理皱了皱眉问："这种照明器的性能先进在什么地方？"金先生又搔了搔头皮，反反复复地说："造型新、寿命长、节电。"

张经理托词离开办公室，只剩下金先生一个人。金先生等了一会儿，感到无聊，便非常随便地拿起办公桌上的电话，同一个朋友闲谈起来。这时，门被推开，进来的却不是张经理，而是办公室秘书来送客的。

（案例来源：道客巴巴）

【案例点评】金先生在拜访这次业务的负责人张经理时，应该注重礼节，着装整洁得体，行为语言文明。

当金先生脸上的汗珠都未擦一下，便直接走进了张经理的办公室时，反映了他不注重自己的外在形象，这本身也是对别人的一种不尊重，会给别人留下不好的印象。

张经理接过金先生递过的照明器，称赞漂亮并请金先生坐下，倒了一杯茶递给金先生。这时金先生应该说句感谢，但他没有，这显然缺乏礼仪的表现，又给对方留下一些不好的印象。

金先生往沙发上一靠，跷起二郎腿，一边吸烟一边悠闲地环视着张经理的办公室。这也是一种对别人的不尊重，是很不礼貌的。

金先生习惯性地用手搔了搔头皮，以及不由自主地拉松领带，这些习惯性动作是不可以带到商务会谈中的。

张经理表现出半信半疑的样子，这时需要金先生进一步解释，但金先生没有解释。

谈到价格时，金先生不应该用如此坚决的态度。金先生反反复复地说"造型新、寿命长、节电"，这给人的印象是金先生有点不耐烦，很容易让人反感。

金先生随便用他人办公室的电话和朋友闲谈，也是不礼貌的表现，有损自己的形象，这时他应该安静地等一会儿。

9.3 职场礼仪训练

【训练目的】掌握职场礼仪，开启精彩职业。

【训练内容】通过仪容仪表、着装、仪态和商务礼仪的训练，认识到职场礼仪的重要性，学会常用的职场礼仪，体会职场人士的服饰之美，进而塑造恰当的职场形象。

9.3.1 项目 1：仪容仪表及着装训练

请根据仪容仪表的要求，塑造自己的职场形象。对照表 9-3 进行自我检查，并进行修正，可以进一步在同学间进行互评。

表 9-3 仪容仪表自我检查表

职场男性仪容仪表自我检查表	职场女性仪容仪表自我检查表
头发是否干净，无头屑	
头发是否梳理整齐	
是否染了彩发	
头发的长度是否适合	发型是否过于特别
牙齿是否刷过？饭后是否漱口或用了口香糖	
口中是否有烟、酒、葱、蒜等异味	
身上是否有汗味或其他异味	
指甲是否齐整、干净	
胡须是否刮干净了？如果蓄须，是否干净	是否涂了鲜艳或另类的指甲
鼻毛是否修干净了	香水是否喷得过于浓烈

9.3.2 项目 2：仪态礼仪训练

请根据表 9-4 给出的仪态礼仪要点，训练站姿、坐姿、走姿、蹲姿和欠身礼，并在同学之间进行互评。

表 9-4 仪态礼仪要点

仪态礼仪	要　点
站姿	从正面看，站立挺直，精神饱满，两眼正视（而不是斜视）前方；两肩平齐，两臂自然下垂，两脚跟并拢，两脚尖张开 45°，身体中心落于两腿正中。从侧面看，两眼平视，下颌微收，挺胸收腹，腰背挺直，手中指贴裤缝，整个身体庄重挺拔

仪态礼仪	要　点
坐姿	入座时走到座位前，转身后把右脚向后撤半步，轻稳坐下，然后把右脚与左脚并齐。坐在椅子上，上身自然挺直，头正，表情自然亲切，目光柔和平视，嘴微闭，两肩平正放松，两臂自然弯曲，双手放在膝盖上，掌心向下，两脚平放地面。起立时右脚先后收半步然后站起。如果穿的是裙装，落座时可用手指指腹或手背捋裙子
走姿	上身基本保持站立的标准姿势，挺胸收腹，腰背挺直；两臂以身体为中心，前后自然摆动，手掌朝向体内；起步时身子稍向前倾，重心落于前脚掌，双腿伸直；脚尖向正前方伸出
蹲姿	应采用高低式蹲姿，基本特征是双膝一高一低，下蹲时双脚一前一后，左脚脚掌完全着地，右脚前脚掌着地，脚跟提起，双手轻握放在左腿上。女士双腿应尽量靠紧，男士双腿可以微分
欠身礼	在保持站姿的基础上，上半身微向前倾，但要保持头与脊柱在一条直线上，双眼注视对方，眼神柔和，可微微点头致意

9.3.3　项目3：商务礼仪训练

请根据以下场景，在小组内进行商务礼仪训练。

主方为星宇公司，人员包括孙总经理、王副总经理、总经理秘书严秘书、礼仪小姐、前台小姐；客方为大有公司，人员包括周总经理、郭副总经理、总经理秘书陈秘书。

【场景一】电话预约（电话礼仪）。

陈秘书：您好，这里是大有公司，请问有什么可以为您服务的吗？

严秘书：您好，我是星宇公司的严秘书。请问昨日周总是否收到了我公司的新品发布会邀请函？

陈秘书：严秘书您好，请稍等，我查询一下记录……哦，是的，我们已收到贵公司的邀请函了。周总也交代过了，会准时出席贵公司的新品发布会。

严秘书：那真是我们公司的荣幸，不知周总何时能到达，我们将派人去接待。

陈秘书：周总将于6月2日上午9点到达。

严秘书：好的，谢谢陈秘书！

陈秘书：不客气，请问还有什么可以帮助你的吗？

严秘书：没有了，谢谢，再见！

陈秘书：再见！

【场景二】前台接待（指引手势、电梯礼仪）。

旁白：6月2日上午9点，大有公司周总经理、郭副总经理、陈秘书来到星宇公司，并到前台咨询。

陈秘书：您好，我们是与贵公司孙总经理预约好的大有公司会谈人员。（并递交了邀请函）请你通告一声。

前台小姐：您好，我们正在等候，请礼仪小姐指引你们前去会议室。

礼仪小姐：（打开电梯后首先进入）请进。

周总经理：（随后进入电梯）谢谢！（郭副总经理、陈秘书依次进入）

出电梯后，礼仪小姐一直走在大有公司会谈人员的左前方，指引他们到达会议室。

【场景三】会面（互相交换名片，握手礼仪，介绍礼仪）。

礼仪小姐：孙总，大有公司的周总经理到了。

孙总经理：周总，您好，我是星宇公司的孙总经理！想必这位就是你的得力助手郭总吧！（双方握手，先和周总经理握手、再和郭副总经理握手）

周总经理：哪里！哪里！

孙总经理：这位是我的副总经理，王玉凤小姐。这位是我的秘书严安宁小姐。（与周总经理、郭副总经理、陈秘书依次握手）

孙总经理：（孙总经理从严秘书手中接过名片）这是我的名片，希望以后合作愉快。

周总经理：（双手接过名片，仔细阅读，并从陈秘书手中接过自己的名片，递给孙总经理）这是我的名片。

【场景四】签约仪式（签约礼仪）。

两公司人员就座后进行洽谈，交流意见，礼仪小姐倒上茶水，并递上合同，随后签署合同。

孙总经理：我们这次合作很愉快，希望以后我们能够继续合作，共同发展。

周总经理：贵公司的诚意令我感动，谢谢贵公司的招待。（双方热情握手）

9.4　职场形象塑造训练

【训练目的】塑造职场形象，推动职业发展。

【训练内容】学会运用恰当的商务表情，知礼、守礼，塑造良好的形象。

9.4.1　项目 1：商务表情训练

（1）微笑训练。请理解微笑的重要性，以及微笑的要领，在同学之间相互练习、提高。微笑是真正的"世界语言"，是人际交往的通行证。微笑是指在脸上露出愉快的表情，在人际交往中，微笑是对人的尊重和理解，也是善良、友好、赞美的表示。要笑出感情、笑得亲切、笑得甜美、笑得感人、笑得稳重、笑得大方、笑出素质与修养，先要放松自己的面部肌肉，然后使自己的嘴角两端微微向上翘起，让嘴唇略呈弧形。微笑时，目光应当柔和，双眼略微睁大，眉头自然舒展，眉毛微微向上扬起。

（2）目光语训练。请理解眼神的重要性，以及目光语的要领，在同学之间相互练习。眼睛是心灵的窗户，眼神更有其特殊的表现力和感染力，人们通过视觉感受到的信息大约占总信息的 87%。举止、眼神代表着个人的道德修养，职场人士的举止神态更代表着单位的形象，大学生要从细微处做起，树立良好职场形象。

目光接触时间是指人们视线相互接触的时间，通常占社交时间的 30%～60%，每次接触时间控制在 3 s 内比较合适。目光视线区域分为三类：业务性凝视（从额头中间到双眼的三角区域）、社交性凝视（从双眼到嘴的三角区域）和亲密性凝视（从双眼开始，越过下巴，直到身体的其他部位的三角区域）。

9.4.2 项目 2：整体形象塑造训练

首先阅读 1～2 本关于职场礼仪及形象的书籍或观看相关的视频，然后从仪容仪表、着装、举止、言谈、仪态、表情等方面，全面塑造个人的整体形象，以小组的形式在班级展示，并评选出每组的最佳形象奖。塑造良好的整体形象，包括衣着仪表得体，讲信用、守时间，自信和朝气蓬勃的精神面貌，言行举止讲究文明礼貌，待人不卑不亢等多个方面。

【阅读书单】

（1）金正昆. 社交礼仪盖伦[M]. 北京：北京大学出版社，2006.

（2）张岩松，唐召英. 现代交际礼仪实训教程 [M]. 北京：清华大学出版社，2011.

（3）孟庆强. 礼仪常识全精通[M]. 北京：中国纺织出版社，2011.

（4）王义平. 职场礼仪[M]. 上海：同济大学出版社，2009.

（5）苏茜. 不懂礼仪规矩，还敢拼职场[M]. 南京：江苏人民出版社，2018.

（6）李歆. 商务礼仪与职业形象塑造[M]. 北京：电子工业出版社，2015.

（7）何瑛，张丽娟. 职场形象塑造[M]. 北京：科学出版社，2012.

（8）周艳波. 形象塑造与自我展示[M]. 2 版. 北京：高等教育出版社，2014.

（9）陈俊琦，张兵，倪克蓉，等. 实用礼仪与形象塑造[M]. 2 版. 重庆：重庆大学出版社，2017.

【推荐视频】

（1）金正昆讲礼视频，1～20 集。

（2）江苏建筑职业技术学院，职业形象塑造 36 计，https://www.icourse163.org/course/JSJZY-1205723818。

9.4.3 项目 3：遇见十年后的自己

以班会的形式，塑造十年后职场上的自己，包括服饰、发型、穿着等，并准备 1～2 分钟的发言（模拟十年后的同学会发言），包括个人的职位、生活及人生体验等。在开班会时一一展示，塑造未来的形象，以此鼓励自己、引导自己。

拓展阅读

（1）谭洛明，徐红．礼仪与形象塑造[M]．广州：中山大学出版社，2008．

（2）林洁．职场形象塑造[M]．北京：中国水利水电出版社，2009．

（3）金正昆．礼仪金说：金正昆教你学礼仪（升级版）[M]．西安：陕西师范大学出版社，2006．

（4）周思敏．你的礼仪价值百万[M]．北京：中国纺织出版社，2012．

（5）刘汉．玩转职场的 10 条社交策略[M]．北京：中国华侨出版社，2011．

（6）怡心．职业女性的形象设计与魅力塑造[M]．北京：中国妇女出版社，2015．

（7）李劲．别输在不会表达上[M]．苏州：古吴轩出版社，2016．

参考文献

[1] 宋贤钧，周立民．大学生职业素养训练[M]．4 版．北京：高等教育出版社，2018．

[2] 庄明科，谢伟．职业素养入门与提升[M]．北京：北京理工大学出版社，2009．

[3] 本书编写组．思想道德修养与法律基础（2018 年版）[M]．北京：高等教育出版社，2018．

[4] 张松才，张连绪．高职院校学生干部培训教程[M]．广州：暨南大学出版社，2011．

[5] 孙留芳．培养职场礼仪提升职业素养[J]．成才之路，2012(28):1．

[6] 葛楚华，黄碧蓉．大学生入职前的形象塑造[J]．课程教育研究，2014(4):178．

[7] 陈茜茜．高职学生礼仪素养教育探究——以宁波职业技术学院为例[J]．科技展望，2015,25(7):263-264．

[8] 陈蕊，张晓君．职场新鲜人——当代大学生职场形象塑造探析[J]．新西部（理论版），2016(15):158,156．

第 **10** 章

开阔国际视野　提升综合素养

【经典诗词】

岱宗夫如何，齐鲁青未了。
造化钟神秀，阴阳割昏晓。
荡胸生层云，决眦入归鸟。
会当凌绝顶，一览众山小。

——杜甫《望岳》

新时代大学生是我国社会主义现代化强国建设、中华民族伟大复兴的生力军，是祖国的未来和民族的希望。在全球竞争日趋激烈、世界合作日趋紧密的今天，国家的发展尤其需要更多具有国际视野的高素质人才。人才是国家发展的关键，尤其是具有国际视野、精通外语、通晓国际规则的国际化人才。《国家中长期教育改革和发展规划纲要（2010—2020 年）》提出，要加强国际交流与合作，适应国家经济社会对外开放的要求，培养大批具有国际视野、通晓国际规则、能够参与国际事务和国际竞争的国际化人才。开阔国际视野，不仅能增强大学生的思维能力，还能提升大学生的综合素养，从而提高我国创新型应用人才水平，为中国在全球化背景下增强核心竞争力提供后备力量。大学生理应培养自己的世界眼光和国际视野，提升自己的综合素养，立志于成才报国，立志于世界文明的进步。

10.1　国际视野与综合素养概述

随着我国经济的发展，从国家到个人，与世界的联系越来越多。走出国门、参与国际事务、出国工作等机会越来越普遍。更为重要的是，国际型的组织和事务越来越多，包括各类慈善组织、商业机构、技术研发组织、社会事务机构等。我国在基建、科技、高铁、能源、电子等方面，越来越广泛地参与国际事务。这种国际化的程度只会越来越高，参与度只会越来越深，事务只会越来越多样化。随着我国国际地位的提升，各行各业对具有国际视野人才的需求更加强烈，具备国际视野的人才会有更高的平台、更加广泛的机会、成就更大的事业。未来国际工作经验将会是个人工作简历中最重要的一项，是否具有国际工作经验，将会影响一个人国内的就业和发展。一个具有国际工作经验、参与过国际项目的人，在思维、视野、习惯等方面都会具有较多的优势；会在克服困难、解决问题、沟通协作、尊重、责任等综合素养方面更胜一筹。国际化人才是未来最为紧缺的一类人才。具有国际视野和综合素养的新时代大学生将在国际舞台上展现青春风采，在立足国情的基础上，熟悉国际规则、通晓国际伦理，以战略全局的观点来看待问题，更好地讲好中国故事、发出中国声音，为世界贡献中国智慧。

10.1.1　国际视野及其构成

在经济学中，国际视野是指能站在世界的角度观察经济运行、市场营销，为企业发展提供服务。全球化是一个以经济为主体带动政治、文化全方位发展的过程。社会生活中任何方面所发生的较大波动和变化，都有可能在全球范围内引起连锁反应，这就要求人们在看待问题时必须具有世界眼光或国际视野。广义上讲，国际视野是指人们能从全球的高度去了解世界历史和当今国际社会，评价本国地位和作用，认识自己的权利和义务，并在国际交往中有恰当的行为与态度。国际视野主要表现为能够面向经济全球化、信息全球化，主动关注世界性问题，关注人类的共同命运，了解世界不同文化的历史与特点。对于新时代大学生而言，国际视野是指大学生能够站在全球的高度，了解世界历史和当今社会政治、经济、文化、生活，思考和理解各类国际问题，提升自身的国际交往能力与专业素养，养成在全球化背景下应有的意识、知识和能力。

（1）意识维度。即养成国际化的心态和思维方式。一方面是指大学生对跨国事务或国际事务的认识和了解，能够自觉、迅速、深入地了解国际社会；另一方面是指大学生自觉了解世界及人类社会历史发展的多样性，用开放的心态、平等公正的理解，宽容地对待和尊重世界各国、各地区、各民族的文化传统，汲取人类创造的优秀文明成果，积极、平和、理性地参与国际活动和国际竞争。

（2）知识维度。国际知识是国际视野的基础，主要包括国情世情、国际规则、国际礼俗。首先，大学生看世情要立足于基本国情，清楚地认识到"这是一个什么样的世界""我们处于什么样的世界"；其次，大学生要熟悉非歧视、透明度、国民待遇、公平竞争等国际经济贸易原则，以及政治、科技、文化等领域国际规则和惯例，强化规则意识、法治意识、市场意识；最后，大学生要学习国际礼仪，在国际交往与合作中尊重不同国家人们的宗教信仰、文化背景和生活习俗。

（3）能力维度。国际视野不仅表现在意识维度和知识维度上，还应表现在能力维度上。大学生应具备与专业相关的工作能力、信息的获取和取舍能力、创新能力，以及社交能力等，才有可能在国际竞争中立于不败之地。同时，大学生还要具有高度的灵活性，敢于面对挑战、把握时机、打破常规，创造性地开展工作。在全球化背景下，竞争无处不在，这种竞争的残酷性和多变性对人们的心理承受能力提出了更高的要求。为了更好地参与国际竞争和合作，具有国际视野的人才必须具备良好的心理承受能力，善于处理各种复杂多变的关系，并能在竞争中与人合作，具有较好的团队协作精神。此外，大学生还应具备较强的语言技能，掌握必需的外语及交流沟通技巧等。

10.1.2　大学生培养国际视野的途径

在全球化的国际社会中，大学生应当积极将自己置身于当前的国际化经济浪潮中，以客观冷静、开放包容的心态面对这个世界；培育开放意识，以广阔、全面的国际眼界，从宏观上将国际发展形势尽揽眼底；以过硬的综合素质和科学的价值观，洞悉世界风云变幻的实质，提出自己的独立见解，从而不断提升自己的国际素养和国际竞争力。

（1）培育自觉的开放意识。大学生朝气蓬勃，接受能力强，接受新鲜事物快，求知欲望强，要发挥自身的优势，自觉提高思想认识，打开眼界，积极主动面向世界，不断抓住各种机会，去接触国际社会的人和事，让自身走向世界。继承和发扬中华民族的优秀传统文化是新时代大学生义不容辞的责任。同时，让自身走向世界、为中国腾飞助力也是大学生的伟大使命。

（2）具备开阔的国际眼界。面对五彩缤纷的大千世界，大学生要努力学习，广泛涉猎，掌握国际规则；要放眼全球，批判地吸收当今世界各国的先进文化，尽可能通过广泛涉猎世界各国的历史、文化、艺术、风俗等来开阔自己的国际眼界。一方面可以通过网络、媒体、书报、杂志等增强对外部世界的了解，另一方面需要积极投身到国际交流互动的实践中，在实践中锻炼能力、增长才干、开阔眼界。例如，参加国际学术交流和国际教育项目、组织国际夏令营、组建国际交流社团、开展青年志愿者海外服务等活动，在形式多样、氛围轻松的活动中耳濡目染，开阔眼界，增长见识。

（3）练就过硬的综合素质。首先，要掌握现代科学技术知识，做到既"专"又"博"，在学好专业知识的同时努力扩大自己的知识面。其次，要有胸怀天下的非凡气度和风范，要宽容、理性、务实、开放、文明、诚信，展现新时代大学生良好的文明素养。最后，要具有分析和辨别各种信息的能力，要善于从世界文明发展史中汲取智慧和经验，要善于分析当前国际形势，树立全局观，把握和平和发展的世界主题，充分认识发展是硬道理和稳定压倒一切的重要意义。大学生要倍加珍惜当前稳定发展的大好机遇，理性合法有序地表达爱国情感，用努力学习、发愤图强的实际行动为社会的安定祥和、为祖国的稳定发展做出自己应有的努力。

（4）坚定科学的价值观。当今世界正处在一个思想大活跃、观念大碰撞、文化大交融的时代，先进文化、有益文化和落后文化、腐朽文化并存，正确思想和错误思想、主流意识形态和非主流意识形态相互交织。在国际视野下，大学生尤其要保持清醒头脑、认清形势，以社会主义核心价值观构筑自己的精神支柱，坚决抵制各种西化、分化思想的侵扰，坚定地跟党走，坚持走中国特色社会主义道路，做坚定的爱国者。

10.1.3　综合素养及其意义

《辞海》对素养的定义为：第一，修习涵养；第二，平素所供养。所谓"素"，原意是"本色""本来的""原有的"；所谓"养"，原意是"培植""教育""熏陶""培养"。在当今社会，素养的含义大为扩展，它包括思想政治素养、文化素养、业务素养、身心素养等多个方面。从广义上讲，素养是指一个人的修养，与素质同义，包括道德品质、外表形象、知识水平与能力等多个方面。我们平常所说的素质教育，实际上就是指素养教育。综合素养是先天素质和后天教养在个人的行为特征、能力品质和情感意志等方面的综合反映。大学生综合素养包括品德素养、身心素养、学习素养、创新素养、国际素养、审美素养、信息素养、职业素养以及生活素养等方面的内容。

班固在《汉书》中说："马不伏历，不可以趋道；士不素养，不可以重国。"随着科技的发展和进步，为了加强人才的教育和储备，从"单一型培养"向"复合型培养"转变是各国培养高素质人才的必然之路。素养本位的教育价值追求是在个人与自然、社会发生关联的生态环境中，增强个人自身心理、生理、科学素养建设，提升沟通、合作、思考思维水平，它不仅关注知识与能力，也重视情感与心理；不仅传授技能与理论，也培养习惯和思维。因而，素养本位的教育能够将学生学到的知识、技能、精神、品质固化为本能，从而促进教育事业的进步。大学生不仅要练就真才实学，还要不断提升个人综合素养，这样才能有益于个人的全面发展，才能顺利就业并促进职业发展，更好地为国家建设贡献自己的力量。

10.1.4　大学生提升综合素养的途径

素养是指人们在日常生活中所获得知识的内化和融合，具备一定的知识并不等于具有相应的素养。只有通过内化和融合，并真正对思想意识、思维方式、处事原则、行为习惯等产生影响，才能上升为某种素养。俗话说"玉不琢，不成器"，能力靠的是培养，大学生要对学到的知识进行内化和融合，才能提升综合素养。大学生提升综合素养的途径主要包括：

（1）保持微笑。微笑是人与人之间的一种通用表达方式，用于表示愉悦、欢乐、幸福或乐趣。微笑是一个人素养的表现，微笑是一种礼貌，也是人与人之间的互相尊重。经常微笑的人不但能够让自己的心情很愉悦，而且会有一种强大的魔力，吸引人们不由自主地去靠近。微笑是一门艺术，想要保持微笑，首先要有良好的心态，其次要有积极向上的生活态度，最后还要让自己足够优秀，不断完善自己。一个足够优秀的人，生活顺心，嘴角就会不自觉地上扬，这样的微笑才能感染身边的人，才会在一定程度上给予别人力量和希望。

（2）学会问候。人是情感动物，想要感动一个人，靠的未必是慷慨的施舍和巨大的投入，有时候一个热情的问候、温馨的微笑，也可以感动一个人。例如，在路上遇到老师、同学时，要主动打招呼，微笑、点头、招手均可；每逢节假日时，要问候长辈、老师与领导，微信、电话均可；在天气变化时提醒关爱一下亲朋好友。不要低估问候的作用，它很可能成为大学生开启顺利发展之门的一把钥匙。

（3）练好普通话。语言是人类重要的交际工具，普通话是我国最常用的交际工具。在现代社会，人口流动越来越广泛，作为新时代大学生，不讲好普通话将会给工作、学习和生活带来极大的不便，用人单位通常也更看好具有良好普通话水平的应聘者，练就一口纯正的普通话正在成为应聘的竞争力之一。同时，讲普通话也是社会文明程度的标志，涉及全社会的每一个成员，是一个人文化素质、道德修养和精神面貌的体现。

（4）学会自强自律。大学生要有"千磨万击还坚劲"的吃苦精神，不怨天尤人、不随波逐流，要有自控能力，积极参与校园活动和班集体活动，尽量做一些有意义的事情，让老师和同学们监督自己，不断取得的进步。

（5）掌握扎实的专业知识和技能。专业知识和技能是大学生赖以生存的根本，随着行业的发展，就业岗位也在不断变化，行业评价标准将会变得越来越精细，除了要求大学生具备扎实的专业知识，还要求具有过硬的专业技能。一个优秀的大学生必须拥有扎实的文化知识，包括专业知识和非专业知识，最终形成自己的知识体系。大学生不仅要博览群书、充实自己，还要把学到的知识与实践结合起来，积极参与专业实训、企业顶岗、社会实习等，充分锻炼自己，不断提高专业技能和实际工作能力。

（6）锻炼自身的表达能力。语言表达是信息传递的重要途径之一，也是人与人之间交流的重要方式。表达能力是大学生必须具备的一项重要能力，在学习、工作和社交中，都需要表达能力。大学生必须具备较强的表达能力，不仅要敢说，也要有话可说（需要广泛的知识面），还要善于讲话（注意什么场合说什么话，注重语言的得体）。因此，大学生应该多阅读、多练习，积极参与各类活动，不断提高自己的表达能力。

（7）提升社交能力。社交不是一群无聊人的狂欢，也不是一群人的游戏厮杀和不醉不归的酗酒。社交存在于任何角落，通过社交可以使自己的想法和创造得到检验与认可。大学生在学习之余，应当积极参加社团活动，全方位提升自己的社交能力。

（8）培养团队合作精神。在社会经济飞速发展的时代，社会分工越来越细，一个人不可能独立完成所有的工作，团队合作精神显得尤为重要。只有每位员工都具有良好的团队合作精神，企业才是一个整体，才会取得较好的效益。大学生要积极参与学校的组织和社团，多学习别人的优点，学会倾听和沟通，不搞小团体，诚恳待人，培养较强的团队合作精神。

（9）培养创新精神。首先，要突破应试的思维，认知本我、自我、超我。本我即原我，指原始的自己，认识本我就是知道自己生存所需的基本欲望、冲动和生命力。自我即自我意识或自我概念，认识知我主要是指个体对自己存在状态的认知，是个体对其社会角色进行自我评价的结果。超我是由自我的一部分发展而来的，是由社会规范、伦理道德、价值观念等内化而来的，认识超我就是追求完善的境界。其次，要积极投身于日常的实践活动，充分发挥主观能动性，利用各种实践活动来检验自己学到的知识，锻炼分析问题和解决问题的能力，不断提高创新意识。再次，要了解自我、管理自我，学会自我评估、自我激励、自我完善，达成奋斗目标。最后，要看清自己，集中精力发挥自己的优势，创造优异的成绩。此外，还要不断学习，提升自己的优势，在提升中强化自己的创新能力。

（10）学会感恩。感恩是一种处世哲学，也是生活中的大智慧。老子在《道德经》中说："非以其无私邪？故能成其私。"一个有智慧的人，不应该为自己所没有的而斤斤计较，不能一味索取，使自己的私欲膨胀；而是要学会感恩，应为自己所拥有的感恩，感谢生活的赠予，树立积极的人生观和健康的心态。大学生要心怀感激，要有知恩图报之心，要懂得关爱和回报。

1983年10月1日，邓小平为北京景山学校题词："教育要面向现代化，面向世界，面向未来"，在指导思想上促进了我国教育事业的进步和发展，其中"教育要面向世界"要求教育不仅要立足于本土，还要放眼世界，着眼国际社会，积极引进国际先进的教育经验、教育理论与技术等，使学生具有开阔的国际视野。国际视野则是培养国际化人才的基本素质，是大学生必备的重要素养。大学生不仅要掌握专业知识，更要做到视野广阔、眼光长远、心怀天下，还要不断培养与提升健康素养、人际沟通、团队合作等多方面的综合素养，使自己成为基础知识厚、专业能力强、综合素质高、具有国际视野和社会责任感的人才。

10.2 国际视野和综合素养案例

随着政治多极化、经济全球化、社会信息化、文化多元化的深入，世界各国越来越成为一个"你中有我、我中有你"的整体。人类只有一个地球，各国共处一个世界。2012年11月，中国共产党第十八次全国代表大会提出"要倡导人类命运共同体意识，在追求本国利益时兼顾他国合理关切"；2017年2月10日，构建人类命运共同体的理念写入了联合国社会发展委员会的"非洲发展新伙伴关系的社会层面决议"；2018年3月11日，第十三届全国人民代表大会第一次会议通过的宪法修正案，增加了构建人类命运共同体的有关内容。在构建人类命运共同体的时代背景下，大学生要全面提升国际视野和综合素质，形成健全的国际化思维方式，成为具有国际视野的高素质人才，勇于担当民族复兴与构建人类命运共同体的时代使命。

10.2.1 案例1：我和印尼有个约定——蒋嘉雯

"恭喜嘉雯，你被外交部录取了！" 2017年9月7日，正在印度尼西亚（印尼）留学的蒋嘉雯，收到了母校天津外国语大学招生就业处老师发来的消息。

"我是一个不会把目标定得太高，但认定了一件事情就一定会努力做好的人。"蒋嘉雯这样评价自己。

蒋嘉雯是天津外国语大学印尼语系 15606 班的班长，在校期间她一直保持着各项第一名的优异成绩。在斩获多个奖项的同时，获得了国家留学基金管理委员会公派留学奖学金，赴印尼的加查马达大学进行为期一年的留学生活。

说起对印尼人的印象，蒋嘉雯用"耐心、平和、总是面带微笑"来形容，还没有来到印尼时，蒋嘉雯就在学校的印尼外教身上感受到了这些。蒋嘉雯所在的亚非语学院经常举办各类文化活动，如外文短剧大赛、各国文化节。"那时候我们排练节目，外教总是特别有耐心地指导我们，在我眼里，这些外教不仅有印尼人的平和，还有对生活的热忱与对中国文化的热爱。"蒋嘉雯回忆道，"节目排练任务重，外教就把每天晚上的时间挤出来，带着同学们一遍遍地彩排。"这让蒋嘉雯对印尼人产生了极大的好感。

"用一个词来形容印尼的话，那就是浪漫。"在印尼已经待了半年的蒋嘉雯说，"这里有山有水，风景好，一切都是纯天然的，除了旅游宣传做得很好的巴厘岛，印尼还有很多非常美的地方。"

假期里，蒋嘉雯和同学一起游学，走过了印尼不少的地方。她表示在印尼让她比较"闹心"的是交通工具的选择，"这里的公交和火车线路比较少，车内设备也比较陈旧。"她平时出门时大多会用打车软件叫私家车，起步价 9000 印尼卢比，约合人民币 4.5 元。

谈到印尼人眼中的中国以及"一带一路"倡议，蒋嘉雯分享了几个在印尼发现的小细节：oppo、vivo 等国产品牌手机在印尼的使用率极高，联想的笔记本电脑在当地也十分畅销。周围的印尼人对雅万高速铁路的建成充满期待，想要尽快在印尼感受中国高铁的速度。

"看到周围很多的印尼人都使用中国品牌的产品，就会自然而然地产生强烈的民族自豪感。"蒋嘉雯骄傲地说，"尤其是在提出'一带一路'倡议后，中国与印尼的关系更加密切，越来越多的印尼人认识到，与中国的接触和合作会给他们带来更多的机会。"

在印尼的半年，蒋嘉雯是在语言班学习，班上还有很多来自其他国家和地区的学生，他们常常交流不同国家和地区的现状。当蒋嘉雯提到我国的便捷支付、高铁发展以及共享单车等新鲜事物时，总可以听到外国同学说"这怎么可能？""原来还可以这样！"。

"一带一路"倡议为两国之间的友好发展提供了桥梁，也为"一带一路"沿线国家的留学生提供了极大的发展机遇，蒋嘉雯表示："我现在已经明确了个人以后的职业发展道路，会更加关注中国与印尼之间的友好来往。"她能深深地感受到自己肩上的光荣使命，也正在为将来成为一名优秀的外交使者而不断努力。

（案例来源：中国青年报，2018-02-05）

【案例点评】"一带一路"倡议的核心是和平合作互利共赢。要想共谋发展先靠文化，只有文化的碰撞才能让心贴得越来越近。中国同"一带一路"沿线国家的人文交流机制不断完善，举办了一系列文化交流活动，如文化年、旅游年、艺术节等。志合者，不以山海为远。"一带一路"倡议还将承载"丝路精神",坚持开放多元,促进交流,共同努力,以和平发展为根本,以区域合作的平台架起合作友好的桥梁。"一带一路"倡议拉近了各国人民的距离,作为一条连接"一带一路"沿线国家贸易往来的合作之桥,也作为沿线各国人民团结合作的友谊之桥,"一带一路"倡议起到了不可替代的作用。在当今中国不断走向世界、国际地位不断提升的背景下,提升健康安全、道德高尚、智慧乐学、家国情怀、国际视野、创新创造等综合素养,是新时代大学生的责任担当。

10.2.2 案例2:天下"粮"心——袁隆平

在2019年主持人大赛中,邹韵在开场时停顿了几秒,然后说:"这几秒内,可能就有一名非洲人因饥饿而死亡。"她介绍,13年的"援非"路,袁隆平的团队克服种种困难,用稳定的粮食产量带领马达加斯加人民走出贫困。袁隆平曾告诉她,"造福世界人民是我的毕生愿望之一"。

1964年,袁隆平首先提出了培育"不育系、保持系、恢复系"三系法,利用水稻杂种优势的设想并进行科学实验。

1970年,袁隆平与其助手李必湖和冯克珊在海南发现一株花粉败育的雄性不育野生稻,成为突破"三系"配套的关键。

1972年,袁隆平及其团队育成中国第一个大面积应用的水稻雄性不育系"二九南1号A"和相应的保持系"二九南1号B",次年育成了第一个大面积推广的强优组合"南优2号",并研究出整套制种技术。

1986年,袁隆平提出杂交水稻育种分为"三系法品种间杂种优势利用""两系法亚种间杂种优势利用"到"一系法远缘杂种优势利用"的战略设想,被同行们誉为"杂交水稻之父"。

袁隆平曾说到他有两个梦。一个是禾下乘凉梦,在这个梦中,水稻长得像高粱那么高、籽粒有花生米那么大。另外一个梦想就是,希望水稻亩产1000公斤梦早日实现。

从某种程度上说,这两个梦想就跟袁隆平一辈子打交道的泥土一样朴实无华。这也正是袁隆平的伟大之处,他的梦想里没有花里胡哨的概念,也很少有炫目的理论,也没有围着核心期刊打转的焦虑,有的只是一颗为民分忧的心。

袁隆平认为,科学就应该成为社会进步的推动力。正是这份信念的力量,才成为他一直坚持下去的动力。

吃饱饭对中国人来讲经历了相当长的时间,在我们的饭碗里承载了太多和袁隆平一样的科学家的努力。

袁隆平及其团队在非洲肯尼亚普及杂交水稻时遇到各种新的难题,在肯尼亚人不相信不理解不配合的情况下,逐一解决了各项难题,最终在肯尼亚获得一公顷7吨的稳定产量,让肯尼亚人民看到了摆脱饥饿的希望。如今中国的杂交水稻在非洲多国开展普及,在帮助非洲摆脱贫困方面起到了非常大的作用。袁隆平说:"造福世界人民是我的毕生愿望之一。"

袁隆平荣获共和国勋章，当之无愧！

（案例来源：腾讯新闻）

【案例点评】 由于为保障世界粮食安全和解除贫困展示了广阔前景，致力于将杂交水稻技术传授并应用到几十个国家，袁隆平于 2004 年获得了世界粮食奖。袁隆平给予了千顷良田新生命，让亿万人吃得饱一日三餐，唤醒了万间广厦的真用途，让我国的技术在世界开花结果，从而提升了我国的国际地位，为国际粮食安全增添中国力量。

10.2.3 案例 3：第十六届中国模拟联合国大会

由中国联合国协会主办、西安交通大学承办的第十六届中国模拟联合国大会（简称中模大会）于 2019 年 10 月 25 日在西安开幕。联合国秘书长古特雷斯向大会发来视频贺词，中国联合国协会向全体参会师生赠送《中国模拟联合国大会指导手册》。

中国联合国协会副会长兼总干事张丹在致辞中表示，2019 年是中华人民共和国成立 70 周年，中国已成为支持多边主义和联合国的最重要力量，为联合国维和、促进可持续发展、维护发展中国家合法权益等做出了积极贡献。中国联合国协会致力于研究和宣传联合国，不断创新完善中模大会等品牌项目，积极引导国内青年学生提高参与国际事务的能力，为我国培养国际组织后备人才做出了重要贡献。

西安交通大学党委副书记宫辉介绍了西安交通大学的优良传统和办学情况，表示中国特色社会主义进入新时代，西安交通大学根据国家发展需求，教育科研不断取得显著成果，在国际组织人才培养方面积极探索创新，并寄语参会学生拓展国际视野，不忘历史使命，为实现中华民族伟大复兴的中国梦而努力奋斗。

外交部国际司谢波华大使表示，中国坚定维护以联合国为核心的国际体系，始终为世界和平与发展承担应尽的义务，愿同各国携手构建人类命运共同体。强调中国特色大国外交，特别是多边外交需要专业人才队伍，充分肯定中模大会作为国内青年学子了解联合国和认识多边外交的重要窗口作用。

本届中模大会为期四天，来自全国 160 多所高校、近 600 名师生参加。大会设有"联合国大会""经济及社会理事会""人权理事会"等机构，参会学生扮演不同国家的外交官，围绕伊核协议的执行、促进《巴黎协定》的落实、维和行动中的女性、国际发展合作筹资、残疾人权利、2030 年可持续发展、应对当前形势下的种族主义等议题展开深入讨论并审议通过决议。大会还设有新闻中心，由学生扮演记者和编辑，报道各委员会的会议情况。10 多位外交领域的资深外交官和专家学者担任评委，在会议前期准备阶段就对同学们进行了专业辅导，在会前开设大使讲座，并将在会议现场对同学们的表现进行点评。

中模大会自 2004 年起每年举办一届，是国内最具权威性、最贴近联合国实际运作的全国性模拟联合国活动。该活动旨在向高校青年学生宣传联合国理念，普及联合国知识，培养热爱祖国、具有国际视野和参与全球治理能力的高素质复合型人才。

（资料来源：央广网西安，2019-10-25）

【案例点评】中模大会是对联合国大会和其他多边机构的模拟，是为青年学生组织的公民教育活动。在活动中，青年学生扮演不同国家或其他政治实体的外交代表，参与围绕国际上的热点问题召开的会议。代表们遵循议事规则，在会议主席团的主持下，通过演讲来阐述观点，为了"国家利益"辩论、磋商、游说。他们与友好的"国家"沟通协作，解决冲突；通过写作决议草案和投票表决来推进"国际问题"的解决。在模拟联合国中，青年学生通过亲身经历熟悉联合国等多边议事机构的运作方式、国际关系与外交知识，并了解世界发生的大事对他们未来的影响，了解自身在未来可以发挥的作用。通过中模大会，青年学生丰富了知识、拓展了眼界、交到了朋友、提升了自己的综合素养；大家对于"家国情怀，国际视野"这八个字都有了全新的认识。"家国情怀"意味着对于祖国发自内心的爱，意味着要心系国家大事、努力为祖国的发展而奋斗。"国际视野"则意味着要努力学习、拓展眼界，了解国际形势、把握世界和中国发展大势，成为一个具有国际视野的新时代大学生。

10.3　国际视野开阔训练

【训练目的】开阔国际视野，强化履职能力。

【训练内容】通过撰写自荐材料，参与国际组织人才训练营活动；了解与提升全球胜任力；阅读"走向世界"丛书，学会开眼看世界，养成国际思维和世界眼光，以便未来能顺利参与国际事务。

10.3.1　项目1：参与一次国际组织训练营

参考下面给出的自荐材料，根据自己的实际情况，撰写一份参与国际组织训练营活动的自荐材料（可咨询学校的招生就业部门）。

招生就业工作处的老师：

您好！我是李××，是××大学××学院 2018 级硕士研究生。我非常期待能够参与本次"国际组织人才训练营"，以下是我的自荐理由：

（1）该活动与个人发展规划非常一致，可以锻炼个人国际素养、开阔国际视野。中国正在崛起，在国际上的影响力也在逐渐增大，但在国际组织中少有中国人任职。不论联合国还是 WTO，虽然在国际组织中任职要淡化国籍的概念，但在很大程度上，某个国家会因为没有本国人的任职而"吃哑巴亏"。我的专业是通信工程，在国外属于电子工程专业，相应地有很多国际组织，如 IEEE、ITU 等，但鲜有中国人在其中担任重要职务。随着国际贸易的发展，我国需要更多擅长外交的人才投身国际组织，为中国和广大发展中国家发声。近年来，虽然越来越多的中国人投身国际组织，如赵厚麟在国际电信联盟（ITU）连任联盟秘书长，但人才的缺口仍是非常大的。本人虽然刚刚读研一，但对英语感兴趣、喜欢表达自己，所以将来愿意到外交部或者国际组织工作，为中国在国际上的地位改变做出自己最大的努力。本次活动正是面向有志到国际组织任职的学生，和我的个人发展规划不谋而合。我相信，对我来说，这是一次非常好的开阔国际化视野的机会，同时也可以在实践中检验自己的外语水平和知识，以便后续有的放矢地完善自己。

（2）个人能力。

【英语方面】本人在大一参加了大学英语四六级考试，在大学 4 年内，坚持背单词，在词汇量上有深厚的积累，在口语与日常交流方面，我广泛结交外国朋友，与他们多交流，并向他们请教一些日常用语。目前，可用英语流利地进行日常交流。在 2018 年参与的两次心理学国际大会上，我负责嘉宾接待，从接机开始便陪同嘉宾，具有非常丰富的接待国外嘉宾的经验；在大会召开期间，也作为主持人在台上进行全英文主持，主持 6 位国际嘉宾参与的交流晚宴。这些经历对我个人英语的实际应用能力是一次非常大的提高，同时在礼仪和谈吐方面得到了更大的进步。

【领导能力方面】在大学期间，本人担任过两年的团支部书记和一年半的党支部书记，在领导经验方面有比较丰富的积累。通过这些经历，知人善任、换位思考的领导风格都已经深深刻进了我的性格里面。在 2018 年 4 月和 5 月的两次心理学国际大会上，本人作为××大学心理中心的张×老师团队的核心成员，负责嘉宾的接待，以及统筹外场签到、登记、物资发放等工作，在这些工作中我充分展示了自己的能力，通过分层管理的方式对人员进行分组，自荐或挑选组长，为会场的纪律和会议的顺利进行奠定坚实的基础。

未来，本人会继续提高自己的外语水平，并多参加类似的活动来开阔自己的视野。有志者事竟成，我相信自己，也请老师相信我，您没有做错选择。

谢谢老师！您辛苦了！

（资料来源：知乎）

10.3.2 项目 2：了解与提升全球胜任力

进入 21 世纪，经济、文化、人口和环境等方面的因素正在改变全球人民的生活。大学生要学会欣赏和受益于文化差异，了解和提升自己的全球胜任力（Global Competence）。全球胜任力的维度和基石分别如表 10-1 和表 10-2 所示，全球理解认知过程的等级水平如表 10-3 所示。

表 10-1 全球胜任力的维度

维 度	含 义
维度 1：审查有当地、全球和文化意义的问题	（1）有效结合现有知识和批判思维，使用高级思维技巧。 （2）利用和结合在校期间获得的专业知识和思维模式，提出问题、分析数据和论点、解释现象，并形成关于当地、全球或文化问题的立场。 （3）具有媒体素养，能获取、分析和批判地评价媒体信息，并创造新内容

维　度	含　义
维度 2：理解并欣赏其他人的观点和行为	（1）愿意并有能力从多个视角考虑全球问题，以及其他人的观点和行为。 （2）认识到自身观点和行为是由多种因素决定的，其他人对世界的看法可能与自己截然不同。 （3）能够消除分歧，创造有共同基础的联系和纽带。 （4）保留自身的文化背景，同时理解其他人的文化背景和信仰
维度 3：参与开发、适度和有效的跨文化互动	（1）了解跨文化互动的文化规范、互动风格和程度，并能灵活调整自己的行为和交际方式。 （2）欣赏互相尊重的对话，渴望了解对方，努力使边缘人群融入社会。 （3）开放是指所有参与者都可以对其他人或其他的视角表现出好奇和参与的意愿；适度是指尊重双方的文化规范；有效是指所有参与者都能相互理解
维度 4：为集体福祉和可持续发展采取行动	（1）成为社会中积极、负责任的成员，愿意对当地、全球或跨文化做出努力。 （2）创造机会，采取明智、有效的行动。 （3）致力于改善所在社区的生活条件，建立一个更加公正、和平、包容，以及环境可持续发展的世界

表 10-2　全球胜任力的基石

基　石	含　义
基石 1：知识——世界和其他文化的知识	全球胜任力的基石之一是影响当地和世界的全球性问题知识与跨文化知识，即关于文化间的相似性、差异和关系的知识
基石 2：技能——理解世界并采取行动的技能	（1）全球胜任力建立在特定的认知、交际和社会情感等技能上。 （2）这里的技能是指为了达到特定目的而进行的复杂、有条理的思维活动（认知技能）或行为（动作技能）。 （3）全球胜任力需要的技能包括信息推理、跨文化交际技巧、视角选取、冲突解决和适应能力
基石 3：态度——开发的态度，尊重来自不同文化背景的人，具有全球思维	（1）开放的态度是指可以对其他人或其他的视角表现出好奇和参与的意愿。 （2）尊重是指保证所有人的尊严，及其选择组织、信仰、观点和行为的权利。 （3）全球思想是指认为自己与国际社会有联系，并对其他人有责任的世界观
基石 4：价值——重视人的尊严和文化的多样性	（1）重视人的尊严和文化的多样性，并在此基础上来处理其他文化信息，决定如何与其他人和世界互动。 （2）增强对自身和周围环境的认识，强烈反对排外、无知、暴力、压迫和战争

表 10-3　全球理解认知过程的等级水平

认知过程	子范畴	基本（低级）	中　级	高　级
评估信息源，阐述论点，解释复杂的情况或问题	选择信息源	更喜欢选择源于自身文化背景的信息源。在搜索、选择和区分信息源时，没有明显使用某一策略	搜索并选择源于超越自身地理和文化背景的、两个以上类型的信息源。在搜索、选择和区分信息源时，没有明显使用某一策略	能辨别解决问题所需信息的性质和重要性；能利用现有的知识和信息源类型，并结合自己的理解来搜索、选择和区分信息源
	衡量信息源（可靠性和相关性）	不考虑文化背景或信息源类型，只根据表面价值获取信息；不能发现明显的偏见或信息不一致；不能评估信息源与主题的相关性	能衡量信息源与主题的相关性；能参考文化背景来评估信息源的可靠性；能发现明显的偏见和信息不一致，但对可靠性表现出两极分化的态度	关注文化背景以确定信息源的可靠性和相关性；能区分信息和主张的交际意图；能评估假设或前提是否合理或有充分的证据
	使用信息源（有证据地推理）	认为信息的使用是将其简单地复制、粘贴到论证中，认为这样做毫无问题	理解多种信息源的必要性，但将信息机械地列举在论证中。例如，列举两个支持信息和两个反对信息	认识到证据是暂时的，多个论点可能来自相似的信息源；能使用证据进行抗辩；能处理互相矛盾的主张或信息
	描述和解释复杂的情况或问题	能对信息和观点生成简单的摘要；该摘要仅为信息的罗列，几乎没有实质性的组织结构；不能对这些信息进行分类	能用更大的概念（如文化背景、身份、迁移）和简单的例子来描述情况或问题；能对内容进行排序以便其他人理解	能用更大的概念或相关的例子来描述情况或问题；能形成清晰、合理和有效的论证；能为任务中的信息与其他信息建立联系
确定、分析多元视角和多元世界观	认识多元视角和多元世界观	对不同视角的看法过于简单，不能解释形成这种视角的原因；认为文化背景要么是无关的，要么是起决定作用的；将视角看成一个人身份和世界观的相对固定、有界和不可渗透的标志；将单一因素看成个人身份的主要特征；不认为自己有独特的文化视角或世界观	能确定同一问题的不同参与者及其视角；开始认识到视角、世界观的差异源于文化背景、宗教、社会经济、地区和其他因素；自己也持有某种特定的世界观，但还不能清楚地说明多元视角是如何相关联的	能描述和解释多元视角与多元世界观；明白视角的形成原因；明白地理和文化背景对世界观的影响；明白一个人的身份是复杂的；能说出不同视角之间的关系；能将不同视角置于更广泛、更包容的框架中；明白一个人的观点是由其文化背景和经验形成的

认知过程	子范畴	基本（低级）	中　级	高　级
确定、分析多元视角和世界观	确定联系	除了生理属性和明显的文化标志，不承认人与人之间的联系；没有认识到行为对其他人的影响；将不同文化背景的人视为遥远或异国的人，他们的思考和行为方式不同，不共有相似的权利和需求	能认识到来自不同文化背景的人共有大多数基本的权利和需求；能理解这些权利和需求的含义，以及满足需求的一些方法	能认识到共同的权利和需求，并对个人、文化背景引起的差异进行批判性的反思；理解个人和社会在确定其多样性和福祉的权利时可能面临的障碍
理解交际差异	理解交际语境和尊重对话	不知道如何有效和恰当地基于听众和语境进行交流，无法识别在特定文化背景和听众中的文化规范、互动风格、期望或正式程度；不能观察、理解社会和文化背景线索；对任何交际失误都感到惊讶，缺乏处理或防止这种失误的技能	认识到自身的交际方式并努力将其与语境相适应；能在特定的社会和文化背景中识别出一些互动风格，但不能进行相应的调整；能对交际失误做出反应，但这些反应多数是尝试性的	认识到自身的交际方式并努力将其与语境相适应；能积极倾听、仔细观察并收集观点；能分析信息，并进行重述、修改或简化；能利用多种语言手段
评估行为和后果	考虑行动方案	认为一种行动方案是明显的、毋庸置疑的	明白在为解决一个问题或为个人和社会的福祉做贡献时，有可能也有必要采取多种行动方案；如果现有证据不足以得到最佳行动方案，则能确定未来的调查方向	在解决问题或处理情况时，能辨别和评估不同的行动方案；能权衡这些行动方案的利弊
	评估后果和影响	能理解简单行为和潜在后果的关系；不能权衡多重行为的潜在后果，或考虑不到意外的后果	能理解某一特定观点或行动方案的最可能、最直接的后果，并能与其他观点产生的后果进行比较	能考虑不同行动、决定的直接和间接后果或影响；能权衡短期后果、长期后果和意外后果

10.3.3　项目3：阅读"走向世界丛书"

走向世界，无论主动还是被动，从历史的发展进程看，通常都有利于发展，都是一种进步。大学生应阅读"走向世界丛书"，养成古今中外的历史思维，锻炼自己的国际视野。

"走向世界丛书"是 20 世纪 80 年代出版的具有巨大影响力的一套丛书，该丛书记录了 19 世纪中国人开始走向世界的早期"脚印"，兼具文史趣味和学术价值，选题独特、视角新颖，一经推出，便得到了包括钱钟书、李一氓等学术界、思想界和文化界人士的高度赞誉。李一氓（国务院原古籍整理出版规划小组组长）称赞："这确实是我近年来所见到的整理古文献中最富有思想性、科学性和创造性的一套丛书……可称为整理古籍的典范。"

"走向世界丛书"构成了中国人早期走向世界、认识世界、记录世界、剖析世界、接纳世界的艰难历程全景图。

10.4　综合素养提升训练

【训练目的】提升综合素养，助力终身发展。

【训练内容】对综合素养进行自我评测，积极参加户外综合素质拓展活动，尤其是通过博览群书，培养高尚的品格和高雅的气质。

10.4.1　项目 1：综合素养自我评价

请参考表 10-4 和学校的要求，进行上一学期的综合素质自我评测，并和排名靠前同学的表格进行对比，提升自己的综合素质。

表 10-4　广东省外语艺术职业学院学生综合测评评分表

一级指标	二级指标	三级指标	奖励/处罚内容	自评分
品德素质	基本分（70 分）	政治表现：主要考察学生的爱国热忱，对待四项基本原则和改革开放的态度，对时事政治的关心程度，是否积极参加学校组织的政治理论学习等活动，以及服从组织安排、维护学校和社会稳定的表现（最高分 17.5 分）	—	
		遵纪守法：主要考察学生的法治观念和组织纪律观念，遵守和维护学校的各种规章制度的行为表现，以及是否敢于进行批评和自我批评，协助管理人员做好管理工作，勇于批评和制止不良行为（最高分 17.5 分）	—	
		集体观念：主要考察学生能否正确处理个人与集体的关系，能否自觉参加学校、学院和班级组织的集体活动，是否关心集体、具有集体荣誉感，能否尊敬师长、团结同学和热心助人（最高分 17.5 分）	—	
		道德修养：主要考察学生能否注重自身道德修养的提高，能否遵守并积极倡导社会公德，能否主动积极地参加校内外各种公益活动，能否为创建精神文明做贡献，能否见义勇为、严于律己，同时考察学生在公共场所是否能够遵守公共秩序，是否注意公共卫生、爱护公共财产和公共设施（最高分 17.5 分）	—	

一级指标	二级指标	三级指标	奖励/处罚内容	自评分
品德素质	奖励分	见义勇为、维护国家集体他人权益和社会公共利益，受省级以上（含省级）、校级、院级表彰奖励者，每次分别加25分、20分、10分。确有见义勇为事件而未受到表彰奖励者，经学院调查确认，可视具体情况加5～15分（不同事件可累计加分）		
		非上一条原因受省级以上（含省级）、学校、学院相关表彰奖励者，每次分别加12分、6分、3分（不同事件可累计加分）		
		获得各级各类相关荣誉称号集体的成员，按省级以上（含省级）、校级、院级不同级别，每人分别加10分、6分、3分。同一集体在同一学期中多次获奖，按最高级别计分		
		所在班级、党支部、团支部、宿舍等参加学校组织的"主题教育活动""主题党日活动""创建文明宿舍"等各类思想政治教育活动获得一、二、三等奖的，其主要负责人分别加8分、6分、4分，其他成员分别加4分、3分、2分；院级竞赛获奖者按校级的50%加分；开展的活动经学校推荐参加省级、国家级评奖并获奖的按校级的2倍、3倍加分		
		参加学校组织的各类政治理论竞赛获得一、二、三等奖者每次分别加8分、6分、4分；经学校选拔参加省级、国家级竞赛并获奖的分别按校级的2倍、3倍加分；院级竞赛获奖者按校级的50%加分；未经学校选拔，自行参加其他各级组织举办的各类政治理论竞赛获奖者，可参照此条的情加分		
		热心公益事业、志愿服务、义务劳动、拾金不昧、乐于助人者（须有具体事迹材料），每次加5分，加分不超过10分		
		学生在入党过程中或入党后，表现优异，获得各类相关荣誉称号的，加5分		
		积极参加省级及以上、学校、学院、班级组织的各项思想政治教育活动（含学校、学院、年级组织的主题教育集会、讲座、征文、演讲和其他各类活动等，班级主题班会和其他各类活动等），每次分别加6分、3分、2分、1分		
		义务献血者每次加5分，参加献血但因检血未通过而未能献血者每次加3分		
		每学期上课全勤者加4分；每学期升旗仪式和早操（晨读晨练）两项全勤者加6分；每学期自修课全勤者加3分		
		经学生处、学院认定的其他加分项目		
	处罚分	有损祖国尊严和荣誉、违背四项基本原则、危害社会秩序、破坏安定团结的，视情节扣减10分至全部品德素质分		
		担任学生干部（含学生助理）不起干部作用，在同学中造成不良影响，或出现有损学生干部形象的行为，但尚未构成违纪行为的，扣4分		

续表

一级指标	二级指标	三级指标	奖励/处罚内容	自评分
品德素质	处罚分	凡政治学习、组织生活、升旗仪式、班会、讲座、公益劳动和规定必须参加的其他集体活动，未经准假而缺席的，每次扣 4 分；未能完成规定劳动任务的，每次扣 2 分		
		违反学校规章制度，故意损坏公物的，视情节和后果每次扣 3~5 分；晚寝迟归的，每次扣 1 分；违规用电、夜不归宿、留宿外来人员、影响他人休息等违反住宿管理纪律的，每次扣 3 分；在校院组织的宿舍检查中，卫生内务评比评为差等（不及格）的，每次宿舍长扣 2 分、宿舍成员扣 1 分；有穿拖鞋背心、带食物进课堂或到图书馆、课室大楼等公共场所，在公共场所吸烟，在教室寝室乱丢乱刻乱画等不文明行为的，每次扣 2 分；染发、烫发、男生留长头发者扣 1 分		
		凡违反校纪校规，受通报批评（包括学校和学院）、警告、严重警告、记过、留校察看等处分的，每次分别扣 5 分、10 分、15 分、20 分、25 分		
		受学校党团内通报批评、警告、严重警告、撤销职务、留党（团）察看、开除党（团）籍处分的，每次分别扣 5 分、10 分、15 分、20 分、25 分、30 分		
		在学生资助、综合测评、评优评奖、恶意欠费、作业抄袭等各种行为中缺乏诚信的，每次扣 5 分		
		旷课每节扣 4 分，迟到、早退每次扣 2 分		
		旷操（晨读晨练）每次扣 3 分；迟到、早退或不认真做操（晨读晨练），每次扣 1 分		
		经学生处、学院认定的其他扣分项目		
		本项得分小计		
学业成绩	最高分（100分）	学业成绩 $=\dfrac{\sum(\text{课程的期末总评成绩}\times\text{该课程的周学时})}{\sum\text{每门课程的周学时}}$	—	
身心素质	基本分（80分）	开设体育课、心理健康教育课的年级　$\dfrac{\sum(\text{课程的期末总评成绩}\times\text{该课程的周学时})}{\sum\text{每门课程的周学时}}\times 80\%$	—	
		没开设体育课、心理健康教育课的年级　身心健康意识（最高分 16 分）	—	
		课外锻炼和参加心理健康教育活动的表现（最高分 16 分）	—	
		心理平衡与自控能力等精神状态（最高分 16 分）	—	
		宿舍内务、人际关系等生活习惯（最高分 16 分）	—	
		大学学习与生活适应总体情况及其表现出来的人生态度（最高分 16 分）	—	

一级指标	二级指标	三级指标	奖励/处罚内容	自评分
身心素质	奖励分	通过体质健康达标测试的,加 10 分		
		参加省级体育比赛的,每项加 5 分;参加学校、学院、年级(班级)组织的体育比赛和体育活动的,每次分别加 3 分、1.5 分、1 分		
		参加省级文艺比赛的,每项加 5 分;参加学校、学院、年级(班级)组织的文艺比赛和文艺活动的,每次分别加 3 分、1.5 分、1 分		
		参加省级心理健康教育活动的,每项加 5 分;参加学校、学院、年级(班级)组织的心理健康教育活动的,每次分别加 3 分、1.5 分、1 分		
		有良好的课外体育锻炼习惯(每周不少于 3 次),加 4 分		
		有良好的作息习惯,加 4 分		
		宿舍人际关系和谐,友爱互助,每位成员加 3 分		
		宿舍卫生内务一贯保持良好,每位成员加 3 分		
		被评为校院文体(包括军训)积极分子的,每次加 5 分		
		身体状况良好,能胜任紧张的学习,无病假,加 5 分		
		经学生处、学院认定的其他加分项目		
	处罚分	未经请假不参加体质健康达标测试的,扣 10 分		
		未经请假不参加学校、学院、年级(班级)组织的体育活动、文艺活动或心理健康教育活动的,每次分别扣 3 分、1.5 分、1 分		
		有条件、有能力参加而不服从安排参加体育比赛、文艺比赛或心理健康教育活动竞赛的,参照上一条规定执行		
		个人内务卫生脏乱差的,扣 5 分		
		宿舍卫生内务一贯较差的,每位成员扣 3 分		
		宿舍人际关系紧张,气氛冷漠,每位成员扣 3 分		
		作风散漫的,扣 3 分		
		经学生处、学院认定的其他扣分项目		
		本项得分小计		
能力素质	创新创造能力	科技奖:在公开报刊(官方网站)发表文章或科技(专业学术)成果的,国家级加 14 分,省级加 10 分,市级加 8 分,校级加 5 分,院级加 2 分(同一作品计最高分,不累计加分);通讯稿每篇加 0.5 分(每学期累加最多不超过 5 分)		
		竞赛奖:参加校级及以上科技(专业学术)竞赛的,以获奖证书或文件为依据,国家级加 25 分,省级加 15 分,市级加 10 分,校级加 6 分		

续表

一级 指标	二级 指标	三级指标	奖励/处 罚内容	自评分
能力 素质	组织管理能力（身兼数职的干部只取最高一项计分）	校团委副书记、校团委办公室主任、校学生会主席或副主席（社团联合会主席、青年志愿者协会理事长），可加 9 分、12 分或 15 分		
		校团委各部部长、校学生会各部部长、社团联合会副主席、青年志愿者协会副理事长、校报主编或副主编、学生通讯社社长或副社长、二级学院团总支副书记、秘书长、二级学院学生会主席或副主席，可加 8 分、11 分或 14 分		
		二级学院团总支各部部长、二级学院学生会各部部长、各班班长，可加 5 分、6 分或 8 分		
		校团委学生会部门干事、助理班主任、社团联合会各部门部长、青年志愿者协会各部门部长、服务队队长及院级分会会长、社团负责人、学院学生会生活部、自律部、体育部组员，可加 5 分、8 分或 11 分		
		各班团支书可加 6 分、10 分或 13 分		
		青年志愿者协会干事、院级分会各部门部长可加 4 分、7 分或 10 分，院级分会干事可加 3 分、6 分或 9 分		
		社团各部门部长可加 5 分、6 分或 8 分；二级学院团总支部门干事、二级学院学生会部门干事可加 4 分、5 分或 7 分；社团干事可加 2 分、3 分或 4 分		
		各班团支部委员、各班委员可加 3 分、4 分或 6 分		
		校报编辑、记者、学生通讯社干事可加 6 分、8 分或 10 分		
		学生处工作助理小组组长可加 4 分、5 分或 7 分；学生处工作助理组员可加 3 分、4 分或 6 分（如为勤工助学岗位，即发放工酬的，则不计分）		
		二级学院辅导员（班主任、德育导师）工作助理可加 5 分、6 分或 8 分（如为勤工助学岗位，即发放工酬的，则不计分）		
		宿舍管理委员会主任可加 8 分、11 分或 14 分，各部部长可加 6 分、10 分或 13 分，楼长可加 6 分、9 分或 12 分，宿委会干事可加 5 分、8 分或 11 分，宿舍长可加 4 分、7 分或 10 分		
		校级信息员委员会主任或副主任可加 8 分、11 分或 14 分，各部长可加 6 分、10 分或 13 分，校级信息员干事可加 5 分、8 分或 11 分，班级信息员可加 3 分、4 分或 6 分		
		图书馆学生工作委员会会长可加 8 分、11 分或 14 分，秘书长可加 6 分、10 分或 13 分，各部门部长可加 5 分、8 分或 11 分，干事可加 4 分、7 分或 10 分		
		国旗队、礼仪队队员可加 6 分、8 分或 10 分，队长可加 7 分、9 分或 11 分		

一级指标	二级指标	三级指标	奖励/处罚内容	自评分
能力素质	文艺体育等特长	参加院级及以上文艺、体育活动和其他校园文化活动（如学校运动会、文化艺术节、"525"心理健康教育节、社联文化节、元旦文艺汇演等，思想政治教育类除外）获奖励或表彰者，其中国家级加13分，省级加11分，市级加9分，校级加7分，院级加3分。一次活动中获多项奖励时，荣誉取最高级，此项累计不超过20分		
		获等级运动员称号者，健将级加15分，一级加12分，二级加10分，三级加8分		
	职业技能	职业技能包括英语（六级、四级、A级、B级），计算机（国家三级、国家二级、省二级、省一级），普通话（一甲、一乙、二甲、二乙），裁判员以及各专业所有职业技能方面的证书，分四个等级对应加12分、10分、8分、6分，证书只有三个等级的从最低级向上对应相应分值，证书等级超过四个等级的从最高级向下对应相应分值，不分等级的计9分，不同项目可累计计分		
		获得职业核心能力认证证书的，每项证书加3分，此项最高加分不得超过12分		
	社会实践能力	获社会实践先进个人（或先进团队成员）的，国家级加13分，省级加11分，市级加9分，校级加7分，院级加5分；获社会实践单项表彰的，加分按上述等级标准减2分实施		
		参加社会实践，提交证明和社会实践成果，实践时间在7天以内，一次加3分，实践时间在8~14天，一次加5分，实践时间在15天以上的，一次加9分，累计不超过9分		
		经学生处、学院认可的其他记分项目		
		本项得分小计		
品德素质分数×20%	学业成绩分数×60%	身心素质分数×10%	能力素质分数×10%	综合测评总分	

10.4.2　项目2：参加一次户外综合素质拓展活动

请参考下面给出的淮阴师范学院生命科学学院 1806 班户外综合素质拓展活动策划书，组织一次班级活动。

淮阴师范学院生命科学学院1806班户外综合素质拓展活动策划书

前言

在寒意袭来的初冬季节，有这样一群朝气蓬勃、不畏寒冷的青年，用他们的热情在冬日燃烧着梦想，放逐着希望。

第一部分　活动背景及意义

1.1　活动背景

大学生综合素质拓展不仅有利于挖掘参与者的个人潜能，还可以培养团队精神。大学生综合素质拓展活动的目标是提升参与者的心理素质。

1.2　活动意义

（1）加强同学之间的联系，提供相互了解和学习的机会。

（2）以游戏竞技的形式进行综合素质拓展活动，发挥活动的优势，有益于同学们提高和锻炼自己，通过切身的体验加强对心理知识的了解。

（3）通过参与者的创造性行为，可增强参与者的情感表达能力，能让他们在相互交往中学会如何维持更加和谐的人际关系。

（4）使参与者了解个人的优势和弱势，以便在今后的学习中，特别是在团队中，保持正面和积极的心态。

（5）充分认识团队合力，让同学们掌握团队创新和克服团队沟通障碍的技巧。

本次活动以游戏竞技的方式，提供轻松活泼的环境，搭建一个沟通交流的平台，实现对自身能力的认识和提升，并通过感受团队工作模式，提前与社会进行有效接轨，为同学们在以后的生活学习中更有针对性地锻炼自己、提升自我能力提供有效途径，为更好地激发自我竞争力与社会适应能力奠定基础，同时还可以磨炼意志、陶冶情操、完善人格、锻炼团队。本次活动能有效地提高个人在体能、毅力、智慧、沟通、协作等方面的素质和能力；能培养参与者具有克服困难的毅力、健康的心理素质、积极进取的人生态度、敢于挑战自我极限的勇气和精诚合作的团队意识。

1.3　活动主题

在游戏中认识自我，在欢乐中结交朋友，在团队中提升能力，在合作中凝聚力量。

1.4　活动对象

生命科学学院 1806 班的全体同学。

1.5　活动时间

2018 年 12 月 22 日下午。

1.6　活动地点

学校操场主席台前。

第二部分　活动前期准备

2.1　前期宣传

2018 年 12 月初，由宣传委员负责宣传。

2.2　前期筹备

（1）2018 年 12 月 19 日，制作策划书。

（2）2018 年 12 月 20 日和 21 日，由生活委员和组织委员负责采购活动用品。

第三部分　活动流程

3.1　现场人员配置

（1）由心理委员负责说明游戏规则，并组织人员示范。

（2）由班长作为裁判，负责监督各组按游戏规则进行比赛。

（3）由团支书宣布比赛规则，组织开展游戏。

（4）由班委其他成员维持现场秩序。

（5）由宣传委员负责摄影。

3.2 活动项目

（1）爱的抱抱。

由主持人充当指挥员，现场同学围成一个大圈并跑动，在音乐播放的过程中，主持人喊一个数字。例如，若喊6，则同学们每6个人组成一组抱在一起，不足6个人或超过6个人的小组将被淘汰；然后继续进行游戏，直到保留最后几个人为止。

（2）喜怒哀乐。

目的：康乐游戏，增加欢乐气氛，也可突破非语言沟通的限制。

时间：20～30分钟。

材料：字条。

规则：

① 先选出5～6人来"传表情"，其他人旁观。

② "传表情"的组员站排出一列往前看，可坐也可站立，但不可以回头。

③ 主持人让"传表情"的组员抽取一张写有表情动作的字条，如"怒火中烧""风情万种"等，可以通过任何方式将字条上的内容传递给前面的人，但不可以发出声音。

④ 将字条上的内容传递到最前面的人时，主持人请他讲出字条上的内容。

⑤ 进行一两次游戏后，从旁观者中选出另一组人，继续游戏。

（3）七彩连环炮。

① 项目类型：竞技游戏。

② 比赛人数：每队9名队员（5男4女）。

③ 道具要求：气球若干。

④ 场地要求：空旷的大场地。

⑤ 游戏方法：男女间隔排列，先男后女，以接力的形式进行游戏。首先，第一名队员跑到指定位置吹气球，直到吹破气球为止；然后跑回到原位置，由第二名队员跑到指定位置吹气球，吹破气球后跑回原位置；每个队员依次吹气球。以三分钟为限，按吹破气球的数量计算成绩。

⑥ 竞赛规则：男女必须间隔排列（为了增加公平性）；必须在上一个队员吹破之后下一个同学才能开始吹，否则将在吹破的气球总数里面进行相应扣减。

⑦ 活动目的：本活动旨在挑战心理极限，增强对他人的信任。

第四部分　活动预算

气球100个，由班费支付。

第五部分　后期活动

（1）根据活动资料写新闻稿，包括宣传稿和活动照片。

（2）活动反思与整理。

10.4.3　项目 3：书香满青春

请读者根据自己的时间，每周阅读表 10-5 中的一本图书或观看表 10-5 中的一部电视纪录片。

表 10-5　推荐的 78 本图书和 20 部电视纪录片

类　　别	名　　称
政治哲学法律类图书（22 本）	《共产党宣言》《资本论》《毛泽东选集》《邓小平文选》《习近平谈治国理政（第一卷）》、《习近平谈治国理政（第二卷）》《习近平用典（第一辑）》《习近平用典（第二辑）》《习近平的七年知青岁月》《当代中国马克思主义为什么是对的》《马克思靠谱》《朱镕基讲话实录》《问题域外的问题》《社会学主要思潮》《西方哲学史》《中国哲学简史》《理想国》《论法的精神》《法律的文化解释》《顾准文集》
思想品德类图书（28 本）	《马克思的故事》《中国有个毛泽东》《早年周恩来》《青年邓小平》《老一辈革命家的故事》《百将传奇》《星火燎原全集精选本》《雷锋的故事》《幸福是什么》《两弹一星功勋科学家丛书》《院士的故事》《袁隆平传》《飞天嫦娥刘洋》《轮椅上的梦》《中华正气》《百年图强》《为了理想：党史文物中的风云岁月》《青少年学习中共党史丛书》《革命烈士诗抄》《神圣抗战》《中国读本》《莫忘国耻》《赤子丛书》《中华人文精神读本（青少年版）》《美德照亮人生》《中华是我家》《今日中国》《复兴之路（青少版）》
文学历史类图书（30 本）	《新版上下五千年》《中国近代史》《史记》《万历十五年》《资治通鉴》《西方美学史》《激荡三十年》《目送》《沉默的大多数》《可爱的中国》《林海雪原》《青春之歌》《平凡的世界》《青春万岁》《朝花夕拾》《子夜》《家·春·秋》《恰同学少年》《红色经典连环画》《傅雷家书》《驶进深蓝》《铸剑》《梁衡红色经典散文选》《中国历史上的科学发明》《钢铁是怎样炼成的》《卓娅和舒拉的故事》《绞刑架下的报告》《假如给我三天光明》《1984》《悲惨世界》
电视纪录片（20 部）	《毛泽东》《郑和下西洋》《大国崛起》《复兴之路》《美丽中国》《超级工程 1》《大国重器第一季》《大国工匠》《超级工程 2》《永远在路上》《辉煌中国》《不忘初心 继续前进》《超级工程 3》《将改革进行到底》《大国外交》《法治中国》《强军》《我们这五年》《巡视利剑》《大国重器第二季》

拓展阅读

（1）李贝. 国际理解教育：大学生国际视野拓展与能力培养[M]. 北京：科学出版社，2016.

（2）张维为. 国际视野下的中国道路[N]. 光明日报，2015-04-02（11 版）.

（3）高桥，葛海燕. 大学生涯与职业规划[M]. 北京：清华大学出版社，2012.

（4）袁正光，陆莉娜. 大学综合素养导论[M]. 北京：中国协和医科大学出版社，2004.

（5）石新明．大学生素质拓展指导手册[M]．北京：冶金工业出版社，2006．

（6）伍大勇．大学生职业素养[M]．北京：北京理工大学出版社，2011．

（7）宁佳英．大学生综合素质提升[M]．广州：华南理工大学出版社，2010．

参考文献

[1] 习近平．共同构建人类命运共同体——在联合国日内瓦总部的演讲[N]．人民网，2017-01-19．

[2] 顾海良．大学生应具备开阔的国际视野[N]．中国教育报，2008-05-08．

[3] 陈大伟，张茜．大学生综合素养提升探究[J]．智库时代，2018(30):265-266．

[4] 李杨，曾小平．PISA2018 全球胜任力评测[J]．外国中小学教育，2018(5):25-32．

[5] 洪逸磊．全球化背景下大学生国际意识教育研究[D]．无锡：江南大学，2017．

[6] 梁平．大学生综合素养的培育[J]．长江大学学报（社科版），2013,36(3):134-135．

结束语

做新时代有理想、有本领、有担当的大学生

【经典诗词】

大鹏一日同风起，扶摇直上九万里。

假令风歇时下来，犹能簸却沧溟水。

世人见我恒殊调，闻余大言皆冷笑。

宣父犹能畏后生，丈夫未可轻年少。

——李白《上李邕》

　　大学时期是大学生坚定理想、锤炼本领、勇担重任的黄金时期，这一时期的成长将直接影响甚至决定大学生未来一生的走向。职业素养的内涵丰富，简而言之，就是成为有理想、有本领、有担当的新时代大学生，这既是时代要求，也是全新使命，更是价值追求。

　　理想信念是大学生成人之"基"。理想引导人生方向，信念决定事业成败。"功崇惟志、业广惟勤"，理想是成就个人事业的重要基础，理想的实现离不开个人的勤勉学习与不懈奋斗。因此，新时代大学生既要"仰望星空"，将中国梦作为引导人生前进的航标，同时也必须"脚踏实地"，将个人的成才之梦作为砥砺前行的动力。

　　本领才干是大学生成事之"要"。梦想从学习开始，事业靠本领成就。大学生的素质与本领直接影响着实现中国梦的进程，打铁还需自身硬，新时代大学生只有把获取专业本领作为当下奋斗的直接目标，把提升创新能力作为开创未来的钥匙，在立足本职、开拓创新中不断锤炼，才能练就"可堪大用，能担重任"的过硬本领。

　　责任担当是大学生立身之"本"。新使命呼唤新担当，接好实现中华民族伟大复兴中国梦的历史接力棒，既是新时代大学生的机遇，更是沉甸甸的使命。新时代大学生的担当精神是承担时代使命、开创民族未来的胆气所在。因此，新时代大学生应该志存高远、胸

怀大局、勇往直前，将个人的成才之路与国家的前途、民族的命运、人民的幸福紧密结合在一起，在伟大中国梦的生动实践中实现人生价值、书写奋斗篇章。

好风凭借力，扬帆正当时。这是最好的时代，这是最美好的人生时光！百舸争流，奋楫者先；千帆竞发，勇进者胜！大学生要争做有理想、有本领、有担当的新时代青年，才能在通往梦想的路上，破浪乘风，一往无前；才能在新时代建功立业，大展宏图！